名师名校名校长

凝聚名师共识
回应名师关怀
打造名师品牌
培育名师群体

　　　　　　　程明达

"三学"
理念下的课堂教学

李兴萍 / 编著

北京燕山出版社
BEIJING YANSHAN PRESS

图书在版编目（CIP）数据

"三学"理念下的课堂教学 / 李兴萍编著. — 北京：
北京燕山出版社，2022.11
ISBN 978-7-5402-6666-0

Ⅰ.①三… Ⅱ.①李… Ⅲ.①中学数学课—课堂教学
—教学研究—初中 Ⅳ.①G633.602

中国版本图书馆CIP数据核字（2022）第182475号

"三学"理念下的课堂教学

编　　著	李兴萍	
责任编辑	满　懿	
出版发行	北京燕山出版社	
地　　址	北京市丰台区东铁匠营苇子坑138号C座	
电　　话	010-65240430	
邮　　编	100079	
印　　刷	北京政采印刷服务有限公司	
经　　销	新华书店	
开　　本	170mm×240mm　16开	
字　　数	288千字	
印　　张	16	
版　　次	2022年11月第1版	
印　　次	2022年11月第1次印刷	
定　　价	68.00元	

序 言

恩格斯说:"数学是研究数量关系和空间形式的科学。"这个描述说明数学是一门科学,是人类思维智慧的结晶,应有其独特的科学属性。巴尔扎克说过:"没有数学,我们整个文明大厦将坍塌成碎片。"数学作为人类心灵最崇高和独特的作品之一,永远矗立在人类理性发展的巅峰之上。数学课堂教学是科学性和艺术性的双重结合,需要数学教师不断地研究其发展规律,进行艺术性的发挥和创新,这就要求教师能抓住课前预设与课堂生成的碰撞,因势利导。四年来,在实践李庾南老师"自学・议论・引导"教学法的过程中,编者发现"三学"理念对完善初中数学课堂教学有着极其重要的促进作用,因而编者从理论阐述与课堂实践两个层面出发,对课堂教学进行了梳理总结,编撰了此书。

《义务教育数学课程标准》注重教师教学理念和学生学习方式的转变,构建全面的科学评价体系。让学生学会用数学的眼光看待和审视世界,切实实现从"教材是我们的世界"走向"世界是我们的教材"(刘希娅)的转变。教师要力求逐步进入深度教学,让学生变"学会"为"会学",本书可以帮助学生实现转变,对提升学生的核心素养、实现全面发展起到积极作用。

"三学"是学材、学法、学程的简称。"三学"理念是指"学材再建构、学法三结合、学程重生成"。它是"自学・议论・引导"教学法的精髓。本书通过"三学"理念,让人们知晓如何发展学生的核心素养,首先教师要用新的理念改变自己,然后才能改变现有的教学模式。"三学"理念的提出,标志着数学课堂教学对学生的要求从"学会"转变为"会学"乃至"会用",即让学生掌握数学思想、数学方法,发展数学思维,提高数学分析和应用能力。本书很

1

好地解决了教学过程中学生学习资源最优化问题、教法学法最优化问题以及课堂教学过程"预设"与"生成"的关系问题。

在提倡大概念、大主题、单元教学的新课改时代，"三学"理念中的"学材再建构"就是以单元教学的形式呈现出来的。书中通过一些具体的案例介绍了如何做好初中数学单元教学设计。这些案例是编者结合学生的理解水平和教师教学实际，反复打磨修改后归纳整理而成的。"教学是一门科学，更是一门艺术"。同样"学材再建构"也是一门艺术，只有将再建构的过程进行艺术化的处理，数学教学才能走出"空洞说教""机械模仿""苦训傻练"的误区，进入"随风潜入夜，润物细无声"的境界。"学法三结合、学程重生成"有针对性地回答了教学过程中出现的各种具有现实意义的问题，注重开发学生思维，引导学生多维度思考问题。

任何教学研究都要把实践放在第一位，但如果仅仅停留在实践上，没有深入的思考和理论上的提升，实践就难有突破和创新。本书主要依据了"建构主义"理论与"以学论教"理论，进一步展现了"以学生为主体，教师为主导，提升为主线"的理念。

不同的教学内容需要在课堂上用不同的方式方法呈现出来。因此，本书中将数学课堂重点归纳为五种类型，并就每种类型的做法通过具体案例向大家进行了解说，旨在抛砖引玉，希望有更多的人一起来思考不同课型的最优授课法，并指导我们的教学实践，真正提升初中数学课堂教学的品质。

本书的出版，得到了学校领导的大力支持，同时感谢与我一起奋战的工作室成员。在最后一章，整理了工作室部分成员获奖的案例、发表的论文，再次对他们的付出表示感谢。

编 者

2021 年 12 月于兰州

目　录

第一章　　"三学"理念的提出背景

第二章　　"三学"理念的内涵

第一节　学材再建构——重组教学资源 ………………………………… 9

第二节　学法三结合——优化教学方法 ………………………………… 25

第三节　学程重生成——在联系中教与学 ……………………………… 27

第三章　　初中数学单元教学

第一节　单元教学设计含义 ……………………………………………… 35

第二节　单元教学的意义 ………………………………………………… 36

第三节　单元教学设计案例 ……………………………………………… 37

案例1：七年级下册第二章《相交线与平行线》单元教学设计案例 …… 37

案例2：七年级上册第二章《有理数的乘除法》单元教学设计案例 …… 65

案例3：七年级上册第四章《直线、射线、线段》单元教学设计案例 …… 75

案例4：九年级上册第二章《一元二次方程及其解法》单元教学设计案例 … 88

第四章   "三学"理念下初中数学课堂教学基本理论

第一节   高效课堂 ··· 93

第二节   "建构主义"教学理论 ································· 94

第三节   "最近发展区"理论 ····································· 97

第四节   "以学论教"理论 ·· 98

第五章   "三学"理念下初中数学课堂教学重点课型

第一节   初中数学概念课 ··· 101

第二节   初中数学原理课 ··· 106

第三节   初中数学习题课 ··· 112

第四节   初中数学复习课 ··· 118

第五节   初中数学试卷讲评课 ·································· 125

第六章   "三学"理念下初中数学课堂教学实践成果

第一节   "三学"理念下初中数学课堂教学设计案例 ·········· 129

案例 1：整式的乘除单元教学（第 1 课时）·········· 129

案例 2：一次函数的图像单元教学（第 1 课时）·········· 135

案例 3：锐角三角函数单元教学（第 1 课时）·········· 144

案例 4：平行四边形的性质单元教学（第 1 课时）·········· 148

案例 5：幂的相关运算单元教学（第 1 课时）·········· 153

案例 6：探索勾股定理 ·········· 157

案例 7：二元一次方程与一次函数 ·········· 163

案例 8：完全平方公式单元教学（第 1 课时）·········· 169

案例 9：认识三角形单元教学（第 1 课时）·········· 174

案例 10：用配方法求解一元二次方程 ·········· 178

案例 11：反比例函数单元教学（第 1 课时）·········· 183

案例 12：认识分式 ·· 190

案例 13：一次函数的图像 ·· 194

案例 14：定义与命题单元教学（第 1 课时）················ 198

第二节 "三学"理念下初中数学课堂教学实践论文 ············ 202

谈初中数学"学材再建构" ······································ 202

"自学·议论·引导"教学法在初中数学教学实施中引发的思考 ······ 205

初中数学教学中"学材"如何进行有效建构 ··············· 208

"自学·议论·引导"教学法促进初中生核心素养培养的策略探讨 ··· 211

李庚南教学法"学材再建构"的实践研究 ··················· 215

初中数学教学中"自学·议论·引导"教学法的探究 ······· 217

初中数学"议论"学习策略的高效实施 ······················ 221

学材再建构——初中数学实施单元教学的最佳途径 ·········· 226

第三节 "三学"理念下初中数学课堂教学实践课题 ············ 230

第一章

"三学"理念的提出背景

《义务教育数学课程标准（2011版）》（以下简称《标准》）所阐述的数学课程基本理念指出：教学活动是师生积极参与、交往互动、共同发展的过程。有效的数学教学活动是学生的学与教师的教的统一，学生是数学学习的主体，教师是数学学习的组织者、引导者、合作者。数学教学活动应激发学生的兴趣，调动学生的积极性，引发学生的数学思考，鼓励学生的创造性思维，也要注重培养学生良好的数学学习习惯，掌握恰当的数学学习方法。

学生学习应当是一个生动活泼的、主动的、富有个性的过程。认真听讲、积极思考、动手实践、自主探索、合作交流等，都是学习数学的重要方式。学生应当有足够的时间和空间经历观察、实验、猜测、计算、推理、验证等活动过程。每个学生都有自己的学习习惯、思考方法、思维定式、心理倾向等，这些习惯、方法、定式和心理构成了他的学法体系。只有建立合理、科学、简明、高效的学法体系，才能提高学习水平，优化学习效果，实现数学学习快速、高效。

在数学教学中，教师教学应当以学生的认知发展水平和已有的经验为基础，面向全体学生，注重启发和因材施教。教师要将学生看作探索的主人，创设合理的学习环境，有针对性地启发、点拨、设疑，引导不同层次和不同类型的学生端正学习态度，积极参与课堂探究，积累学习经验，提升学习兴趣，形成合理的学习方法，完善学习方法体系，最终找到适合自己的有效的学习路径。在教学中，教师要发挥主导作用，处理好讲授与学生自主学习的关系，引导学生独立思考、主动探索、合作交流，使学生理解并掌握基本的数学知识和技能，体会和运用数学思想与方法，获得基本的数学活动经验。要注重培养学生自主探究的能力，实现课堂教学的高效。

数学课堂教学要注重培养学生的数学思维及创造性思维的能力，要注重培养学生获得知识的方法，还要注重知识生成的过程。实现有效教学、高效课堂是《标准》理念的诠释，也是"三学"理念数学课堂教学的基本追求。

一、提出"三学"理念是基于现在数学课堂教学重结果不重过程的现状

时代变了，学生的想法变了，我们的教学理念和课堂形态也要随之改变。中国教育界流传很广的一句话是，给学生一杯水，教师得有一桶水。教师的一桶水要成为学生的一杯水，不能简单地"倒"出来就行，而是要有一个转化的过程。教科书里的数学知识是形式化地摆在那儿的，准确的定义、逻辑的演绎、严密的推理，一个字一个字地线性地印在纸上。这是知识的学术形态，学生比较难懂。即使有的学生看懂了字面上的意思，甚至题目也会做了，却仍不知道学数学干什么，意义何在，价值在哪儿。

数学教学不是把书本上的内容重复一遍，抄在黑板上，就算"教"过了；而是要讲推理、讲道理，把印在书上的数学知识转化为学生容易接受的内容，做到深入浅出。然后教师通过展示数学的美感，体现数学的价值，揭示数学的本质，感染学生，激励学生。

单片式的零散教学使得学生的学习缺乏整体性，不利于知识结构的形成，也不利于学生思维的培养。而"三学"理念的数学课堂教学刚好能改变目前的课堂现状：

（1）将原来只注重知识"是什么"变为研究"为什么是"和研究"新知的生长点"，研究"该知识又可能生长出哪些知识"；

（2）将原来只注重"结果交流"变为体验"获得的过程和结果同时交流"；

（3）将原来只注重"学会了什么"变为思考"是怎么学会的"，体验学习方法；

（4）将原来只注重"会解题"变为总结"解题经验"、享受"解题体验"等。

例如，北师大版初中数学七年级下册第一章《整式的乘除》中，第一节"同底数幂的乘法"和第二节"幂的乘方与积的乘方"，好多教师花费三个课时来教授幂的这三条运算性质，方法都是一条性质一条性质地讲解，随后就是进行应用性质的相关练习；而不是引导学生在弄清楚幂的这三条性质的生成过程及相互联系上下功夫。这就导致学生只能获得结果知识，而不能获得过程知识。学生不明白知识之间的相互联系，没有形成知识结构，导致后面遗忘也比较快。

还有些教师在遇到一些不好讲的内容的时候就直接给出结果让学生记忆，

然后就让学生应用定理来解题。这样做，学生只知道了"是什么"，却不知道"为什么是"，更不知道自己是怎么学会的，或者到底有没有学会。教师这样教学，学生获得的知识就是死的，是没有生命力的，也是容易丢失的。例如，北师大版初中数学八年级下册第六章《平行四边形》中的"平行线分线段成比例定理"在证明时由于涉及极限思想，有的老师就会给出定理及其推论，然后让学生直接应用解题。

在解题教学中，教师经常讲的也是自己的思维结果，即解题思路是什么，如何作辅助线，如何推导出结果等等，或在解题中用到了哪些公式、法则计算，计算中要注意什么等。但却很少去讲自己寻找解题思路的过程，在探究、分析问题的过程中会遇到哪些问题且又是如何处理的。其实，这种教学留给学生的思维空间是很少的。换句话说，如果多给时间让学生独立思考，让学生充分交流思维过程，让他们在相互交流中互相启发、互相解惑、互相补充，那么学生获得的就不只是解决了这一个问题，更多的是获得了分析解决问题的策略和方法，以及解决此类问题的经验，也获得了丰富的数学学习的情感体验。

因此，教师在平时的教学中要善于帮助学生战胜遗忘，让知识本身不容易被忘记，也需要学生把知识放到一个结构中学习、记忆。课堂教学在追求圆满的同时，要有预设，还要有生成，这样才不会导致越来越多的学生被边缘化。课堂是一个让学生得以解惑、有新知、得以生成的地方。课堂教学中，教师要敢于给自己以教的挑战，同时也要敢于给学生以学的挑战，这样才会使学习逐渐走向深度化。

二、提出"三学"理念是基于教师对学生的学习情况掌握不全面，教法单一的现状

由于课堂时间紧张，有时候即使学生有独立的思考，课堂上也没有时间提问、表达、实践。久而久之，就会把学生的思维方式方法框定在教师既定的教案框架里。教师只为完成教案教学，抑制了学生独立的思维习惯，创新意识和探究、实践、创新能力的发展。正因为教师把教学过程当作了自己实践教案的过程，教学方法自然就成了以讲授为主，伴以教师的提问，学生回答教师的提问或根据教师的提问开展讨论。这种教学，表面上看似乎学生积极主动参与了，可教师的提问，一般是根据教学目的要求设计的，好多问题细细看来，不是学生遇到的问题，而是教师预设的问题。这些问题对于学生来说，有些并不成问题，因此教师一提问，学生马上就能作答。看似热热闹闹地参与了，其实全是为问而答。这让学生缺乏回答完问题的成就感，当然也就不能有效地激发学生

学习的热情。或者教师认为有些问题很简单，可学生却不能回答；教师认为不值得提出研究的问题，学生却感到困惑不解。课堂上更多的是教师提问学生，很少让学生自己提出问题，相互讨论、研究、解答，这样就扼杀了学生的创造力和主体性，不利于学生创新思维的培养。

三、提出"三学"理念是基于《标准》的要求，初中数学教学的根本目标是促进学生的发展

课改已提出多年，教师的课堂教学观要彻底地从"以教师教为中心"转变到"以学生学为中心"；学生的学习观要自觉地从"被动接受学习"转变到"探索、探究、研究性学习"。教师要真正转变理念，变以"教"为主为以"学"为主。"教"是为了引导学，指导学。

为此，我对北师大版数学九年级上册第一章《特殊的平行四边形》中的"正方形的性质与判定"教学做了如下的改变。

（1）教师首先利用多媒体向学生展示生活中有关正方形的图片。然后让学生动手操作：用一张长方形的纸片折出一个正方形（图 1 - 1），引导学生在动手操作中对正方形产生直观的认识，并感知正方形与矩形的关系。接着教师引导学生结合菱形和矩形的定义思考什么样的四边形是正方形，并引导学生归纳正方形的定义：有一组邻边相等，并且有一个角是直角的平行四边形叫作正方形。

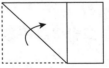

图 1 - 1

接下来学生分析正方形的定义可知：①有一组邻边相等的平行四边形（菱形）；②有一个角是直角的平行四边形（矩形）。所以说正方形既是菱形又是矩形。

（2）学生动手操作，探究正方形的对称性，并在小组内交流。

正方形是中心对称图形，它的中心是对称中心。正方形还是轴对称图形，它有四条对称轴：两条对角线和每组对边中点连线所在直线是正方形的对称轴。

（3）教师参与探究过程，让学生交流正方形与平行四边形、菱形、矩形的关系（图 1 - 2）。同时引导学生思考：①正方形四条边有什么关系？四个角呢？两条对角线呢？②正方形是矩形吗？是菱形吗？为什么？③正方形具有哪些性质呢？

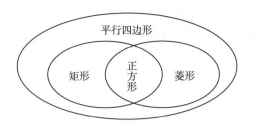

图 1 - 2

学生总结：由上图观察、联想到正方形是矩形，所以具有矩形的所有性质；正方形又是菱形，所以它又具有菱形的所有性质，由此概括出正方形的性质定理。让学生独立完成定理的证明，并相互交流，教师点评。

（4）教师提出问题：结合下图（图 1 - 3），怎样判定一个四边形是正方形呢？把你所想到的判定方法写出来，并和同学们一起交流、证明。

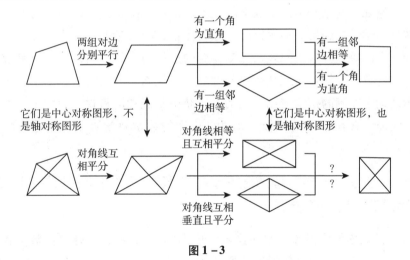

图 1 - 3

师生进行实验活动：

学生猜想只要矩形有一组邻边相等，这样的特殊矩形就是正方形；教师拿出活动菱形框架演示（图 1 - 4），活动中让学生发现：只要菱形有一个内角为 90°，这样的特殊菱形就是正方形。教师用课件出示教材第 22 页图 1 - 20，提出问题：将一张长方形纸对折两次，然后剪下一个角打开，能不能剪出一个正方形呢？

学生动手操作，教师巡视指导并讲解：因为正方形的两条对角线把它分成四个全等的等腰直角三角形，把折痕作为对角线，这时只需剪一个等腰直角三角形，打开即是正方形，因此只要保证剪口线与折痕成 45°角即可。

活动完成后，教师参与学生小组交流，启发学生结合以下问题进行思考：①怎样判定一个四边形是矩形？②怎样判定一个四边形是菱形？③怎样判定一个四边形是平行四边形？④怎样判定一个平行四边形既是矩形又是菱形？让学生归纳总结出判定正方形的方法。

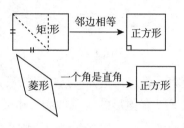

图 1-4

（5）教师要充分肯定学生研究的主动性、自主性、创造性，鼓励学生将自己探索并论证了的这些结论用数学语言加以概括，从而获得正方形的判定定理。

这样，学生在经历了动手操作、亲自体悟、积极参与、与人合作、自己提出问题、自己研究并解决问题、深刻体会的过程后，从中获得的不只是数学知识、基本的数学技能、研究和解决问题的一般策略、方式方法。更生动地体验了数学活动中充满的探索与创造的活力，获得了成功的喜悦，激励了学生自主探究、交流、合作学习的积极主动性。这样的数学教学真正地促进了学生的发展。

四、提出"三学"理念是基于数学教学在促进学生发展的同时也必将促进教师自身的发展

26 年的数学教学经历，尤其教学改革提出以后，我深深体会到数学教学在促进学生发展的同时也必将促进教师自身的发展。

首先，数学教学是数学活动的教学，在活动中强调教师主体性的发挥和发展。课程内容的要求、处理方式以及重点的不断变化，需要教师认真思考，加强练习，更新知识，认识和了解课程的变化规律，把握好课程内容，在教学中努力贯彻中学数学教学目标的要求。这对于教师而言无疑是一项挑战。

其次，要发挥学生的主体性，促进学生的发展。教师必须加强对学生的认知规律、学习理论、教育心理学等方面知识的学习，加强对教育教学实践的探索、研究、调查、反思、总结。还需要教师对数学课程内容整体认识、理解和把握，并且研究双基学习，学习如何以知识为载体去体现数学和数学教育的价值。这对教师来说又是一个挑战。

最后，强调学生的主体性，师生间互动的数学教学活动，改变了完全由教师设计、主导、控制的课堂教学。教师需要更新教学方法，提高教学艺术，力求实现由传统教学向注重发展转变；由统一要求向承认差异和因材施教转变；由重教师"教"向重学生"学"转变；由单向、双向的信息交流向多向、多层次的合作信息交流转变；由重结果向重过程转变；由以教师为中心向师生平等、和谐融洽转变；由教学模式化向教学灵活多样化转变，从而真正实现"教师是学生数学学习的组织者、引导者、指导者和合作者"这一目标。这对于教师而言既是压力，也是动力，可以促进教师自身的不断发展。

由此看来，中学数学教学的基本目标应该是促进教学相长，促进师生共同发展。获得这种认识是一种上下求索、螺旋上升的过程；也是一个自我反思、与时俱进的过程；是被动接受式向主动探究式跃进的过程。完成这一飞跃，把握了数学教学的规律，教师就能随机应变、游刃有余地进入教学的佳境。

综上所述，时代在变，学生的需求在变，社会对人才的要求也在发生变化，因此，只有教师的课堂理念发生变化才能培养好新时代的接班人。传统的课堂教学做出改变，才能让学生由原来的"学会"变为"会学"，才能全面提升初中生的核心素养，面向未来社会的发展，他们才会走得更快、更远。于是，我在此基础上提出了"三学"理念。

第二章

"三学"理念的内涵

　　"三学"是指学材、学法、学程。"三学"理念是指"学材再建构、学法三结合、学程重生成",它是李庾南老师"自学·议论·引导"教学法的精髓。其中"学材再建构"是"学法三结合"的操作平台,是"学程重生成"的源头活水。自2018年以来,我开始实践"自学·议论·引导"教学法。在实践的过程中对"三学"有了更深层次的认识,上升为"三学"理念。如果说"学法三结合,学程重生成"是"表",那么"学材再建构"就是"里"。课堂要做到表里如一,才能实现教和学的完美统一。换句话说,"学法三结合,学程重生成"是外延,"学材再建构"是内涵,我们的教学要由表及里,要从外延进入内涵,才能真正实现课堂教学质量的提升。将"学材再建构"置于"三学"之首,原因是它侧重从教学内容角度进行课堂变革,而"学法三结合,学程重生成"则侧重从教学形式,即方法与路径的角度,进行课堂变革。

第一节　学材再建构——重组教学资源

　　我们的教材是针对全国学生统一编排的,并不针对某一地区、某一学校,更不能兼顾地域差异和学生的个性差异,所以教师在教学中不能照本宣科,更不能只教教材,而应该"用教材教",对学材进行适当的再建构,使之本土化。

　　按部就班式教学会使系统性知识碎片化,难以体现知识之间的联系,削弱了知识系统的整体教育功能,影响学生在学程中获得丰富的数学学习方法和活动体验,为此,教师必须对学材进行再建构。

9

一、学材再建构的必要性

（一）教学理念转变的需要

发展学生核心素养的先进教育理念的提出，标志着数学学科教学对学生的要求从"学会"演变为"会学"乃至"会用"，即让学生掌握数学思想、数学方法，发展学生思维，提高数学分析和应用能力。为此，我觉得目前以单课单教的碎片化教学为主的数学教学不利于学生对知识的整体掌握，学过的知识也容易遗忘；也不利于发展学生思维，提高学生的学习能力。为了让学生对某一数学知识点有较为系统地理解、掌握和运用；为实现学生的全面发展，落实学生的主体地位的教育理念，让学生学会用数学的眼光看待和审视世界，切实实现从"教材是我们的世界"走向"世界是我们的教材"（刘希娅）的转变，教师首先要做的就是根据数学知识本身的结构特点和学生的特点来做好"学材再建构"。

（二）学生自主建构知识体系的需要

每次听李庾南老师讲课，观看课例视频或阅读专著，我都会被课堂上的"框架式板书"深深吸引、震撼。"框架式板书"可以说是李庾南老师教学的一大特点，而且可学、易学。细细琢磨，李老师的板书其实就是"三学"理念的显性体现，是知识思维结构图，它充分体现了各知识点间的逻辑关系，脉络清晰，一目了然。知识结构图的形成得益于李老师课前对教材的精心设计；更是课堂上以问题为导向，启发学生的思维，师生互动共同建构而生成的"智慧树"；是把教材活化，生成了学材，"授学生以渔"。这种方法运用久了，学生就会学会如何研究问题，如何在知识结构中学会自主建构知识体系，如何由"学会"变成了"会学"。所以，"学材再建构"是数学思维的培养在课堂上落地的基本途径。

（三）现在课堂改革与数学学科素养提升的需要

"自学·议论·引导"教学法实验的初期，我有过这样的想法：面对现行教材中以课时为基本教学单位，以章节为基本教学模块的设置方式，我们还有再建构的空间吗？还有再整合的必要吗？有时候和朋友们谈起，他们也觉得再建构是多此一举。但随着教学法实验的推进，我通过查阅关于"学材再建构"和"单元教学"的文献资料，逐渐觉得做"学材再建构"、实行"单元教学"很有必要。现在的单课单教式教学容易导致学生的知识割裂，不利于形成一个完整的知识链条和结构体系，难以建构完整的思维体系。打个比方，各个知识点就如同是一颗颗珍珠散乱地摆在我们面前，这样容易丢。我们迫切需要做的是用各种丝线将珍珠穿成串，穿成珍珠项链戴起来。还有，现在的教学方式过多地关注学生知识与技能的获得，重结果轻过程，忽略了学生能力的培养，不利于学生学科素养的发展。同时也会让教师拘泥于具体内容"就课论课"，而缺乏对教学的整体把握，因此在一定程度上限制了教师的发展。而"学材再建构"理念所提出的"单元教学"设计倡导将教学内容置于单元整体内容中去把控，更多地关注教学内容的本质、蕴含的思想以及学生素养的发展。"单元教学"设计有利于一线教师把握学段目标的分步落实，弄清单元目标与课时目标之间的层次关系，然后系统地、有计划地调节教学过程，从单元整体上较好地因材施教。"学材再建构"理念在教学的过程中对教学内容实施整合，将学习方法相近、学习内容存在关联的知识或属于同一知识体系的教学内容有机地结合在一起进行单元教学。这样的教学更加注重知识之间的逻辑结构和生成的过程，能起到发展学生核心素养的作用。

二、"学材再建构"概念解读

（一）对"学材"的理解

"学材再建构"的提法源于李庾南老师"自学·议论·引导"教学法中倡导的"重组教材内容，实施单元教学"的思想。"学材再建构"要求数学教学不能完全按照现行教材的编排体系按部就班地进行教学，而要以课程标准为基础、数学课本为参照，根据学情、生情、校情来安排教学内容，以学生的最大发展为宗旨，教师根据自己设计的教学思路和意图对学习材料进行重新建构，再按照新建构后的内容进行教学。其中对"学材"的理解，可以从以下三个方面来看。

1. 静态的学材

静态的学材通常指相对稳定的、可视的宏观学习材料，如教材、教参、教辅等教师用书，也包括学生使用的练习册、习题集、试卷等服务于教学的有效资料。由此可见，"学材再建构"并非简单的知识整合或习题堆砌，更需要教师深度地挖掘教学资料，形成有个人特色甚至是个人教学模式的学材。因此，学材再建构的过程是"源于教材，高于教材"的研学过程。

2. 动态的学材

动态的学材通常指时刻发生变化的、隐形的微观学习材料，如教师的教学手段、教学情感、教学经验，学生的学习经验、学习态度等。叶澜教授曾经指出："课堂应是向未知方向挺进的旅程，随时都有可能发现意外的通道和美丽的图景，而不是一切都必须遵循固定路线而没有激情的旅程。"由此可见，学材是不断发生改变的动态学习材料，在学生积极思维的状态下产生许多"节外生枝"的奇思妙想，或是意想不到的错误等，这些都应是教学中宝贵的学材。教师要因势利导地让"学材再建构"这一行为在课堂中活跃起来，从而实现"学程重生成"的理念，打造出"有规则的自由课堂"。

3. 适宜的学材

学材再建构的过程中，教师会挑选大量的学材为建构做准备，如通过北师大版、人教版、华师版三种数学教材对单元教学内容的编排和处理，通过"编排顺序的差异""阅读材料的差异""素材选取的差异"和"例题、习题编排方式的差异"等方面进行比较分析。在这一过程中，教师不能只着眼于"广"，更要善于取其"精髓"，即从收集的大量资料中选择恰当的、有针对性的学材为我所用，从而实现基于"单元教学"的"学材再建构"理念。

（二）"学材再建构"的含义

"学材再建构"包括教师对学材的独立再建构，学生对学材的独立再建构，师生共同对学材的再建构三个部分。首先是教师建构，其次是学生建构，最后是师生共同建构。由此可以看出，教师对学材的独立建构是起点，没有这个起点，建构的过程、目标就会大打折扣。因此，本书主要谈的是教师对学材的独立建构。

"学材再建构"简单来说，就是将教材、教辅中相关知识重新组合，将碎片化知识以整体的形式呈现出来，使之源于教材、高于教材、顺应学生的最近发展区、着重进行单元教学。实践中，我们往往先建构单元整体，引导和帮助学生建立有关本单元的知识框架认知，建立轮廓化印象，然后再深入研究具体的单个知识。学生在整合后的结构化知识里，才能理解知识元素之间的关系，才能透过关系发现本质，进而再以这些本质性的认知去解决更多同类或有紧密关联的问题。这种教学往往是教少学多，有整体把握，有深度思考。

三、"学材再建构"的原则

新课标理念要求教师"用教材教而不是教教材"。所谓"教教材"就是教师严格遵从教材提供的内容和程序组织教学，无视学生的实际情况，照本宣科、一刀切。而"用教材教"则是要教师在课程标准的要求下，吃透教材的精神和意图，实现"学材再建构"的过程，这需要教师在做学材再建构时遵循以下原则。

（一）以课标为基准，确定单元教学总目标

课程标准是国家课程的基本纲领性文件，是国家对基础教育课程的基本规范和要求,是教材编写、教学、评估和考试命题的依据,是国家管理和评价课程的基础。它体现了国家对不同阶段的学生在知识与技能、过程与方法、情感态度与价值观等方面的基本要求,规定了初中数学课程的性质、目标、内容框架,提出了教学和评价建议。因此,课程标准毫无疑问地对教材、教学和评价具有重要指导意义,是教材、教学和评价的出发点、归宿与灵魂。所以,单元教学总目标的确立必须以课程标准为基准。但课程标准是为落实国家提出的"立德树人"的教育根本任务制定的,义务教育的课程标准是为达到普及义务教育的要求,让绝大多数学生经过努力都能达到一个最低限度的要求,而义务教育阶段的学生,有些不仅能达到这一要求,而且还有很大潜力可以扩展"最近发展区",实现自身的最大发展。因而要实现这一目标,教师就不能局限于课标的最低要求,在确定单元教学目标时,根据不同版本的教材和学生的实际情况,可以适当提高要求。

以北师大版八年级下册的"平行四边形"单元的建构为例。平行四边形的概念及其性质在实际生产和生活中有着广泛的应用,平行四边形的概念是本单元学习的起点,平行四边形性质、判定的探究过程有助于培养学生的数学思维方法。学生在小学阶段已经对平行四边形有了初步、直观的认识,会用语言来描述平行四边形的一些特征,也能用长方形、正方形、三角形等图形进行拼图,但对其本质属性的理解并不深刻。同时,平行四边形与三角形、四边形等有着这样或那样的内在联系。所以,在教授这部分内容时,教师可以有意地将三角形、四边形、平行四边形等内容进行再建构,制定出如下的教学目标:

(1)引导学生将三角形、四边形、平行四边形的原有认知上升到理性认知,建构知识结构,完善认知结构;

(2)通过三角形与平行四边形之间的联系,让学生体验对平行四边形性质和判定定理及三角形中位线定理的猜想、探索、证明的过程,进一步培养学生的推理论证能力,深化对证明必要性的理解,培养学生的演绎推理能力;

(3)通过给平行四边形添加辅助线的应用练习,让学生体会证明过程中所运用的归纳、类比和转化的数学思想方法,培养学生逻辑思维能力、推理论证能力和数学表达能力。

(二)以教材为主要参照,确定建构知识结构

教材是课程标准最主要的载体,是学校教育教学的基本依据,是课堂教学最重要的课程资源,是实现教学目标的有效工具,是教学的主要参考。因为义务教育的课程标准只是一个最低限度的要求,这为编写多样化的教科书提供了广阔的空间,也就出现了"一标多本"的现象,所以,对比、吃透不同版本的教材是编写的关键。新课标也指出："教师是课程资源的开发者和实施者。"叶圣陶先生也曾说过："教材只能作为教师教课的材料，要想教得好，使学生受益，还要靠教师善于运用。"因此，教师在教材的选择和利用上，必须坚持灵活性与创造性相统一，以实现"用教材教"而非"教教材"的目的。教师要根据学生的实际情况对教材内容进行取舍、增补、校正、拓展、变通、调序等，进一步完善知识结构和教学内容，选择具有现实意义、富有挑战性的学习内容。教师应向学生充分提供参与学习活动的机会，帮助学生在自主探究和合作交流的过程中，理解和掌握基础知识和基本技能，感悟基本思想方法，积累基本活动经验，学会学习。教师只有熟悉教材内容，知道知识点的来龙去脉，才知道哪些知识能建构，哪些知识不能建构。

（三）以学情为根据，确定建构内容

新课标指出："学生是数学学习的主体，教师应成为学生学习活动的组织者、引导者、合作者，为学生的发展提供良好的环境和条件。"所以，备课标、备教材都是为学生服务的，备学情才是重点。教师上课的目的是教会学生知识，教会学生学习，教会学生做人，促进学生全面而有个性地发展。学生是有血有肉、有思维、有情感的生命个体，这就决定了教师备课时心里要始终装着学生，教师的教学设计要为学生着想，为学生量体裁衣；教学方式、方法要适合学生，容易被学生所接受。所以，真正能够驾驭教学过程的高手，是根据学生的学习情况及时调整教学设计，使教学结构适合学生的思维和接受能力，让全班每个学生都全身心、乐此不疲地投入到学习新知中。因此，在进行"学材再建构"时，要做到以下几点。

1. 与学生的学习基础和学习能力同步

例如，初一的学生由学习算数过渡到学习代数，会有一段适应期。又鉴于对学生自学能力的培养也处于起始阶段，所以教师应按教材规定的教学内容进行单课单教。经过两三周的训练，等到了学习"有理数的乘法""有理数的除法"时，由于学生在学习"有理数的加法和减法"时，已懂得了有理数的加减法在解决了符号问题后，就转化为小学算术中的数的加减法运算，学生也具有了数集扩充后原有数集运算律仍适用的经验。这样再对比有理数加法运算，学生就初步具备了学习有理数乘法法则、乘法运算律的能力。此时，教师就可以将"有理数乘法"与"有理数乘法运算律"两节内容作为一个教学单元进行建构。

再往后，随着学生自学能力的增强，对于某些联系紧密的教材内容，教师就可以把这些内容组成一个单元进行建构，形成一个相对独立的大知识模块。如："认识一元一次方程"与"求解一元一次方程"，这是由总体到局部、由概念（理论）到实践（解方程）紧密联系的两节教材，可以组建成一个单元。在教学时，教师提出研究方法，让学生进行探索性学习。用一定的教学时间，师生共同讨论，先整理出知识结构（见图2－1），学生再对结构中的每一部分深入自学，最后在教师的引导下熟练解答一元一次方程的练习题。这样，单元扩大后，相应安排的课时也会增多，学生根据自己的情况查漏补缺，更适应学生个性差异。了解了这一建构式的学习方法，后面对"一元二次方程"的学习就可以如法炮制了。

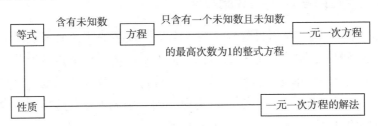

图2－1

2. 与学生的知识体系、认知结构匹配

例如，"平行四边形的判定定理"概括了判定一个四边形是平行四边形的几种方法（见图2－2），目的是让学生从中学会判定一个四边形是平行四边形的方法。因此，可以把它们作为一个整体进行建构教学，使学生以平行四边形的定义为生长点，在学习了平行四边形性质定理的基础上，先自主生成判定的各种方法，然后再通过解决具体问题熟练掌握。

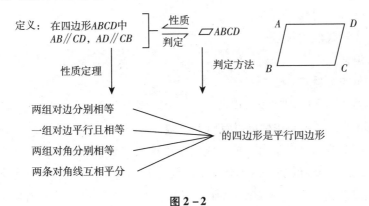

图2－2

3. 与学生群体和个体的实际情况吻合，对学材进行适当的增删、调整、强化或弱化处理

"特殊的平行四边形"第一课时的建构，可以有如下建构方式：（1）菱形、

15

矩形、正方形这三种图形的定义；（2）菱形、矩形、正方形这三种图形的性质的探索与证明；（3）菱形的定义、性质的探索与证明以及判定的探索与证明；（4）我本人的建构是：第一课时可以将菱形、矩形、正方形这三种图形的定义和它们的性质的探索过程建构到一起，性质的证明先布置给学生课后探究；第二课时再进一步证明性质、应用性质定理解决问题；第三课时进行三种图形的判定方法探究过程及证明；第四课时对三种图形之间的联系进行综合应用等。

四、"学材再建构"的实施方法

"单元教学"是"学材再建构"在数学学科教学中的主要表现形式。众所周知，数学教材是按章节来进行编排的，但并不一定一章就是一个单元，也并不一定一节就是一个单元。因此，教师首先要将学材分为单元或知识模块，从整体上设计教学环节，依据"学材再建构"的三条原则重新建构教学内容，然后分课时实施。

（一）对学材进行整体框架建构，划分好单元

单元的建构要体现知识的完整性、层次性，它可大可小。例如，北师大版七年级数学上册《基本平面图形》就可以建构为：

（1）认识线段、射线、直线；

（2）认识角；

（3）多边形和圆的初步认识。

原编排为：

（1）线段、射线、直线；

（2）比较线段的长短；

（3）角；

（4）角的度量；

（5）多边形和圆的初步认识。

由此可见，单元的建构可以有以下类型：

（1）一个单元可以是由几章合成的一个模块。例如，北师大版七年级上册第三章《整式及其加减》与七年级下册第一章《整式的乘除》就可以建构成《整式的运算》模块；再例如，北师大版八年级下册第六章《平行四边形》与九年级上册第一章《特殊的平行四边形》可建构成《平行四边形》模块。

（2）一个单元可以是一章。例如，北师大版八年级下册《因式分解》一章就可作为一个单元。第一课时讲因式分解、提公因式法、公式法的定义；第二课时进行独立的简单练习，熟悉方法；第三课时进行独立练习，提高解题的能力。

（3）一个单元可以由一章内的几节合成。例如，北师大版七年级上册第四章《基本平面图形》一章中，可以将"线段、射线、直线"与"比较线段的长短"建构成一个单元《认识线段、射线、直线》。再例如，北师大版七年级上册第二章《有理数及其运算》中"有理数的乘法"与"有理数的除法"建构成一个单元《有理数的乘除》，第一课时学习有理数的乘除法法则及乘法运算律；第二课时学习多个有理数相乘及利用乘法运算律进行简便运算。

（4）一个单元可以是一章内的一节。例如，北师大版八年级下册第六章《平行四边形》一章中《平行四边形的判定》一节，可作为一个单元建构。联系不紧密的内容不进行建构，自成单元，例如，北师大版八年级下册第六章《平行四边形》一章中的《三角形的中位线》一节。

（二）建立有关单元的知识结构，再深入研究具体的知识点

教与学的知识应当包括全部意义上的知识，小步子教学，常常使学生得到的是客观的、明确的、共性的知识；而单元教学会使个性的知识得到展示，同时令学生获得丰富的数学活动方法和活动经验。

进行学材再建构有助于避免教师对学科知识的整体结构与逻辑视而不见，对数学的理解"只见树木，不见森林"的弊端；有利于有效地避免学生由于知识点零散而导致"学得快，忘得也快"的现象发生，更适应学生的个性差异；有利于发展学生的核心素养。

例如，北师大版九年级上册第一章《特殊的平行四边形》第1课时的建构，在深入理解各种特殊的平行四边形之间关系的基础上再进行分课时实施，打破原有的编排顺序，重新建构。

北师大版九年级上册第一章《特殊的平行四边形》（第1课时）

【教材解析】

本节课位于北师大版九年级上册第一章《特殊的平行四边形》，是继八年级下册第六章《平行四边形》之后展开的新的课题研究，重点探究特殊平行四边形的性质、判定及其综合应用。根据"学材再建构"原则，笔者对本章内容重新整合，实行单元教学，本节课是建构的单元《特殊的平行四边形》的第1课时《特殊的平行四边形》，重点探究特殊平行四边形的概念、性质及其与平行四边形之间的联系。

【学情诊断】

学生经过七八年级的学习，已经掌握了利用全等三角形、等腰三角形、轴对称图形的性质解决相关问题的思路和方法，同时还熟知平行四边形的定义、性质，为本节课学习特殊平行四边形的内容奠定了基础。同时学生已经具备了观察图形特征的能力，初步掌握了通过严格的逻辑推理来论证几何问题的能力，这为本节课探究特殊平行四边形的性质所需要的思维方法提供了保障。由于本节课涉及三类特殊平行四边形的性质探究，学生在初学过程中容易混淆它们的性质，因此教师在教学过程中应该引导学生深刻理解菱形、矩形、正方形的定义，从定义出发理解它们与平行四边形之间的特殊关系，从而厘清它们与平行四边形在性质上的共性与特性。

【学习目标】

（1）理解菱形、矩形、正方形的概念，了解它们与平行四边形之间的关系，掌握特殊平行四边形的性质。

（2）经历探索和发现特殊平行四边形性质的过程，体会类比思想、化归思想在数学中的应用。

（3）经历观察、猜测、推理、交流等过程，发展研究问题的数学思维和方法，体验数学知识的生成过程。

【教学重点】

探究特殊平行四边形的概念、性质及其与平行四边形之间的联系。

【教学过程】

（一）创设问题情境，引导学生通过观察、类比、概括等方法，建构"菱形""矩形""正方形"的概念

1. 回顾复习

教师引导学生回顾平行四边形的定义和性质，梳理探究平行四边形问题的过程和方法，针对平行四边形边的性质，提出问题：（1）平行四边形邻边有特殊关系吗？（2）如果给其邻边特殊化，从哪个角度分析？（3）如果其邻边具备特殊性质，这个平行四边形是什么四边形？通过对上述问题的探究，引入课题——特殊的平行四边形。

设计意图：让学生从已有的知识经验出发，寻求谈及问题的方向，初步感受知识之间的联系，为新知识的学习做准备。

2. 引导探究特殊平行四边形的定义

结合前面对平行四边形邻边性质的分析，让学生明确探究方向：（1）假如平行四边形邻边具备特殊的等量关系——相等；（2）假如平行四边形邻边具备特殊的位置关系——垂直；（3）假如平行四边形既具备特殊的等量关系，又具备特殊的位置关系。

通过让学生动手画图，观察图形的变化，从上述三个角度总结概括特殊平

行四边形的定义。

(1) 菱形的定义探究。

学生观察图形变化（见图 2-3）。

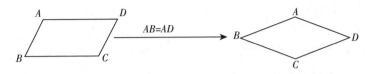

 内容: 图中左侧为平行四边形 ABCD，经过 AB=AD 变换后，右侧为菱形 ABCD。

图 2-3

(2) 教师追问：变化后的图形是什么图形？还是平行四边形吗？

通过这一活动，教师引导学生总结概括菱形的定义，并分析菱形和平行四边形之间的特殊关系，及时厘清思路，总结概括的方法。

(3) 矩形、正方形的定义探究。

学生类比菱形定义的探究过程，结合图形的变化过程，自己建构矩形和正方形的定义，分析矩形、正方形与平行四边形之间的特殊关系。同时教师引导学生从正方形的定义入手，分析正方形和菱形、矩形之间的特殊关系，为后续研究菱形、矩形、正方形的性质做准备。

设计意图： (1) 平行四边形的邻边关系是特殊平行四边形定义的知识生长点，教师基于学生对平行四边形的认知进行诱导，是本节课探究过程中的重要支撑点；(2) 在特殊平行四边形定义的探究过程中，培养学生的知识迁移能力和类比学习能力。

(二) 引导学生类比研究平行四边形问题的基本思路，探究"菱形""矩形""正方形"的性质

1. 引导学生探究特殊平行四边形与平行四边形之间的共性

通过分析菱形、矩形、正方形与平行四边形之间的关系，引导学生理解菱形、矩形、正方形具有平行四边形的所有性质。

2. 引导学生探究菱形的特性

类比平行四边形性质的探究过程，引导学生从边、角、对角线、对称性四个角度探究其特性。教师可以帮助学生有效地归纳猜想，让学生通过观察图形的变化，总结规律，提出猜想；然后在学生独立思考的基础上，通过小组合作讨论的形式；利用化归思想将四边形问题转化为三角形的问题，进行严密的推理论证，从而总结出菱形的特殊性质：

(1) 边：菱形的四条边都相等；

(2) 对角线：菱形的对角线互相垂直，且每一条对角线平分一组内角；

（3）对称性：菱形既是中心对称图形，又是轴对称图形。

设计意图：类比学习一方面帮助学生产生对菱形性质的猜想，然后通过化归思想证明其合理性；另一方面又帮助学生通过独立思考、群体讨论，自主建构新知，培养学生的数学素养。

3. 探究矩形的特性

类比菱形性质的探究过程，引导学生自主完成对矩形性质的猜想、证明。

4. 探究正方形的特性

通过分析正方形与平行四边形、菱形、矩形之间的特殊关系（见图2-4），引导学生总结归纳正方形的性质。

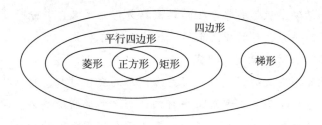

图 2-4

设计意图：引导学生分析特殊平行四边形之间的特殊关系，为学生下一步自主生成性质提供了可能性，同时帮助学生梳理建构了四边形之间的关系。

【课堂小结】

引导学生从知识、思维方法两个角度畅谈本节课的收获，梳理知识点。

【教学反思】

本节课设计理念遵循李庚南老师在"自学·议论·引导"教学法中提出的"学材再建构，学法三结合，学程重生成"。为了让学生明确四边形之间的联系，形成清晰的知识网络，在新知的引入环节先复习一般四边形；从一般四边形再过渡到学生所熟知的平行四边形；通过复习平行四边形的定义、性质，引导学生回顾平行四边形性质，厘清思路，同时通过剖析平行四边形邻边的性质自动生成菱形、矩形、正方形的概念。在具体性质探究过程中侧重证明菱形、矩形在对角线上的特性，这也是这节课性质探究过程中的难点。

我作为李庚南老师"自学·议论·引导"教学法的初学者，通过本节课的实践，收获颇丰，同时也对本节课有待提升的地方作了如下教学反思：

（1）对"自学·议论·引导"教学法的精髓理解不到位，缺乏实践；在具体课堂教学中应用不灵活；教学过程中对学生不信任，给学生思考的时间太短。

（2）引导性的语言还需更简练。在学生遇到疑惑时应以清晰、明确、简洁的引导性语言启发学生如何探究问题，明确探究问题的方向。

（3）板书的美观度有待提升。

总之，本次教学活动促进了我个人的专业成长，让我对"自学·议论·引导"教学法有了新的认知。在今后的教学中，我将继续以"自学·议论·引导"教学法为导向，结合学生的实际，通过不断地课堂教学实践，真正领会教学法的精髓，为学生的学习服务。

五、"学材再建构"的意义

（一）"学材再建构"的过程在一定程度上促进了教师自身专业化发展

1. 有助于教师整体把握教学目标

"学材再建构"是从单元全局出发来设计单元教学目标，能够使教师从整体上把握该单元知识内容的数量、范围、难度，并根据单元内每节课的具体情况来确定该课时的教学重点以及四维目标中的每一维目标在课堂中的比重，从而对每节课"应该做什么""做到什么程度"有更为精准、理性、全面的认识。这可以帮助教师克服过去只关注每堂课教学目标是否达成，而对学科知识的整体结构与逻辑却视而不见的弊病，有利于学生的可持续发展。

单元内各个课时的教学目标既相对独立又彼此联系，它们在单元教学目标的统领下互为基础，环环相扣，构成一个和谐的整体。通过对单元内每一课时教学目标的有层次、分阶段地逐步落实而最终实现单元教学目标。例如，前文提到的北师大版八年级下册的《平行四边形》单元总体目标的建构。

2. 有助于教师整体把握课程内容

"学材再建构"的单元教学理念，有助于教师整体把握课程内容的内在联系，它通过知识间的"瞻前顾后"强化了单元内各课时内容之间的连续性和衔接性，避免了课与课之间因相互割裂而造成知识"零散化"和"碎片化"；通过"高瞻远瞩"将所学内容纳入整个单元知识体系的全局中思考，避免了对数学的理解"只见树木，不见森林"的弊端。例如，前文提到的北师大版九年级上册《特殊的平行四边形》单元的建构。

由此可见，"学材再建构"对促进教师的专业化成长起着不可估量的作用。

（二）"学材再建构"有利于学生综合学力的发展

1. 可以帮助学生建立从整体到局部、从策略到方法的思维习惯和方式

"学材再建构"打破了单个知识点之间的界限，将原来的碎片化知识穿成了串，在学生的面前呈现出一串"葡萄"。这样有效地避免了由于知识点零散而导致学生学得快、忘得也快的现象。它更注重让学生厘清知识点之间的关系，透过关系发现本质，便于学生在头脑中建立起某一知识的整体框架结构，形成更加完整的知识体系，牢固的知识结构。它还可以让学生在整体认识的基础上进行有意义的练习，帮助学生感受并建立渗透在学习过程中的数学思想方法和思维策略，帮助学生建立从整体到局部、从策略到方法的思维习惯和方式。例如，北师大版七年级下册《整式的乘除》中《整式的除法》单元建构第一课时。

教学中，通过师生共同回顾已经掌握的知识，如：同底数幂的乘法运算性质、同底数幂的除法运算性质、整式的乘法运算等，引导学生类比整式的乘法运算总结出整式的除法运算，这样可以让学生对所学知识有个整体的认识。再根据简单的计算算理，推导出乘法运算的逆运算的法则，归纳出单项式除以单项式的运算法则，多项式除以单项式的运算法则，先建立知识结构（见图2－5）。在探究的过程中让学生经历整式的除法法则的生成过程，完成认知结构（见图2－6），从而发展学生有条理的思考及表达能力，培养学生总结归纳知识的能力。同时，通过简单的练习让学生在解答问题的过程中优化思维品质，提高思维能力，激发学生学习的兴趣，增强自主探究的信心。

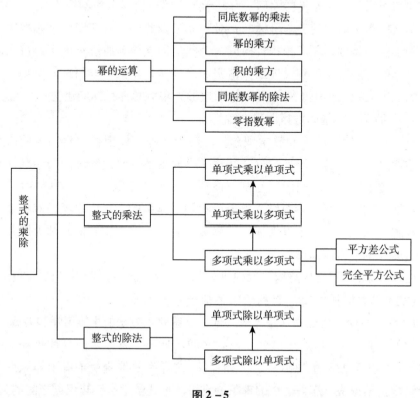

图2－5

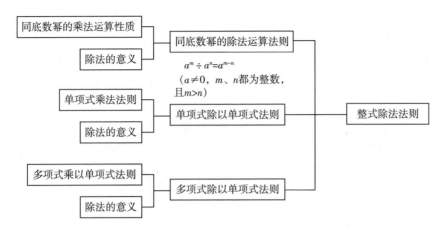

图 2 - 6

2. 有利于学生学习主动性的提高

"学材再建构"打破了数学教学中单纯以授课为主的教学模式,避免了重复教学,有利于提高学生学习的主动性。在数学教学上,"学材再建构"的主要表现形态是单元教学。

六、"学材再建构"的艺术

"教学是一门科学,更是一门艺术。"同样"学材再建构"也是一门艺术,只有将再建构的过程进行艺术化的处理,数学教学才能走出"空洞说教""机械模仿""苦训傻练"的误区,进入"随风潜入夜,润物细无声"的境界。

(一)自觉建构艺术

"自觉建构"有两层含义:一是"自主的",强调学生建构的"主动性";二是"觉悟的",强调学生建构的"智慧性"。因此,学材再建构的艺术在于促进学生由自主建构向自觉建构提升。

例如:《分式方程验根》的建构艺术

教师在讲授《分式方程验根》这节课中,为了使学生突破"为什么要验根"这一难点,可以分为三个阶段进行阐释。

第一阶段教师让学生依据原有的经验,在比例的性质、等式的性质、分式的性质(值相等,值为0)等基础上建构分式方程的解法,这是一个完全由学生"自主建构"的过程。这一过程使得后面的"自觉建构"成为"有源之水"。

第二阶段教师引导学生发现这些解法的共性都是"去分母化为整式方程",然后通过对每种解法中"去分母"的依据进行分析,得出以上各种解决都隐含了一个前提,即"分式方程的每一个分母均不能为0"。让学生明白了之前的解法虽然都求得了方程的根，但是求根的过程还不严密，还存在着"盲动"，从而引发了学生对前面解法过程的"自觉反思"。

第三阶段教师通过一个分式方程无解的例子引发学生的认知冲突，使学生的"自觉反思"上升为"自觉建构"，从而引出解分式方程所特有的步骤——"检验"。

以上对分式方程解题过程的剖析，充分展示了教师在学材再建构过程中，引领学生经历由"自主建构"到"自觉建构"的过程。这一过程不是"做作"的，而是"无痕"的，是"润物细无声"的，这样建构出来的知识是"渗透在血液和骨髓里的"。

（二）创新建构艺术

"创新建构"是指教师在学材再建构的过程中打破常规，创生新想法、新见解、新方法，它是再建构的永恒追求。

例如：《平方根》的建构艺术（见图2-7、图2-8）

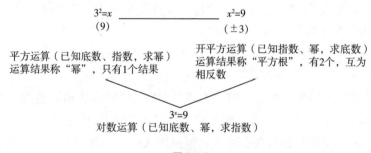

图2-7

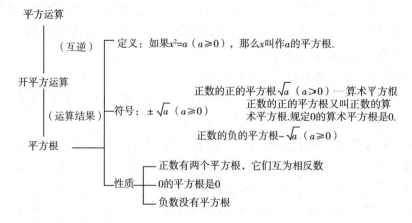

图2-8

总之,在重新建构学材的过程中,教师一定要将所要建构的学材与当地实际情况相结合,要遵循"新课标"的要求,与"生情"相谐,"师情"相宜,"考情"相合;要遵循"源于教材,异于教材,高于教材"的原则,做到"上不封顶,下要保底"。既要有利于发挥优秀学生的智慧,又要兼顾到中下游水平学生的接受能力。重新建构学材一定要强调和凸显学生主体学习地位,让学生有兴趣学、乐学、能学,有生长点供学生创新自主地学习。

第二节　学法三结合——优化教学方法

"学法三结合"里的"三"有两层含义。其一是指个人学习、小组学习、全班学习三种学习形式相结合,文本问题、师本问题、生本问题相结合;其二是指数学课堂教学中自学、议论、引导三种教学方式相结合。

"个人学习",指以个人的形式进行学习,记笔记等,达到自我习得、自我生成、自我发展的目的。

"小组学习",指以小组的形式进行学习,即小组交流讨论、质疑互补、互惠共生、激励促进。

"全班学习",指在小组学习的基础上,以全班共同参与某个问题解决过程的形式进行学习。

这三种学习形式中,个人学习形式是基础,贯穿课堂教学的全过程,当然个人学习也必须融在小组学习和全班学习之中。教师想上好一堂课需要灵活地交替运用这三种学习形式。

"自学"是个人学习、小组学习、全班学习的核心,贯穿于课堂学习的始终,是课堂运作的基础。对于"自学",教师不能简单地理解为让学生自己学习,一放了之。没有学习内驱力,没有目标要求,没有方法指导,"自学"必然流于形式,达不到让学生自学的目的。教师也不能机械、片面地理解为让学生先看书,或者先学教师设计的教案(学案),先做老师布置的作业等才叫作自学。这里的"自学"是一种触及灵魂的自主的、自我生成的学习方式。这样的学习既要仰仗老师,又要依赖学生,对学生而言属于"自己的事情自己做"的范畴。"自学"是在"以生为本"原则上产生的学习行为,只有"以生为本"的学习,才是真正的自学,学习的动力来源于学生自身的积极性。有主体的存在,就必然有自学行为的产生;有主体的自学,就必然有学力的生成与生长。

"自学"强调学生的自主、自信、自为，学生只有做到"在学、真学、会学、创造性地学"，才能真正达到"自学"效果。

讨论是指学生从自己的实际出发，在自主学习的基础上相互启发、促进，通过激烈争辩引起的一系列"连锁反应"。是指学生在自主学习基础上围绕问题而进行的交流、合作、竞争，是达成成果的互惠共享，是师生间的教学相长、共同发展，更是教学推进的枢纽。在平时的数学课堂教学中，教师提出的问题首先要让学生独立完成问题的解答，如果在此过程中有解决不了的问题，教师可以让学生先翻书看，还有不会的可以请教同学或进行小组交流讨论，最后教师再补充总结。这种教师先不讲、让学生先自学的方法，从根本上引起了学生学习方式的改变，使"先讲后练"的被动学习变为"先练后讲"的自主学习。讨论的范围广、自由度大，有小组讨论和全班讨论两种形式。

在授课的过程中，教师一定要相信学生的能力，有意减少自己的参与度，给学生留下充足的时间进行独立思考、群体讨论，然后再给出先前提出的问题的答案。一定要在有必要讨论时再讨论，这样才能真正起到议论的作用，切忌课堂上为了有议论的环节而去设计无意义的议论。

引导是学生自主学习、合作学习有效的保证，贯穿课堂的全过程。"引导"是指教师在教学过程中因势利导，通过点拨、解惑、释疑，使学生学习热情不断高涨，思维和认知不断深化、拓展，达到教与学的有机融合，切记"引导"也要在学生的学习真正出现问题时相机进行。教师的"引导"要有层次地将"议论"引向深入。因此，在课堂上教师要"眼观六路"，"明察秋毫"；走到学生中间，参与小组讨论，及时给予指导；把握学生"讨论"的节奏和深度，捕捉有用信息，及时调整预设。

"自学"是基础，"引导"是关键，"讨论"是枢纽。这三者在个人学习、小组学习、全班学习的形式中相辅相成、融为一体、动态发展，贯穿于课堂教学全过程，构成提高课堂教学质量的有机整体。在不同情况下学习的途径和方法是多种多样的，每节课中这三种形式需要运用几次没有统一规定，需要教师根据实际情况相机进行。

采用"学法三结合"的教学形式，让学生掌握独立学习的主动权，便于学生从统一的教学要求出发，结合自己的实际，按照各自的步伐前进。水平高的学生可以在阅读完教科书的基础上阅读有关的参考书，向更深、更广的方面探求问题；水平低的学生可以反复阅读教材，充分研究思考，有疑问时及时向教师和同学寻求帮助，克服障碍，取得进步。这样就可以更全面地提高学生的素质，为各个层次学生的个性得到充分发展创造条件。

第三节 学程重生成——在联系中教与学

学程，指学习活动的过程（或活动的进程）。课堂中的学程，既包括学生个体学习活动的过程，也包括群体（小组和全班）合作学习活动的过程。

"学程重生成"致力于解决教学过程中"预设"与"生成"关系的问题。教师的引导和学生的自主讨论探究，使学生对知识形成的过程有全面理解，并在理解中去仔细体验这一知识得以产生的基础、方法和手段，以及各种知识体系间的相互联系，最终形成属于自己的知识结构。

"学程重生成"强调让学生自己的问题自己解决，自己的知识自己生成，提高学生的思维水平。其关键在于让学生根据教师提出的问题先自主学习，在学习的过程中进行深度思考从而生成新的问题。这样，教师在预设问题时就不能设置得太细，要给学生留有生成新问题的空间。在生成问题的过程中学生将现学的知识与已有的知识联系起来，明白知识点"是什么，为什么是，从哪里来，到哪里去"等问题，最终形成属于自己的知识结构。"学程重生成"强调在现学知识与已有知识的联系中展开学程，让学生获得的知识、方法必须是有"根"的，是"活"的，这有利于学生核心素养的提升。预设不能太满，要留有适当的空间，在课堂中应有教师和学生情感、智慧、思维和精力的投入，有互动的过程。在这个过程中，既有资源的生成，又有过程状态生成。

例如，北师大版七年级数学下册第五章《一元一次方程》中《追赶小明》教学设计很清晰地体现出了知识"是什么，为什么是，从哪里来，到哪里去"的生成过程。

北师大版七年级数学下册第五章《一元一次方程》中《追赶小明》教学设计

【教材分析】

《追赶小明》选自北师大版初中数学七年级上册第五章第六节，属于"数与代数"知识领域。这一部分是在学生已经学习了一元一次方程的认识及求解的基础上进行教学的，学生学好这部分知识可以为今后进一步学习应用题及二元一次方程等知识打好基础，因此，这部分内容起着承上启下的作用，要使学生切实学好。

【学情分析】

认知基础：学生在小学阶段已经学过有关行程问题的应用题，熟悉路程、时间、速度之间的关系，已能利用"线段图"来解决一些简单的应用题。通过本章前几节的学习，学生对一元一次方程的有关知识及应用也有了一定的了解及掌握，已初步感受到方程是解决实际问题的一种有效途径。

活动经验基础：在本章前几节的学习中，学生已具备一定的分析问题、解决问题的能力，已初步形成合作、交流、勇于探究与实践的良好学风，学生间互相评价和师生互动气氛较浓。

【教学过程】

本节课共设计了六个环节：

第一环节　复习检查

（1）小明每秒跑4米，那么他5秒能跑_____米；

（2）小明用2分钟在学校的操场跑了一圈（每圈为400米），那么他的速度为_____米/分；

（3）小明家距离车站2400米，如果他以4米/秒的速度骑车，到达车站需_____分钟。

思考一：这些是学生学过的哪类问题？其中研究的基本量有哪些？基本关系式是什么？

设计意图：通过复习检查，唤起学生对行程问题的回忆，温习路程、时间、速度之间的关系，培养学生的预习习惯。

思考二：类比本章内容思考列一元一次方程解应用题的一般步骤有哪些。

（学生积极思考，教师点拨）

成果展示：审—设—找—列—解—验—答。

设计意图：揭示一元一次方程应用题求解的一般思路，使学生能将解题思路与本章内容融会贯通。

第二环节　创设情境、提出问题

1. 情境：播放上学歌，引出问题

小明家距离学校1000米，小明以80米/分的速度去学校，5分钟后小明发现没带语文课本，……（学生结合生活经历，畅谈即将发生的情况）

设计意图：让学生感受生活中常常会遇到的类似问题，从学生熟悉的生活经历出发，选择学生身边的、感兴趣的事件，激发学生的好奇心，进而轻松地引入本节所要探讨的主要问题，引起每位学生的兴趣。

2. 教师补充

小明爸爸以 180 米/分的速度追小明，并在途中追上小明。

问题设置：请同学们根据上面的情境提出问题并尝试解答。

问题预测：

（1）爸爸能追上小明吗？

（2）爸爸追上小明用了多长时间？

（3）爸爸追上小明时，小明距离学校还有多远？

（播放爸爸追小明的动画视频）

设计意图：此时让学生结合生活中的实际情况提出问题，使学生亲身体会到问题的实质所在，明确解决这些问题的必要性。教师没有直接提出应解决的问题，而是让学生自己提出问题，使题目具有开放性，同时播放爸爸追小明的动画视频，能引起学生的极大兴趣，使学生产生强烈的求知欲。

第三环节　讨论交流、成果展示

让学生就提出的问题先独立思考，后小组交流，寻找解题思路，最后成果展示。在这一过程中，教师引导、点拨：未知量可直接设，也可间接设，提倡一题多解。通过学生互评、教师评价使学生进一步感受自己的价值。

设计意图：列方程解一些实际问题的过程是一个数学建模的过程，教师要鼓励学生通过观察、分析找出其中的等量关系，并尝试用文字语言表述出来，通过画线段图让学生明白了数形结合的好处。教学中，教师适当对文字语言、图形语言、符号语言的互相转换思想加以渗透，既提高了学生的语言表达能力，又培养了学生对这三种语言进行转换的能力。

第四环节　变式训练、拓展提高

变式一：相遇问题

若小明到校后才发现忘带语文书，打电话让爸爸送书，同时自己也返回去取，假设他们的速度都不变，两人几分钟后相遇？

变式二：环形轨迹相遇问题、追击问题

小明和爸爸在环形跑道上练习跑步，已知环形跑道一圈长 400 米，爸爸每秒跑 5 米，小明每秒跑 3 米。两人同时从同一地点出发，几秒后两人第一次相遇？

说明：

（1）第一个变式问题简单，学生独立完成。

（2）第二个变式问题较难，渗透了分类思想，学生结合环形相遇、追击问题 flash 动画，小组合作交流完成。

设计意图：学生通过亲身经历体会数学变式问题的趣味性，扩展思维空间，将本节课推向了又一个高潮。变式问题更为开放，令学生的思维更加活跃，培养了学生发现问题、分析问题、解决问题的能力；为学生制造认知冲突，使教学活动层层深入，也使学习的深度和广度得到体现。

第五环节　归纳小结

通过今天的学习，你有什么收获？（学生畅所欲言，教师点评补充）

设计意图：师生交流、归纳小结的目的是让学生学习表述自己的收获有哪些，培养学生及时归纳知识的习惯和提炼归纳的能力。

教师点拨：

（1）轨迹：直线、环形；

（2）类型：相遇、追击；

（3）借助"线段图"分析行程问题中的等量关系；

（4）文字语言、图形语言、符号语言的相互转换；

（5）变式训练。

第六环节　作业布置

自编试题：依据以下四个要素，学生自编4道行程问题并解决。

（1）直线　（2）环形　（3）相遇　（4）追击

【课后反思】

（1）教师是教材的主导者和创造者，学生是学习的主体，方法是教学的主线。本节课的一大特点是大胆地改变教材原有的编排模式，从教材的实际情境出发，将例题中的结论由"直显式"变为"发现式"。因为生活中这样的现象很普遍，会出现各种各样的可能性，所以在例题的前半部分，教师只叙述事情的经过，后半部分问题的提出及解决的方法均留给学生去思考、去解决，发展了学生的想象空间。通过变式训练，培养了学生发现问题、分析问题及解决问题的能力；培养学生用数学的眼光去观察、分析现实生活中的问题，发现数学的魅力，也体现了"数学源于生活，用于生活"的思想。

（2）本节采用了启发引导与学生自主探索相结合的方法，让学生自己提出问题后，自己寻求解决问题的途径，使学生真正成为学习的主人。由于学生提出问题的难易有所不同，这里就需要教师灵活引导，先易后难，教师适时点拨理解上有困难的学生。教师在教学中善于运用多种教学手段和方式，例如，让学生独立设计、小组讨论、上台讲述自己的结论、生生互评、师生共评等方式，加之良好的教态及循循善诱的问话使教师产生了极强的亲和力。

（3）这堂课教师充分利用信息技术、flash动画来演示直线、环形轨迹的相遇和追击问题，课堂氛围生动活泼，教学效果良好，难点容易被突破。并利用自主探究，合作交流方式开展教学，体现了新课程理念，让学生感受到了数学与实际生活结合的魅力。在交流中提高学生对知识的掌握水平，加强学生应用数学知识解决实际问题的意识。本节课的可贵之处还在于，在引导学生将身边的现实问题转化为数学模型的过程中，教师始终是课堂的组织者、引导者、参与者。让学生自己通过分析、实践、探究、总结等活动进行学习，培养学生发现问题、提出问题和解决问题的能力。这节课较好地体现了素质教育的真谛。

（4）课堂教学作为教学工作的中心环节，无疑有着自己特定的目标。每一堂课都蕴含着教师的价值选择与目标预设，一位有教学智慧和教学艺术的教师，不会仅仅满足于实现那些预设的目标。因为，他们深知教育所面对的是鲜活的、有个性的生命，教育所追求的是在心灵的沟通和思维的碰撞中获得体验，求得发展。这一过程，既有预设，更有生成。通过问题的提出，学生在如何用数学的眼光看世界上受到了启发，在讨论解决问题后获得了成功感和自信心。

【专家评点】

学生是学习的主体、课堂的主人，任何教学设计安排都是为学生的学习服务的。学习非空中楼阁，它建立在学生现实学习起点上。学习起点包括知识积累起点、生活经验起点，教师在教学中关注学生生活，是促进学生学习的关键。创设一个好的情境，有利于激发学生兴趣，使学生乐学、爱学，更能使学生认清知识的来龙去脉，增强数学知识与现实生活的联系，体会所学知识的数学本质和价值。

"学程重生成"强调"教与学在联系中"实现生成。逻辑性即是一种联系性，任何学科的学程生成，都必须在联系中发生；数学教学因其学科本身高度的逻辑性，则更要重视和凸显知识与知识、知识与方法、方法与思想、教学诸环节之间的联系性。

我们都知道数学是思维的科学。"为思维而教"更是数学教学的一个重要命题和必然行动，训练和发展学生的思维是数学教学最根本的目的。学生数学思维的发展具体落实在概念建构、规律探究（论证）、问题解决等活动中，也可以理解为没有联系，就没有思维，从而实现"热闹课堂"向"思维课堂"的转变。在知识与知识的联系中展开学程，习得"活"的知识，"有根、有力量"的知识。

北师大版八年级数学下册第四章《因式分解》（第 1 课时）

1. "比算速"——感受"和"化"积"

怎样快速算出下列各式

(1) $(x+y+1)^2 - x(x+y+1) - y(x+y+1)$

(2) $(x+1)^2 - 2(x+1) + 1$

(3) $(a+b+c)^2 - (a-b-c)^2$

2. "找规律"——明确"和"化"积"

思考：

(1) 完成上述运算的关键是什么？

(2) 实现"和"化"积"的运算有哪些？

(3) 将"积"化"和"的过程叫整式的乘法，那么将"和"化"积"的过程叫什么呢？

3. "获新知"——定义因式分解、因式分解的方法和依据

定义：将一个多项式化成或几个整式的积的形式叫因式分解。

方法：(1) 提公因式法；(2) 公式法：平方差公式、完全平方公式。

依据：乘法分配律、乘法公式（逆用）。

4. "用新知"——深化新知理解：分解下列因式

根据知识与知识的联系生成学程，前提是找准学生脑中已有知识与所学的新知识的"联系点"，即知识的生长点，或者说是学习的"根"。

我国古代著名的教育家孔子，在两千多年前就提出了"因材施教"的教育原则，即承认学生间存在差异性，并针对不同的受教育对象提出不同的要求。结合"三学"理念在初中数学教学实施过程中的实际情况，我认为，如果班级学生程度差异较大的话，可采用"分层"的形式实施教学。这样一来，既避免了部分学生在课堂上完成作业后无所事事，又让学有余力的学生体验到了学有所成的成就感，增强了学生的学习信心。教师事先针对各层学生设计不同的教学目标与练习，使处于不同层次的学生都能"跳一跳，摘到桃"，获得成功的喜悦，从而提高教学质量。

综上所述，"三学"理念下的数学课堂必然是生生互动、师生互动、深度交流，学生生成、教师生成、师生共同生成新知的课堂。这种课堂有如下的特点：

(1) 充实。自学时，学生能真学、会学、创新学，能提出值得探讨的问题；讨论时，有胆略、有见地、有深度，学生能发表有一定水平的见解；引导

时，教师能循循善诱，把学习引向纵深。

（2）和谐。气氛和谐，师生关系融洽，配合默契。在课堂上听不到呵斥，看不到课堂的僵局（引导得法）、"旁观者"和学生沉闷的身影，有的是全员参与的交流讨论，学生通过思考获得新知的欢快笑容。

（3）扎实。整个教学过程中，学生都有事可做；通过学习，学生发生了一些变化，收到"上不封顶，下要保底"的效果。

（4）丰实。课堂中有教师和学生真实的、情感的、智慧的投入，既有资源的生成，又有过程状态生成。这样经由学生合作"讨论"、现场展示而习得的知识和能力一定能经受时间的考验而不容易忘记。"三学"理念下的数学课堂教学必将对学生学力的提升起到极大的促进作用。

只有构建以学习者为中心，以学生自主活动为基础的新型教学过程，才能大力推进教学活动中心由教师的教向学生的学转变，使教学活动真正建立在学生自主活动，自主探索的基础上。进而形成学生主体精神、创新意识、创新能力健康发展的宽松教学环境和新的教学体系。

所谓创新学习，指的是学习者在学习未知知识的过程中，不拘泥于书本，不迷信于权威，不依循于常规，而以已知的知识为基础，结合当前的实际，独立思考，大胆探索，积极提出自己的新思想、新观点、新思路、新设计、新意图、新途径，标新立异，别出心裁。这里的"新"不仅是指新发现，也指新发展。不可能每一个人都能揭示新的原理，发现新的方法，但只要把人们揭示的原理和发现的方法，应用于不同的问题上，就是一种创新学习。"三学"理念下的数学课堂教学可以帮助学生深度学习、创新学习。

总之，"学材再建构"的方法一是顺应，二是调整，三是同化。"学法三结合"中自学是基础，讨论是枢纽，引导是关键。"学程重生成"要关注师生互动，生生互动，深度交流。构建创新的"三学"课堂，让学生学会提出问题，实现"四基""四能"总目标，将"僵硬课堂"转向"灵动课堂"；"精英课堂"转向"共生课堂"；"热闹课堂"转向"思维课堂"。

第三章

初中数学单元教学

"三学"理念中的"学材再建构"是以单元教学的形式呈现出来的,近年来提倡的"大概念、大主题"教学也都是以单元教学的方式呈现的,要进行单元教学就要进行单元教学设计。

第一节　单元教学设计含义

"单元教学设计"是运用系统方法,对某个单元所涉及的各种课程资源进行有机整合,对数学教学过程中相互联系的各个部分作出整体安排的一种构想;为达到整个单元教学目标,对教什么、怎么教以及达到什么效果所进行的单元教学策划。初中数学单元教学设计主要包括:章节单元教学设计、几个章节的整合设计、知识点的单元教学设计、通性通法的教学设计等。

"单元教学设计"也是根据数学知识的规律、内在的联系、学生学习的基础与可达到的高度,以发展思维能力、优化思维品质、学会学习方法、激励学生学习自信与自觉、激发学生创新与创造作为教学追求,将学材整合为单元或知识模块。从整体上把握教学要求,安排教学内容,再分课时实施。"单元教学设计"的内容源于教材,又高于教材,目的是将教材转化为学材,教学为学生服务,以学促教,使学材大于教材。

实施单元教学,要以学情为根据,遵循四个单元划分原则:

(1)主题划分要与学生自学能力相适应;

(2)主题划分要与知识体系相适应,有助于学生建立良好的认知结构,较完整的知识结构;

（3）主题划分要便于学生思维的培养，科学的学习方法的确立；

（4）主题划分要有利于激发学生的学习兴趣。

第二节　单元教学的意义

实施单元教学是数学教学一个很大的突破，它打破了传统数学教学中单纯以课时为主的教学模式，避免了重复教学，也注意到了教学的点面结合，能做到重点突出，学生能够在老师的引导下有序、高效地学习。

1. 教材方面

单元教学基于学期教学和课时教学，是一个相对独立的完整的教学单位，具有相对独立性和衔接功能，是学期教学设计和课时教学设计的纽带。

2. 教师方面

单元教学有利于教师把握学段目标的分步落实；有利于教师弄清单元目标和课时目标之间的层次关系；有利于教师系统地、有计划地反馈并调节教学过程，从单元整体上较好地落实因材施教，避免教、学缺陷。

3. 学生方面

单元教学从单元整体进行"四基"和"四能"的系统训练，使学生形成较好的认知结构。从学生的生活经验和已有的知识背景等现实出发，重组教材，实施有效的数学教学，让学生体会到数学就在身边，感受到数学的趣味和作用，体会到数学的魅力。例如，在北师大版七年级上册《整式的加减》教学中，按课时安排，教师先教合并同类项（单项式加减单项式的情况）；然后教单项式与多项式混合加减的情况，引导学生运用加法交换律、结合律、分配律进行合并；再教多项式与多项式加减中含括号的情况；最后结合三部分知识使学生形成对整式加减法的整体认知。在这个过程中，教师对整式加减法的整体与部分的关系自然是了如指掌的，而学生却一直处于不清晰甚至是迷茫的状态。教师教到哪里学生就学到哪里，学生盲目、被动地跟着教师走。

单元教学是从整体到部分再到整体的教学，强调学生对知识整体结构的认识和理解；强调学生在对知识整体结构认识的基础上，根据具体情境对方法的判断、选择与灵活使用。所谓从整体到部分再到整体的教学，就是引导学生先初步地整体感悟知识的类型或结构；然后在整体框架中学习各个部分的知识；最后从知识整体框架出发对各部分知识进行主动的整理。从而使学生能够综合地掌握各种类型的知识或方法，使学生能够以主动的学习心态和积极的学习态度投入到学习过程之中。继续以北师大版七年级上册《整式的加减》教学为例。教师要先引导学生初步地整体感悟整式加减的各种类型，由于整式可以分为单项式和多项式两大类，所以整式加减的类型构成有以下四种情况：单项式与单项式相加减，单项式与多项式相加减，多项式与单项式相加减，多项式与多项式相加减。在学生整体感悟四种加减类型的基础上，先学习其中最简单的单项式与单项式相加减的情况，教师要引导学生运用不完全归纳的方法提炼出单项式与单项式相加减法则，然后运用法则验证加法交换律、结合律在整式范围内是否成立，接着再学习整体中其他情况，最后再对整体中的各部分知识进行整理和沟通。学生掌握了整式加减的知识结构和学习方法之后，就可以主动将这种方法迁移到整式乘除法的学习之中。

总的来说，单元教学设计体现了整体、系统的思想，帮助师生建构本单元的知识链条和结构体系，对课时教学设计具有指导作用，是整个教学设计中非常重要的环节。

第三节　单元教学设计案例

数学单元教学设计主要环节包括：《标准》分析、学情分析、教材分析、中考分析、教学目标分析、分课时教学设计、单元测试设计、教学评价设计、教学反思等。

下面以北师大版七年级下册数学第二章《相交线与平行线》一章的教学设计为例，对如何进行该章的单元教学设计的一些主要环节加以说明。

案例1：七年级下册第二章《相交线与平行线》
单元教学设计案例

一、本单元要素分析

1. 《标准》分析

（1）理解对顶角、互为补角、互为余角等概念，探索并掌握对顶角相等、同角或等角的补角相等、同角或等角的余角相等的性质。

（2）理解垂线、垂线段等概念，能用三角尺或量角器过一点画已知直线的垂线。

（3）理解点到直线的距离的意义，能度量点到直线的距离。

（4）掌握基本的事实：平面内，过一点有且只有一条直线与已知直线垂直。

（5）能识别同位角、内错角、同旁内角。

（6）理解平行线的概念，掌握基本的事实：两条直线被第三条直线所截，如果同位角相等，那么这两条直线互相平行。

（7）掌握基本的事实：过直线外一点有且只有一条直线与已知直线平行。

（8）掌握平行线的性质：两条平行直线被第三条直线所截，同位角相等。了解平行线性质的推理过程。

（9）能用三角尺或直尺过直线外一点画这条直线的平行线，能用尺规作一个角等于已知角。

（10）探索并证明直线平行的条件：两条直线被第三条直线所截，如果内错角相等（或同旁内角互补），那么这两条直线平行；探索并证明平行线的性质：两条平行直线被第三条直线所截，内错角相等（或同旁内角互补）。

（11）了解平行于同一条直线的两条直线互相平行。

2. 学情分析

（1）中学生在小学阶段结合生活情境已初步接触相交线与平行线，在北师大版数学七年级上册《基本平面图形》中也学习了线段与角。他们已经积累了初步地观察、操作等活动经验，但对图形的认知能力还比较弱，对图形、文字与符号间的转化还不能很好地掌握。对简单的说理不能准确选用相应的知识点进行表述。

（2）中学生刚正式接触几何知识，对平行线的性质和判定仅限于记住、理解而已，整个推理过程很难独立完成。当然这与学生的接受能力有关，对新知识接受快的学生能够模仿书写推理过程；也与学生的思维阶段有关，七年级学生的抽象的逻辑推理能力的发展刚刚起步，因此对平行线的推理过程很难做到规范。

（3）在相关知识学习的过程中，中学生已经经历了由具体问题抽象出数学模型的过程，积累了一定的数学建模方法；在以往的数学学习也已经具有了一定的合作学习经验，具备了一定的主动参与、合作、交流意识和初步的观察、分析、抽象概括的能力。

3. 教材分析

（1）教材内容分析。

例如，北师大版七年级下册《相交线与平行线》。平面内两条直线的位置关系包含相交线与平行线，这是"空间与图形"所要研究的基本问题，也是今后学习几何的基础。本章是在学生已有知识和经验的基础上，对平面内两条直线的位置关系做进一步探讨。

垂直是两条直线相交的特殊情形。本章对垂直的情形进行了专门的研究、探索，得出了"平面内，过一点有且只有一条直线与已知直线垂直""垂线段最短"等结论，并给出点到直线的距离的概念。在此过程中，让学生体会从一般到特殊的认识规律。通过探索得出：判定直线平行的条件以及两条直线平行的性质，让学生体会从位置关系和数量关系两方面去研究几何图形的类比思想。研究几何问题时，图形、文字、符号三种语言的转化让学生体会到化归转化思想。在求线段长度或求角的大小这样的几何问题中，又让学生体会了方程的思想。

相交线与平行线可以说是中学生几何学习的必经之路，是空间与图形领域的基础知识，在以后的学习中经常会用到。它为今后三角形的内角和、三角形全等、三角形相似等知识的学习奠定了理论基础，学好这部分内容至关重要。

（2）教材比较分析（见表 3 – 1）。

表 3 – 1

北师大版（2011 版课标）（七上）	北师大旧版本（七下）
第二章 平行线与相交线 8 课时	第二章 平行线与相交线 7 课时
2.1 两条直线的位置关系 2 课时	2.1 余角与补角 1 课时
2.2 探索直线平行的条件 2 课时	2.2 探索直线平行的条件 2 课时
2.3 平行线的性质 2 课时	2.3 平行线的性质 1 课时
2.4 用尺规作角 1 课时	2.4 用尺规作线段和角 2 课时
回顾与思考 1 课时	回顾与思考 1 课时

人教版（七下）
第五章 平行线与相交线 9 课时
5.1 相交线 3 课时
5.2 平行线及其判定 2 课时
5.3 平行线的性质 2 课时
5.4 平移 1 课时
小结 1 课时

北师大新旧版本对比，总的课时数相差无几，内容的编排略有差异。在第一节中新版内容多了垂直，在第四节中新版内容少了用尺规作线段。

北师大新版本与人教新版本对比，总的课时数差异不大，内容的编排相差较大，北师大新版本在相交线和平行线的性质上各少了一节。人教新版本的第四节是平移，北师大新版本的第四节是用尺规作角。

（3）例题编排分析。

例题的编排由易到难，层层深入。首先让学生通过例1、例2熟悉平行线的性质和判定条件，然后通过例3进行综合练习。这样学生能进一步掌握所学知识。

例题1：如图3－1所示：已知直线 $a /\!/ b$，直线 $c /\!/ d$，$\angle 1 = 107°$，求 $\angle 2$，$\angle 3$ 的度数。

解：$\because a /\!/ b \quad \therefore \angle 2 = \angle 1 = 107°$；

$\quad\quad \because c /\!/ d \quad \therefore \angle 1 + \angle 3 = 180°$

$\quad\quad \therefore \angle 3 = 73°.$

例题2：如图3－2所示：（1）若 $\angle 1 = \angle 2$，可以判定哪两条直线平行？根据是什么？

（2）若 $\angle 2 = \angle M$，可以判定哪两条直线平行？根据是什么？

（3）若 $\angle 2 + \angle 3 = 180°$，可以判定哪两条直线平行？根据是什么？

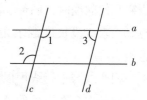

图 3－1

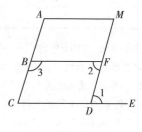

图 3－2

例题3：如图3－3所示：$AB /\!/ CD$，如果 $\angle 1 = \angle 2$，那么 EF 与 AB 平行吗？说说你的理由。

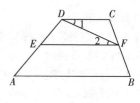

图 3－3

（4）习题编排。

练习、习题是给学生做的内容，练习、习题、复习题构成了教材的训练系统。只有经过循序渐进的训练，才能使学生对内容的理解逐步深入，达到落实双基、提高能力的目的。正文、习题是一个整体，习题是正文的自然延续，是通过训练帮助学生理解正文内容的有效手段。教材的习题与中考题的定位不同，因此教材的习题可以兼顾中考，但绝不等同于中考题。

4. 单元重难点分析

（1）单元整体教学重点。垂线的概念和性质；平行线的判定和性质。学好这部分重点内容的关键是要使学生理解与相交线、平行线有关的角的知识，因为直线的位置关系是通过有关角的数量关系反映出来的。

（2）单元整体教学难点。学会简单推理，发展推理能力。对于推理能力的培养，本章不仅要求学生通过观察、思考、探究等活动归纳出图形的概念和性质，还要求"说理"。

5. 单元教学方式分析

（1）具体教学中的内容呈现充分体现知识产生的过程，给学生提供探索与交流的时间和空间。对于几何中的结论，教材多数先让学生通过画图、折纸、剪纸、度量或做实验等活动，探索发现几何结论，然后再证明，这在教学中应注意。

（2）尽量加强直观性教学，使教学内容尽量贴近学生的生活。教学时，注意从实际出发，引导学生自己多观察、多动手、勤思考。采用小组合作探究式的学习方式，让学生在观察、操作、想象、推理、交流的过程中，初步形成积极参与数学活动、与他人合作交流的意识，从而激发学生学习图形的兴趣。

（3）教学时，要有意识地培养学生有条理地表达的能力。在探索图形性质的过程中，教师要有意识地培养学生有条理地思考、表达的能力，会用数学语言说明操作的过程，并解释。

（4）教学时，要循序渐进地安排技能训练。本章教学除学习一些数学知识外，还担负着一些技能和能力的培养和训练任务。教材在这方面也有安排，教学时，应注意按照由简单到复杂、由模仿到独立操作的顺序，逐步提高要求。

二、本单元的教学目标

（1）经历观察、操作（包括测量、画、折）、想象、推理（侧重合情推理）、交流等活动，积累数学活动经验的过程，进一步发展空间想象、推理能力和有条理地表达的能力。在学习活动中培养学生良好的情感，合作交流，主动参与的意识。

（2）在现实情境中了解平面上两条直线平行与相交的位置关系，能用符号表示相互平行或垂直的直线，了解垂线的有关性质。培养学生应用数学知识解决实际问题的意识。

（3）在具体情境中了解对顶角、补角、余角的概念，知道对顶角相等，同角（或等角）的补角相等、同角（或等角）的余角相等的性质。

（4）经历探索直线平行的条件以及平行线性质的过程，体会并掌握平行线判定与性质定理。进一步激发学生对数学的兴趣，体验从数学的角度认识世界。

（5）能用三角尺或直尺过已知直线外一点画这条直线的平行线；能用尺规作一个角等于已知角。

三、本单元的教学流程

经过单元整合后，相交线与平行线单元结构包括"两条直线的位置关系""平行线的判定和性质""用尺规作角"三部分，这与课本内容安排基本一致，教材的编写已经考虑到了知识之间的关系。把直线的位置关系作为"专题一"处理，把具有探究性的平行线的判定与性质作为"专题二"集中处理。学习完平行线的判定与性质后，学生自然而然地会想到学习这些知识有什么用处呢？因此设立了"专题三"，用尺规作角。所以本单元的教学分为以下三个阶段实施。

第一阶段：

本阶段需要 2 课时完成。在教材编排的两条直线的位置关系：相交和平行，互为余角、互为补角、对顶角的概念及性质，垂线的定义、画法及性质的内容基础上，重组增加了两条直线被第三条直线所截得到的同位角、内错角、同旁内角的概念以及两平行线间距离的内容。这样重组的意图是由两直线相交得四角上升到"三线八角"，更具有整体性，将两角的关系一次性呈现给学生，学生更容易接受，也不容易忘记。同时类比点到直线的距离学习两平行线间的距离更是水到渠成，可以培养学生的迁移思维。

第二阶段：

本阶段需要 3 课时完成。对教材编排的探索直线平行的条件 2 课时和平行线的性质 2 课时一共 4 课时内容重组为 3 课时完成。分为探索直线平行的所有条件为 1 课时；平行线的性质 1 课时；平行线的判定及性质综合运用 1 课时。这样重组的意图是直线平行的条件本就是一个整体，判定 2、判定 3 又是在判定 1 的基础上推出的，重组后更具有整体性，学生更容易掌握知识之间的联系。

第三阶段：

本阶段需要 1 课时完成。研究用尺规作一个角等于已知角及相关知识。

具体课时安排如下：

第 1 课时：余角、补角、对顶角的概念、性质及应用；同位角、内错角、同旁内角的概念。

第 2 课时：垂直的定义、垂直的画法和性质。点到直线的距离及两平行线间的距离的概念。

第 3 课时：探索"同位角相等，两直线平行""内错角相等，两直线平行""同旁内角互补，两直线平行"；理解并运用平行线的判定解决相关的简单问题；掌握平行公理。

第 4 课时：探索平行线的三条性质。

第 5 课时：综合运用平行线的判定及性质等知识解决相关问题。

第 6 课时：掌握利用尺规作一个角等于已知角的方法及作图语言的描述。

四、课时案例

《相交线与平行线》单元教学（第 3 课时）

【学习目标】

（1）经历探索直线平行条件的过程，掌握利用同位角相等、内错角相等、同旁内角互补判定直线平行的结论；

（2）会用三角尺过已知直线外一点画这条直线的平行线，掌握平行公理。

【学习重难点】

（1）学习重点：掌握判定直线平行的条件及平行公理。

（2）学习难点：用数学语言表述两直线平行的简单的逻辑推理过程。

【教学方法】

实践法、小组合作探究法。

【教学过程】

（一）通过问题复习导入

1. 在同一平面内，两条直线的位置关系是_____
____。

2. 在同一平面内，_____ 两条直线是平行线。

3. 如图 3-4 所示，根据图示填空：

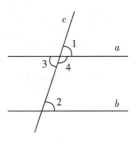

图 3-4

①∠1 与∠2 是直线_____和直线_____被直线_____所截而成的_____角；

②∠3 与∠2 是直线_____和直线_____被直线_____所截而成的_____角；

③∠2 与∠4 是直线_____和直线_____被直线_____所截而成的_____角。

4. 装修工人正在向墙上钉木条，如果木条 b 与墙壁边缘垂直，那么木条 a 与墙壁边缘所夹的角为多少度时才能使木条 a 与木条 b 平行？

设计意图：问题 1 从学生已有的知识入手，以问题为载体，承上启下地为新课的学习做好铺垫，有利于学生形成完整的知识结构；学生对问题 2 的回答进一步复习了平行线的定义；问题 3 主要对"三线八角"进行复习，为后面学习平行线的判定做好铺垫；但是在利用平行线的定义解决问题 4 时却遇到了困难。学生仅凭观察无法判断两条直线是否平行，这时老师可以启发学生用推三角板的方法去验证，得出两条直线是平行的结论，由此引发学生探索直线平行的条件的必要性，引入新课。

（二）小组合作探究直线平行的条件

1. 探究平行公理

问题：按要求作图。用直尺和三角板过点 P 作已知直线 AB 的平行线。

$P\cdot$

_____（方法：一放、二靠、三推、四画）

A　　　　　　　B

归纳：经过直线外一点，_____一条直线与这条直线平行。

平行于同一条直线的两条直线_____。

2. 探究直线平行的条件

认真阅读教材第 44 页、45 页、48 页，提出问题：如果有 a、b 两条直线，如何判断它们是否平行？

（1）探究平行线的判定方法一。

问题 1. 能否由平行线的画法（见图 3-5）找到判断两直线平行的条件？

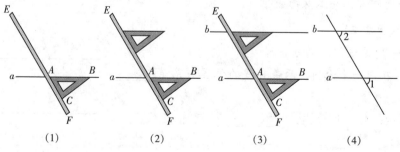

(1)　　　　　　(2)　　　　　　(3)　　　　　　(4)

图 3-5

判定方法一：_____○

简单说成：_____○

几何语言：

∵ _____ （　　）

∴ _____ （　　）

（2）探究平行线的判定方法二。

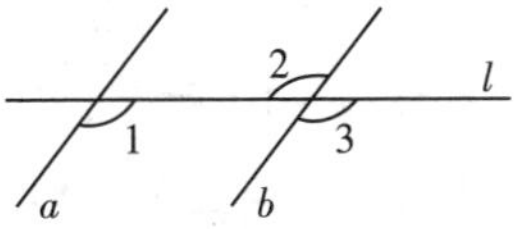

问题2. 如图3－6所示：直线 a、b 被直线 l 所截，已知 $\angle 1 = \angle 2$，直线 a、b 平行吗？为什么？

判定方法二：_____

图3－6

_____○

简单说成：_____○

几何语言：

∵ _____ （　　）

∴ _____ （　　）

全班交流：

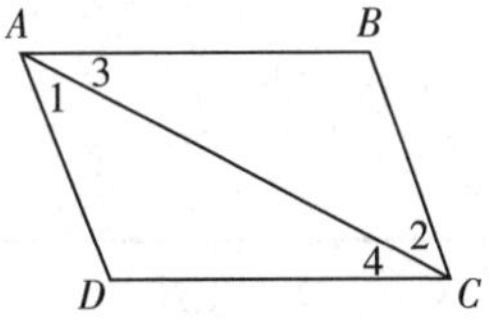

如图3－7所示：

∵ $\angle 1 = \angle 2$，

∴ _____ // _____ （　　）

∵ $\angle 3 = \angle 4$，

∴ _____ // _____ （　　）

图3－7

（3）探究平行线的判定方法三。

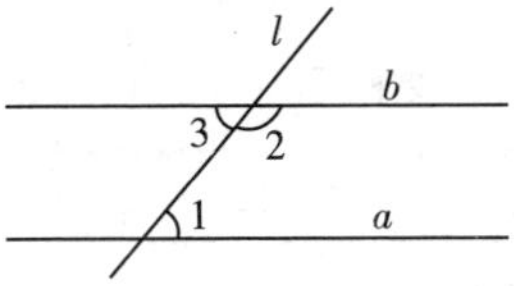

问题3. 如图3－8所示：直线 a、b 被直线 l 所截，已知 $\angle 1 + \angle 2 = 180°$，直线 a、b 平行吗？为什么？

判定方法三：_____

图3－8

_____○

简单说成：_____○

几何语言：

∵ _____ （　　）

∴ _____ （　　）

全班交流

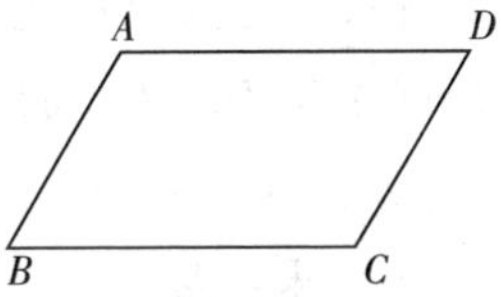

如图3－9所示：在四边形 $ABCD$ 中，已知 $\angle B = 60°$，$\angle C = 120°$，AB 与 CD 平行吗？AD 与 BC 平

图3－9

行吗?

设计意图：先利用课本的实例演示，使学生认识到平行线在日常生活和生产中广泛存在，探索直线平行的条件是实际的需要。接着探索得出直线平行的判定方法也就水到渠成了。这样由浅入深，充分地让学生经历了解决问题的过程，较好地突出了重点，突破了难点。

（三）通过练习熟悉直线平行的条件

如图 3－10 所示：下列推理正确的是（　　）

A. ∵ $\angle 1 = \angle 3$，∴ $a // b$

B. ∵ $\angle 1 = \angle 2$，∴ $a // b$

C. ∵ $\angle 1 = \angle 2$，∴ $a // d$

D. ∵ $\angle 1 = \angle 5$，∴ $a // d$

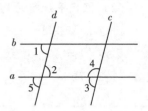

图 3－10

设计意图：通过练习，从不同的角度帮助学生进

一步掌握对利用平行线的条件判定两直线平行的方法，形成初步技能。

（四）师生共同小结

本节课你有哪些收获？

［从掌握的知识和数学思想两方面总结（表 3－2）直线平行的条件］

表 3－2

文字叙述	符号语言	图形语言
＿＿＿＿＿＿＿＿， 两直线平行。	∵ ＿＿＿＿＿＿（已知） ∴ $a // b$（　　）	
＿＿＿＿＿＿＿＿， 两直线平行。	∵ ＿＿＿＿＿＿（已知） ∴ $a // b$（　　）	
＿＿＿＿＿＿＿＿， 两直线平行。	∵ ＿＿＿＿＿＿（已知） ∴ $a // b$（　　）	

设计意图：通过问题，教师引导学生回顾自己的学习过程，畅所欲言，加强反思。通过对所学知识的总结，教师有目的地引导学生发现自己在合作学习、解决问题的过程中出现的问题。通过表格的填写，有助于学生提炼本节课的重要知识点和必须要掌握的技能。

（五）布置作业

（1）基础题：教材 P46 习题 2.3 第 1、2、3、5 题。

（2）提高题：请学有余力的同学采取合理的方式，搜集、整理与本节课有关的"好题"，被选中的同学下节课为全班展示。

设计意图：作业是巩固课堂学习知识的重要环节，由于教材提供练习较少，因此需要教师作适当的补充。考虑到学生目前书写还有困难，所以练习较多采用填空、选择的形式，对学生"说理"的训练应循序渐进，逐步过渡到由学生独立完成说理的全过程。

【板书设计】

（1）平行公理：过已知直线外一点有且只有一条直线与已知直线平行。

平行于同一条直线的两条直线互相平行。

（2）判定直线平行的条件：

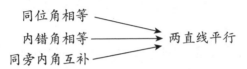

（3）数学思想：化归与转化的思想。

五、本单元教学评价

（1）关注学生观察、操作、探索图形性质等活动过程。包括学生在活动中的主动性、参与度、与同学合作交流的意识、思考与表达的条理性等。

（2）关注学生对知识技能的理解和应用情况。应注重对有关概念和图形性质的理解，对画图等有关技能的实际操作和在新环境中的应用。除通常采用的提问、笔试、作业分析等方法外，还可以用动手操作和语言表达相结合的方法。

（3）注意把握对学生"说理"过程和水平评价的度。对于学生推理能力的培养，北师大版教科书采用螺旋式上升的方法，因此不要局限于书面表达一种形式，可以采取口头表述的形式，多鼓励学生用自己的语言表达自己的发现并说明理由。

（4）评价学生参与活动过程的积极性、准确性、广阔性。

（5）评价学生的数学应用意识的提高程度。

六、本单元教学反思与改进

虽然学生在上学期对几何知识有接触，但在我看来，学习《相交线与平行线》对学生来说仍是很大的挑战。从以前的具体文字突然跨越至大量的符号、图形语言以及逻辑推理能力的常态化使用这一过程，对学生而言还是难以适应。尤其进入探索平行的条件后，无论是课堂回答还是作业演算，学生都有着很多

困惑。后来通过对学生进行口头调查，发现困扰学生的问题有以下两个：其一
是不知道怎么看图。简单的还好，遇上稍复杂的图就茫然不知所措。其二是不
知道怎么写推理的步骤。例如：哪些要写在"因为"后，哪些要写在"所以"
后。针对这两个普遍问题，我经过总结、归纳后告诉学生，拿到图，先观察哪
些是截线；哪些是被截线；然后让学生回忆"三种角"的外形特征，再去辨
认。对于推理过程，指出哪些可以作为条件写在"因为"后，那么"所以"后
的就是推出的结论。鉴于这些问题，本节课力争在以下几个方面有所体现：

（1）以问题为载体，给学生提供探索的空间。数学学习的本质是一种思维
活动，发展思维能力是培养学生能力的核心。本节课的每个环节的设计与展开，
都以问题的解决为中心，使教学过程成为一种在教师指导下学生的自主探索的
学习活动过程，在探索中形成自己的观点。

（2）联系生活实际，创设问题情境。学生的学习过程既是一个认知的过
程，又是一个探究的过程。中学生一般都具有好奇、好问的探究心理，创设问
题情境能使学生在疑中生奇，奇中生趣，激起学生的学习欲望。

（3）组织合作交流，营造探究氛围，为学生提供多维互动的交流舞台。学
会合作与交流是现代社会所必需的，也是数学学习过程中应当提倡的组织形式。
学生的思维是在自己原有的认知结构上建构的。教师作为课堂教学的主导者，
要激发学生自己去学习、研究数学的意识，在鼓励学生独立思考的基础上，有
计划地组织他们进行合作探究，培养学生的合作精神，使学生成为教学活动的
主动参与者。学生在独立思考的基础上进行合作探究，进行生生之间的对话，
在合作中发挥个人的自主性，有利于增强学生学习的自信心，更有利于培养学
生的自主意识和合作精神。

（4）尊重学生的需要，关注学习的过程。新课程理念倡导课堂教学应结合
具体的数学内容，尽量采用"问题情境—建立模型—解释、应用与拓展"的模
式展开。教师应充分尊重学生的需要，启发学生们一起来研究、解决问题。特
别是那些需要较深入理解和需要一定的创造性才能解决的问题，更要让学生有
一定的思考时间。放手让学生自行操作、比较、争论、分析、归纳。

七、本单元教学分课时作业设计

在国家的"双减"政策下，基于"三学"理念，笔者对北师大版七年级下
册第二章《相交线与平行线》单元的作业也相应进行了分层分课时设计。

《相交线与平行线》第1课时作业设计

【教学目标】

课程标准相关要求：理解对顶角、余角、补角等概念，探索并掌握对顶角相等、同角（等角）的余角相等、同角（等角）的补角相等的性质。识别同位角、内错角、同旁内角。

（1）通过观察中国古代建筑模型，在生动有趣的现实情境中了解平面上两条直线的位置关系：相交和平行；

（2）在具体情境中理解对顶角、互为补角、互为余角、同位角、内错角、同旁内角的概念，掌握其性质；

（3）通过动手操作和小组合作，发展空间观念、推理能力和初步的几何语言表达能力。

【教学重难点】

（1）教学重点：对顶角的概念和性质，补角和余角的概念和性质，同位角、内错角、同旁内角的概念和性质。

（2）教学难点：利用类比补角的性质来探究余角的性质。

【教学内容】

先通过模型引入两条直线的位置关系：相交和平行；然后通过剪刀剪东西时的情景引出对顶角的概念及其性质：对顶角相等；再通过转动木条引入同位角、内错角、同旁内角的概念；最后通过台球桌面的实景图引出两角互为余角、互为补角的概念及其性质：同角（或等角）的补角相等，同角（或等角）的余角相等。

【设计内容】

（一）基础知识

1. 如图 3 - 11 所示，AB 与 CD 相交所成的四个角中，∠1 的邻补角是_____，∠2 的对顶角是_____。若∠1 = 25°，则∠2 = _____，∠3 = _____，∠4 = _____。

2. 如图 3 - 12 所示，填空。

（1）∠1 与∠2 是两条直线_____与_____被第三条直线_____所截构成的_____角。

（2）∠1 与∠3 是两条直线_____与_____被第三条直线_____所截构成的_____角。

（3）∠2 与∠4 是两条直线_____与_____被第三条直线_____所截构成的_____角。

（4）∠3与∠4是两条直线_____与_____被第三条直线_____所截构成的_____角。

（5）∠5与∠6是两条直线_____与_____被第三条直线_____所截构成的_____角。

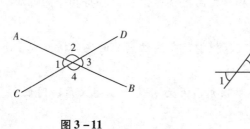

图 3－11   图 3－12

3. 若一个角的补角的度数是这个角的余角的度数的 3 倍，求这个角的度数。

（二）提升训练

4. 判断下列说法是否正确。

（1）90 度的角叫余角，180 度的角叫补角。

（2）若∠1 + ∠2 + ∠3 = 90°，则∠1，∠2，∠3 互为余角。

（3）如果一个角有补角，那么这个角一定是钝角。

（4）互补的两个角不可能相等。

（5）钝角没有余角，但一定有补角。

（6）互余的两个角一定都是锐角，两个锐角一定互余。

（7）互补、互余的两角一定有公共顶点或公共边。

5. 如图 3－13 所示，打台球时，选择适当的方向用白球击打红球，反弹后的红球会直接入袋，此时∠1 = ∠2，将图 3－13 简化成图 3－14，ON 与 DC 交于点 O，∠DON = ∠CON = 90°，∠1 = ∠2。

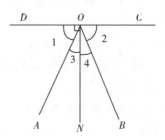

图 3－13   图 3－14

回答下列问题：在图 3-14 中

(1) 哪些角互为补角？哪些角互为余角？

(2) ∠3 与 ∠4 有什么关系？为什么？

(3) ∠AOC 与 ∠BOD 有什么关系？为什么？

（三）拓展延伸

6. 如图 3-15 所示，将两块直角三角板的直角顶点 C 叠放在一起。

(1) 试判断 ∠ACE 与 ∠BCD 的大小关系，并说明理由；

(2) 若 ∠DCE = 30°，求 ∠ACB 的度数。

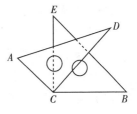

图 3-15

7. 如图 3-16 所示，直线 AB、CD 交于 O，OE 平分 ∠AOD，∠BOC = ∠BOD - 30°，求 ∠COE 的度数。

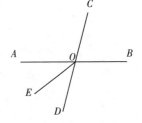

图 3-16

《相交线与平行线》第 2 课时作业设计

【教学目标】

课程标准相关要求：理解垂线、垂线段等概念，能用三角尺、量角器过一点画已知直线的垂线；理解点到直线的距离、两平行线间的距离的意义，能度量点到直线的距离；掌握基本事实：平面内，过一点有且只有一条直线与已知直线垂直。

(1) 通过画、折等活动进一步认识两直线互相垂直，理解垂直的有关概念、画法及性质；

(2) 借助三角尺、量角器、方格纸画垂线，理解垂线段和点到直线的距离、两平行线间的距离的概念，积累活动经验。

【教学重难点】

理解垂线段和点到直线的距离两个概念，并会应用它们解决问题。

【教学内容】

通过生活中的图片引出两直线互相垂直的概念、给出垂线的符号表示；通过画、折引导学生探索两直线互相垂直的性质：平面内，过一点有且只有一条直线与已知直线垂直；给出垂线段、点到直线的距离以及两平行线间的距离的概念，探索垂线段的性质：从直线外一点与直线上各点连接的所有线段中，垂线段最短。

【设计内容】

（一）基础知识

1. 如图 3 – 17 所示，已知直线 AB、CD 相交于点 O，$\angle COE = 90°$。

（1）若 $\angle AOC = 36°$，求 $\angle BOE$ 的度数；

（2）若 $\angle BOD : \angle BOC = 1 : 5$，求 $\angle AOE$ 的度数。

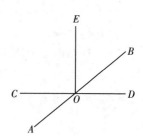

图 3 – 17

2. 如图 3 – 18 所示，$\angle AOB$ 与 $\angle BOC$ 互为补角，OD 平分 $\angle AOB$，$\angle 3 + \angle 2 = 90°$，试说明：$\angle BOE = \dfrac{1}{2} \angle BOC$。

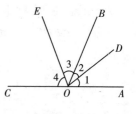

图 3 – 18

请完成下列过程。

解：$\because \angle AOB$ 与 $\angle BOC$ 互为补角（已知），

$\therefore \angle AOB + \angle BOC = $ _____（补角的定义），

即 $\angle 1 + \angle 2 + \angle 3 + \angle 4 = $ _____.

$\because \angle 2 + \angle 3 = 90°$（已知），

$\therefore \angle 1 + \angle 4 = $ _____（等式的基本性质），

即 $\angle 1$ 与 $\angle 4$ 互余，$\angle 2$ 与 $\angle 3$ 互余（_____）

$\because OD$ 平分 $\angle AOB$（已知），

$\therefore \angle 1 = \angle 2$（_____）.

$\therefore \angle 3 = \angle 4$（_____），

即 $\angle BOE = \dfrac{1}{2} \angle BOC$。

（二）提升训练

3. 下列说法中正确的是：

（1）点到直线的距离是点到直线所作的垂线；

（2）两个角互为邻补角，这两个角的角平分线互相垂直；

（3）两个对顶角互补，则构成这两个角的两条直线互相垂直；

（4）连接直线外一点到直线上所有点的线段中，垂线段最短。

（三）拓展延伸

4. 如图 3-19 所示，A 点处是一座小屋，BC 是一条公路，一人在 O 处。

（1）此人到小屋去，怎么走最近？理由是什么？

（2）此人要到公路，怎么走最近？理由是什么？

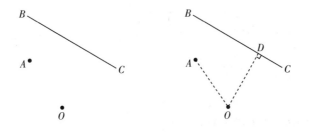

图 3-19

5. 如图 3-20 所示，$OA \perp OB$，$OC \perp OD$，OE 为 $\angle BOD$ 的平分线，$\angle BOE = 18°$，求 $\angle AOC$ 的度数。

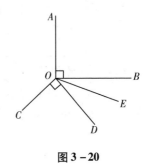

图 3-20

《相交线与平行线》第 3 课时作业设计

【教学目标】

（1）在经历探索直线平行条件的过程中，掌握利用同位角相等、内错角相等、同旁内角互补判定直线平行的结论；并能利用结论来解决一些简单问题。

（2）会用三角尺过已知直线外一点画这条直线的平行线，了解平行公理。

【教学内容】

通过"转动木条"活动引入判定直线平行的第一种方法：同位角相等，两直线平行；在此基础上进行猜想、证明，得到两直线平行的另外两种方法：内错角相等，两直线平行和同旁内角互补，两直线平行；同时通过作图得"过直线外一点有且只有一条直线与已知直线平行"及平行线的传递性:"平行于同一条直线的两条直线互相平行"。

【教学重难点】

(1) 教学重点:掌握判定直线平行的条件及平行公理。

(2) 教学难点:用数学语言表达两直线平行的简单的逻辑推理过程。

【设计内容】

(一) 基础知识

1. 如图 3 - 21 所示,在 ( ) 内填注理由:

∵ ∠B = ∠CEF (已知),

∴ AB∥CD ( );

∵ ∠B = ∠BED (已知),

∴ AB∥CD ( );

∵ ∠B + ∠CEB = 180° (已知),

∴ AB∥CD ( )。

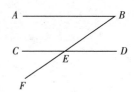

图 3 - 21

2. 如图 3 - 22 所示,不添加辅助线,请写出一个能判定 AB∥CD 的条件＿＿＿＿＿＿＿＿＿＿＿

＿＿＿＿＿＿＿＿＿＿＿＿＿＿＿＿＿＿＿＿。

(二) 提升训练

3. 小明用下面的方法 (见图 3 - 23) 做出了平行线,你认为他的做法对吗? 为什么?

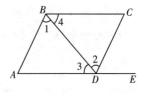

图 3 - 22

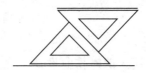 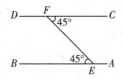

图 3 - 23

(三) 问题解决

4. 已知:如图 3 - 24 所示,∠ABC = ∠ADC, BF 和 DE 分别平分 ∠ABC 和 ∠ADC, ∠AED = ∠EDC, 求证:ED∥BF。

证明:∵ BF 和 DE 分别平分 ∠ABC 和 ∠ADC (已知)

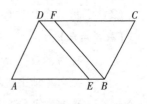

图 3 - 24

$\therefore \angle EDC =$ _____ $\angle ADC$,

$\angle FBA =$ _____ $\angle ABC$（　　　　），

又$\because \angle ADC = \angle ABC$（已知），

$\therefore \angle$ _____ $= \angle FBA$（等量代换）。

又$\because \angle AED = \angle EDC$（已知），

$\therefore \angle$ _____ $= \angle$ _____（等量代换），

$\therefore ED /\!/ BF$（　　　　）。

5. 已知：如图 3 - 25 所示，$\angle 1 = \angle 2$，$\angle A = \angle 2$，求证：$DF /\!/ AC$。

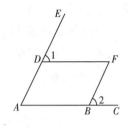

图 3 - 25

（四）拓展延伸

6. 已知：如图 3 - 26 所示，直线 $a \perp c$，$b \perp c$，求证：$a /\!/ b$。

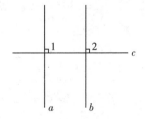

图 3 - 26

7. 已知：如图 3 - 27 所示，$EF \perp EG$，$GM \perp EG$，$\angle 1 = \angle 2$，AB 与 CD 平行吗？请说明理由。

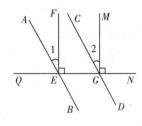

图 3 - 27

《相交线与平行线》第 4 课时作业设计

【教学目标】

（1）经历探索平行线性质的过程，掌握平行线的三条性质，并能用它们进行简单的推理和计算。

（2）经历观察、测量、推理、交流等活动，进一步发展空间观念，能有条理地思考和表达自己的探索过程和结果，从而进一步增强分析、概括、表达能力。

【教学重难点】

（1）教学重点：探究平行线的性质。

（2）教学难点：运用平行线的性质解决实际问题。

【教学内容】

用度量的方法得出平行线的性质1：两条平行线被第三条直线所截，同位角相等；再用推理的方法得出平行线的性质2：两条平行线被第三条直线所截，内错角相等；性质3：两条平行线被第三条直线所截，同旁内角互补。运用平行线的性质解决实际问题。

【设计内容】

（一）基础知识

1. 已知：如图 3 - 28 所示，已知 BE 是 AB 的延长线，并且 $AB /\!/ DC$，$AD /\!/ BC$，

若 $\angle C = 130°$，求 $\angle CBE$、$\angle A$ 的度数。

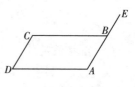

图 3 - 28

解：∵ _____ /\!/ _____　（　　）

∴ $\angle CBE = \angle C =$ _____　（　　）

∵ _____ /\!/ _____　（　　）

∴ $\angle A = \angle CBE =$ _____　（　　）

2. 已知：如图 3 - 29 所示，$\angle ABC = 36°$，$DE /\!/ BC$，$DF \perp AB$ 于点 F，

则 $\angle D =$ _____。

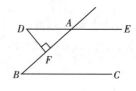

图 3 - 29

3. 已知：如图 3 - 30 所示，$AB /\!/ EF$，$BC /\!/ ED$，AB、ED 交于点 G。

求证：$\angle B = \angle E$。

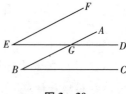

图 3 - 30

56

（二）提升训练

4. 如图 3 - 31 所示，一辆汽车在笔直的公路上行驶，两次拐弯后，仍在原来的方向上平行前进，那么两次拐弯的角度可能是（   ）

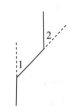

A. 第一次右拐15°，第二次左拐165°

B. 第一次左拐15°，第二次右拐15°

C. 第一次左拐15°，第二次左拐165°

D. 第一次右拐15°，第二次右拐15°

图 3 - 31

5. 如图 3 - 32 所示是梯形有上底的一部分，已知量得 $\angle A = 115°$，$\angle D = 100°$，梯形另外两个角各是多少度？

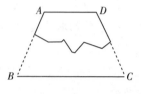

图 3 - 32

（三）拓展延伸

6. 如图 3 - 33 所示，已知 $EF \perp BC$，$\angle 1 = \angle C$，$\angle 2 + \angle 3 = 180°$，证明：$AD \perp BC$。

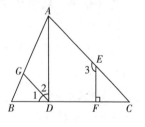

【解析】 $\because \angle 1 = \angle C$，（已知）

$\therefore GD \parallel AC$，（同位角相等，两直线平行）

$\therefore \angle CAD = \angle 2$。（两直线平行，内错角相等）

又 $\because \angle 2 + \angle 3 = 180°$，（已知）

$\therefore \angle 3 + \angle CAD = 180°$。（等量代换）

图 3 - 33

$\therefore AD \parallel EF$，（同旁内角互补，两直线平行）$\therefore \angle ADC = \angle EFC$。（两直线平行，同位角相等）

$\because EF \perp BC$，（已知）

$\therefore \angle ADC = 90°$，$\therefore AD \perp BC$。

7. 如图 3 - 34 所示，若 $AB \parallel DE$，$AC \parallel DF$，

（1）请说出 $\angle D$ 和 $\angle CPE$ 之间的数量关系，$\angle A$ 和 $\angle D$ 之间的数量关系，并说明理由。

（2）回顾上述结论，思考：如果两个角的两条边

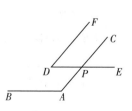

图 3 - 34

相互平行，那么这两个角存在怎样的数量关系？

【解析】（1）$\because AB /\!/ DE$，$\therefore \angle CPD = \angle A$。

$\because AC /\!/ DF$，$\therefore \angle D + \angle CPD = 180°$，$\angle D = \angle CPE$。

$\therefore \angle D + \angle A = 180°$。

（2）相等或互补。

设计意图：本环节一是考查学生对于平行线各个位置的角的转换的掌握情况；二是为归纳总结第 2 个问题做铺垫。将平行线的性质的问题提升一个高度。

《相交线与平行线》第 5 课时作业设计

【教学目标】

（1）通过平行线的性质与判定及两者综合运用，掌握平行线性质和判定直线平行条件的联系与区别，让学生懂得事物既普遍联系又相互区别的辩证唯物主义思想。

（2）进一步发展空间观念，培养学生有条理表达的能力与提高学生的逻辑思维能力。

（3）能熟练地运用所学知识，解决生活中常见的几何问题，进一步体会数学的严密性。

【教学重难点】

能区分平行线的性质和判定，能够利用平行线的性质与判定进行说理证明。

【教学内容】

通过不同梯度的例题对平行线的性质与判定进行综合运用，熟悉定理间的区别与联系。

【设计内容】

（一）基础知识

1. 已知：如图 3 - 35 所示，$DB \perp AF$ 于点 G，EC $\perp AF$ 于点 H，$\angle C = \angle D$，求证：$\angle A = \angle F$。

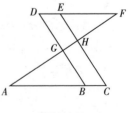

图 3 - 35

证明：$\because DB \perp AF$ 于点 G，$EC \perp AF$ 于点 H（已知），

$\therefore \angle DGH = \angle EHF = 90°$（　　）。

$\therefore DB /\!/ EC$（　　）。

$\therefore \angle C = $ _____（　　）。

$\because \angle C = \angle D$（已知），

$\therefore \angle D = $ _____（　　）。

$\therefore DF /\!/ AC$（　　）。

$\therefore \angle A = \angle F$（　　）。

2. 如图 3 - 36 所示，$AB /\!/ CD$，$AC /\!/ BD$. 分别找出与 $\angle 1$ 相等或互补的角。

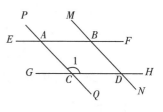

图 3 - 36

【解析】$\because AB /\!/ CD$，$AC /\!/ BD$，

$\therefore \angle GCQ = \angle 1 = \angle PAB = \angle EAC$，$\angle 1 + \angle CAF = \angle 1 + \angle ACG = \angle 1 + \angle QCH = 180°$，

$\angle CDN = \angle 1 = \angle BDH = \angle MBF = \angle ABD$，$\angle 1 + \angle CDB = \angle 1 + \angle NDH = \angle 1 + \angle DBF = \angle 1 + \angle ABM = 180°$，

即与 $\angle 1$ 相等的角为 $\angle GCQ$、$\angle PAB$、$\angle EAC$、$\angle CDN$、$\angle BDH$、$\angle MBF$、$\angle ABD$，与 $\angle 1$ 互补的角为 $\angle CAF$、$\angle EAP$、$\angle ACG$、$\angle QCH$、$\angle CDB$、$\angle NDH$、$\angle DBF$、$\angle ABM$。

（二）提升训练

3. 如图 3 - 37 所示，$a /\!/ b$，$\angle 2 = 95°$，$\angle 3 = 150°$，则 $\angle 1$ 的度数是多少？

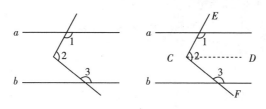

图 3 - 37　　　　图 3 - 38

【解析】过点 C 作 $CD /\!/ a$（见图 3 - 38），

$\because a /\!/ b$，

$\therefore CD /\!/ a /\!/ b$，

$\therefore \angle 1 + \angle ECD = 180°$，$\angle 3 + \angle DCF = 180°$，

$\therefore \angle 1 + \angle 2 + \angle 3 = 360°$，

$\because \angle 2 = 95°$，$\angle 3 = 150°$，

$\therefore \angle 1 = 360° - \angle 2 - \angle 3 = 360° - 150° - 95° = 115°$。

4. 如图 3 - 39 所示，将一张上、下两边平行（即 $AB /\!/ CD$）的纸带沿直线 MN 折叠，EF 为折痕。

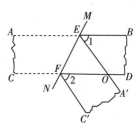

图 3 - 39

(1) 求证：∠1 = ∠2；

(2) 已知∠2 = 40°，求∠BEF 的度数。

【解析】(1) ∵ AB // CD，∴ ∠MEB = ∠MFD，

∵ A'E // C'F，∴ ∠MEA' = ∠MFC'，

∴ ∠MEA' − ∠MEB = ∠MFC' − ∠MFD，即 ∠1 = ∠2；

(2) 由折叠知，∠C'FN = $\frac{180° − ∠2}{2}$ = 70°，

∵ A'E // C'F，

∴ ∠A'EN = ∠C'FN = 70°，

∵ ∠1 = ∠2，

∴ ∠BEF = 70° + 40° = 110°。

5. 如图 3 − 40 所示，AB // CD，∠B = 26°，∠D = 39°，求∠BED 的度数。

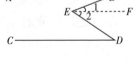

【解析】过点 E 作 EF // AB，∴ ∠1 = ∠B = 26°，

∵ AB // CD，EF // AB，

图 3 − 40

∴ EF // CD，

∴ ∠2 = ∠D = 39°，

∴ ∠BED = ∠1 + ∠2 = 65°。

6. 已知：如图 3 − 41 所示，AB // CD，∠B = ∠C，求证：∠E = ∠F。

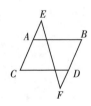

【解析】∵ AB // CD（已知），

∴ ∠B = ∠CDF（两直线平行，同位角相等）。

∵ ∠B = ∠C（已知），

∴ ∠CDF = ∠C（等量代换）。

图 3 − 41

∴ AC // BD（内错角相等，两直线平行）。

∴ ∠E = ∠F（两直线平行，内错角相等）。

（三）拓展延伸

7. 如图 3 − 42 所示，AD // BC，点 O 在 AD 上，BO、CO 分别平分 ∠ABC、∠DCB，若 ∠A + ∠D = m°。则 ∠BOC = _____。

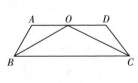

【解析】由 AD // BC，BO 平分 ∠ABC，可知 ∠AOB

图 3 − 42

= ∠CBO = $\frac{1}{2}$∠ABC。

同理 $\angle DOC = \angle BCO = \dfrac{1}{2}\angle DCB$。

$\because AD /\!/ BC$,

$\therefore \angle A + \angle ABC = 180°$, $\angle D + \angle DCB = 180°$,

$\therefore \angle A + \angle D + \angle ABC + \angle DCB = 360°$。

$\because \angle A + \angle D = m°$, $\therefore \angle ABC + \angle DCB = 360° - m°$。

$\therefore \angle AOB + \angle DOC = \dfrac{1}{2}(\angle ABC + \angle DCB) = \dfrac{1}{2}(360° - m°) = 180° - \dfrac{1}{2}m°$。

$\therefore \angle BOC = 180° - (\angle AOB + \angle DOC) = 180° - (180° - \dfrac{1}{2}m°) = \dfrac{1}{2}m°$。

8. 两个角的两边分别平行，且其中一个角比另一个角的 2 倍少 15°，则这两个角分别为多少？

【解析】$\because$ 两个角的两边分别平行，

$\therefore$ 这两个角相等或互补，

设其中一个角为 $x°$，

$\because$ 其中一个角比另一个角的 2 倍少 15°，

①若这两个角相等，则 $2x - x = 15°$，

解得：$x = 15°$，

$\therefore$ 这两个角的度数分别为 15°，15°；

②若这两个角互补，则 $2(180° - x) - x = 15°$，

解得：$x = 115°$，

$\therefore$ 这两个角的度数分别为 115°，65°；

综上，这两个角的度数分别为 65°，115°或 15°，15°。

《相交线与平行线》第 6 课时作业设计

【教学目标】

(1) 能按照作图要求完成作图。

(2) 会用尺规作一个角等于已知角以及作已知角的和、差、倍角。

(3) 能用一个角等于已知角解决相关实际问题。进一步发展了学生的空间观念，使学生养成研究性学习的习惯。

【教学重难点】

(1) 教学重点：尺规作图及要求，能用尺规作一个角等于已知角。

(2) 教学难点：角的和、差、倍角的作法。

【教学内容】

通过问题情境"要在长方形木板上截一个平行四边形，使它的一组对边在长方形木板的边缘上，另一组对边中的一条边为 AB"引出如何作一个角等于已知角。接着学习如何作角的和、差、倍角及角平分线。

【设计内容】

(一) 基础知识

1. 下列关于尺规的功能说法不正确的是（　　）

A. 直尺的功能是在两点间连接一条线段，将线段向两方向延长

B. 直尺的功能是可作平角和直角

C. 圆规的功能是以任意长为半径，以任意点为圆心作一个圆

D. 圆规的功能是以任意长为半径，以任意点为圆心作一段弧

2. 下列作图属于尺规作图的是（　　）

A. 用量角器画出 $\angle AOB$ 的平分线 OC

B. 已知 $\angle \alpha$，作 $\angle AOB$，使 $\angle AOB = 2\angle \alpha$

C. 用刻度尺画线段 $AB = 3\text{cm}$

D. 用三角板过点 P 作 AB 的垂线

3. 如图 3-43 所示，已知 $\angle \alpha$，$\angle \beta$，其中 $\angle \alpha > \angle \beta$，射线 OA。

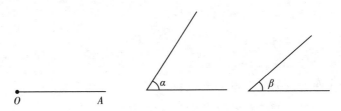

图 3-43

求作：以射线 OA 为一边作 $\angle AOB$，使 $\angle AOB = \angle \alpha - \angle \beta$。

【解析】如图 3-44 所示，$\angle AOB$ 即为所求。

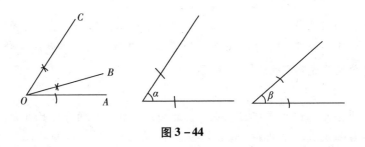

图 3-44

（二）提升训练

4. 如图 3 - 45 所示，已知∠α，利用尺规作
∠AOB，使∠AOB = 3∠α（要求：写出已知和求作，
保留作图痕迹，不写作法和结论）。

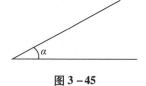

图 3 - 45

解：已知：∠α（见图 3 - 45），

求作：∠AOB，使∠AOB = 3∠α。

作图如图 3 - 46 所示，∠AOB 即为所求。

5. 如图 3 - 47 所示，已知线段 a 和∠α，求作一
个△ABC，使 BC = a，AC = 2a，∠BCA = ∠α（不写作
法，保留作图痕迹）。

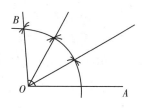

图 3 - 46

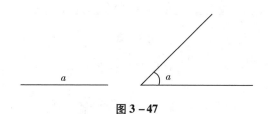

图 3 - 47

解：如图 3 - 48 所示，△ABC 即为所求。

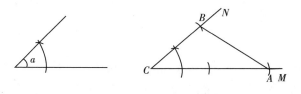

图 3 - 48

6. 如图 3 - 49 所示，已知∠β和线段 a，b。

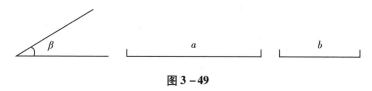

图 3 - 49

求作：△ABC，使∠B = ∠β，BC = a，AC = b（保留作图痕迹，不写作法）。

解：如图 3 - 50 所示，△ABC 或△A'BC 即为所求。

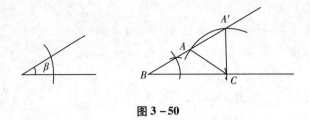

图 3 – 50

（三）拓展延伸

7. 如图 3 – 51 所示，已知线段 a 和 $\angle\alpha$，求作一个 $\triangle ABC$，使 $BC = a$，$AC =$ $2a$，$\angle BCA = \angle\alpha$（不写作法，保留作图痕迹）。

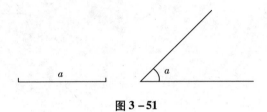

图 3 – 51

【解析】如图 3 – 52 所示，$\triangle ABC$ 即为所求。

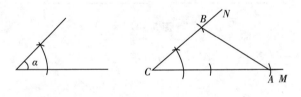

图 3 – 52

8. 如图 3 – 53 所示，直线 AB 和直线 CD 相交于点 O，P 为直线 CD 上一点。求作：过点 P 的直线 EF，使直线 EF 平行于直线 AB。

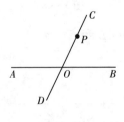

图 3 – 53

【解析】作图如图 3 – 54 所示。

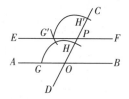

图 3 – 54

作法：（1）以点 O 为圆心，任意长为半径画弧，交射线 OA 于点 G，交射线 OC 于点 H。

（2）以点 P 为圆心，OH 的长为半径画弧，交射线 PC 于点 H'。

（3）以点 H' 为圆心，GH 的长为半径画弧，交前弧于点 G'。

（4）过点 G'，P 作直线 EF。

则直线 EF 就是所求作的直线。

下面以北师大版七年级上册数学《有理数的乘除法》单元教学设计案例一节的教学设计和《直线、射线、线段》单元教学设计案例一节的教学设计为例，对如何进行一节小单元教学设计加以说明。

案例 2：七年级上册第二章《有理数的乘除法》单元教学设计案例

一、教材分析

《有理数的乘除法》单元位于北师大版数学七年级上册第二章《有理数及其运算》。有理数的运算，是初等数学的重要基础，在实际生活中的应用十分广泛。有理数的乘除法，从小处说，它既是有理数加法运算的延伸，又是学生后续学习有理数乘方运算的基础。从大处说，它是整个初中学段乃至更高学段最基本的运算之一，是学生今后学习实数运算、代数式的运算、解方程以及函数知识等的基础。"学材再建构"是李庾南老师"自学·议论·引导"教学法的精髓之一，为实现学生学习效益的最大化，即让学生明确知识的内在联系，体验知识的生成过程，发展学生的数学思维，培养学生解决问题的能力，笔者对内容进行了重新整合，实行单元教学。本单元内容由教科书中《有理数的乘法》和《有理数的除法》两节内容整合而成，将原来的 3 个课时整合为 2 个课时。第 1 课时学生在实际背景和计算中探索出有理数乘法法则，再根据乘法与除法互为逆运算的关系探索出有理数除法法则，同时让学生学会进行简单的有理数的乘除法运算。第 2 课时学生在运算中归纳出乘法运算律在有理数的范围内仍然适用，同时进行变式练习提升。

二、学情诊断

学生在学习本节课之前，已经经历了探索加法运算法则的活动，掌握了有理数的加减法运算法则，学会了用运算法则解决简单的实际问题，并且对符号问题也有了一定的认识。在小学时，学生已熟知非负数的乘法与除法运算：因数×因数＝积；当已知积和其中一个因数时，要求得另一个因数，便是除法运算。同时也熟悉乘法与除法互为逆运算，并知晓"除以一个数（0 除外），等于乘以它的倒数的运算"法则。对于加法的交换律、结合律，学生知道在有理数范围内仍旧适用；乘法的交换律、结合律、乘法对加法的分配律，学生在小学也已经学习过，这为本节课学习有理数的乘除法的内容奠定了一定的基础。前几节课的学习采用的观察、归纳、猜想、验证等手段，为本节课探究有理数的乘除法法则所需要的思维方法提供了保障。但学生归纳概括的能力还不强，因此在探索有理数乘法法则时，教师需引导学生通过观察、思考、探索、交流等方式获得知识，形成技能。

三、单元学习目标

1. 理解有理数的乘法运算律，并能运用运算律简化运算。

2. 掌握有理数的乘除法运算法则，能运用有理数及其运算解决简单的实际问题。

3. 经历探索有理数乘除法运算法则和乘法运算律的过程，体会转化思想，归纳该思想在数学中的应用。

4. 经历观察、归纳、猜想、验证、交流等过程，发展研究问题的数学思维和方法，体验数学知识的生成过程。

四、教学分析

有理数的乘除法运算，在确定"积"的符号后，实质上是小学算术中数的乘除法运算，思维过程就是如何把中学有理数的乘除法运算化归为小学算术的乘除法运算。因此确定"积"的符号是本节课应重点解决的问题。

课标中指出："要让学生经历数学知识的形成和应用过程。"在小学里"正数与正数相乘、正数与 0 相乘"的运算，学生经过多年的实践，可以毫不费劲地从生活实例中得到圆满解释。引入负数后就不同了，"负数与正数相乘"还能用有理数的加法来解释，而且也能在现实生活中找到相关背景，如连续降温等，但"正数与负数相乘""负数与负数相乘""负数与 0 相乘"等运算，很难在现实生活中找到合理的解释。如果直接将有理数的乘法法则告诉学生，再经过大量的练习，学生也能熟练地掌握运算技巧。但由于没有经历知识的生成过程，必然会导致其"知其然而不知其所以然"，对学生思维的培养也起不到积极的作用。因此，法则的探索过程是本节的重要环节。探索完有理数的乘法法则后，再根据乘法与除法互为逆运算的关系来探索发现有理数除法的两条运算法则就顺理成章了。

课堂教学立足于学生的"学"。在探究法则的过程中，让学生多动手，多观察，让学生经历发现、归纳、完善的过程，培养其观察、归纳的能力，从而可以帮助学生形成分析、对比、归纳的思想方法。在教学过程中注意创设思维情境，坚持以学生为主体，教师为主导，让学生在老师的引导下自始至终处于一种积极思维、主动探究的学习状态。使课堂充满着轻松和谐、探索进取的气氛，而教师在其中更要当好课堂教学的组织者、创造者、参与者和引导者。

五、课时案例

《有理数的乘除法》单元教学（第 1 课时）

【学习目标】

1. 立足小学非负数的乘法运算，经历探索有理数乘除法法则的过程，体会转化、分类思想在数学中的应用。

2. 掌握有理数乘除法运算法则，会进行简单的有理数乘除法运算。

3. 经历观察、归纳、猜想、验证、交流等过程，发展研究问题的能力，体验数学知识的生成过程。

【教学重点】

探索有理数乘除法法则。

【教学难点】

有理数乘除法符号法则。

【教学过程】

（一）创设问题情境，引导学生通过观察、类比、猜想建构有理数乘法运

算法则

　　1. 复习回顾

　　引导学生用简便方法计算：3+3+3+3，（-3）+（-3）+（-3）+（-3）

　　通过对上述问题的探究，引入课题——有理数的乘除法。

　　设计意图：从已有的知识经验出发，寻求谈及问题的方向，初步感受知识之间的联系，为新知识的学习做准备。

　　2. 引导探究有理数乘法法则

　　结合前面有理数加法运算的类型，对比引导学生对有理数乘法运算的类型进行归类，让学生明确探究方向：正数相乘；正数与0相乘；负数与正数相乘；正数与负数相乘；负数与负数相乘；负数与0相乘。

　　(1) 引导学生通过观察、归纳、寻找规律的方式自主计算下面各式。

$3 \times 4 = $ ＿＿＿　　　　　　　$（-3）\times 4 = $ ＿＿＿

$3 \times 3 = $ ＿＿＿　　　　　　　$（-3）\times 3 = $ ＿＿＿

$3 \times 2 = $ ＿＿＿　　　　　　　$（-3）\times 2 = $ ＿＿＿

$3 \times 1 = $ ＿＿＿　　　　　　　$（-3）\times 1 = $ ＿＿＿

$3 \times 0 = $ ＿＿＿　　　　　　　$（-3）\times 0 = $ ＿＿＿

$3 \times（-1）= $ ＿＿＿　　　　　$（-3）\times（-1）= $ ＿＿＿

$3 \times（-2）= $ ＿＿＿　　　　　$（-3）\times（-2）= $ ＿＿＿

$3 \times（-3）= $ ＿＿＿　　　　　$（-3）\times（-3）= $ ＿＿＿

$3 \times（-4）= $ ＿＿＿　　　　　$（-3）\times（-4）= $ ＿＿＿

　　(2) 追问：两数相乘，积何时为正号，何时为负号？何时为0？积的绝对值与因数的绝对值的积之间有什么关系？

　　通过这一活动，教师引导学生以小组为单位合作学习，观察、归纳，概括乘法法则。

　　(1) 正数乘正数积为正数，负数乘负数积为正数，负数乘正数积为负数。

　　(2) 正数乘0积为0，负数乘0积为0。

　　(3) 积的绝对值等于各个因数绝对值的积。

　　(4) 学生类比有理数的加法法则，自己建构有理数的乘法法则。

　　有理数的乘法法则：两数相乘，同号得正，异号得负，并把绝对值相乘。任何数与0相乘，都得0。

　　在这里向学生强调：有理数的乘法运算，在确定"积"的符号后，实质上是小学算术中数的乘法运算，思维过程就是如何把中学有理数的乘法运算化归为小学算术的乘法运算。一观、二定、三计算。

设计意图: (1) 乘法的意义是本部分知识的生长点,观察、归纳、寻找规律是本节课探究过程中的重要支撑点;(2) 在有理数的乘法法则探究过程中,培养学生的知识迁移能力、类比学习和知识概括能力。

(二) 通过例题使法则具体化,引导学生观察算式的计算结果特征,建构有理数范围内倒数的概念

例1. 计算:

(1) $(-1) \times 9$ (2) $3 \times (-1)$

(3) $(-3) \times \left(-\dfrac{1}{3}\right)$ (4) $\left(-\dfrac{3}{8}\right) \times \left(-\dfrac{8}{3}\right)$

观察发现有两个有理数的乘积为1,类比小学倒数的概念,给出有理数范围内倒数的概念:如果两个有理数的乘积为1,那么称其中的一个数是另一个数的倒数,也称这两个有理数互为倒数。

归纳求有理数范围内倒数的方法:求倒数时就是把分子分母调换位置,符号不变。

注意:0没有倒数。

设计意图: 通过类比学习,帮助学生通过独立思考自主建构新知,培养学生的数学素养。

变式训练:有理数的个数由两个变为三个或更多

(1) $(-1) \times 2 \times 3$;

(2) $(-1) \times (-2) \times 3 \times 4$;

(3) $(-1) \times (-2) \times (-3) \times 4$;

(4) $(-1) \times (-2) \times (-3) \times (-4)$;

(5) $(-2) \times (-3) \times (-4) \times 0 \times (-5)$.

追问:几个有理数相乘,因数不为0时,积的符号怎样确定?有一个因数为0时,积是多少?引导学生观察算式中负因数的个数,归纳有理数乘法的符号法则:几个有理数相乘,积的符号由负因数的个数决定,当负因数个数为奇数时,积的符号为负;当负因数个数为偶数时,积的符号为正。(即奇负偶正)

(三) 利用学生已经积累的知识点——因数乘因数等于积,已知一个因数和积如何求另一个因数,引导学生通过观察、类比、猜想建构有理数除法运算法则

1. 引导学生对比计算,体会乘法与除法的互逆关系

(1) 5×2 $10 \div 2$

(2) $(-2) \times (-5)$ $10 \div (-2)$

(3) $(-5) \times 2$ $(-10) \div 2$

(4) $(-2) \times 5$ $(-10) \div (-2)$

2. 引导学生从观察计算结果的符号和绝对值两个方面，对比有理数乘法法则，自主探究有理数除法法则

有理数除法法则1：两个有理数相除，同号得正，异号得负，并把绝对值相除。0除以任何不为0的数都得0。

注意：0不能做除数。

在这里向学生强调：有理数的除法运算，在确定"积"的符号后，实质上是小学算术中数的除法运算，思维过程就是如何把中学有理数的除法运算化归为小学算术的除法运算。

3. 通过计算让学生熟练有理数除法法则1，引导学生归纳出有理数除法的另一个法则

例2. 比较下列各组数的计算结果：

(1) $1 \div 2$ 与 $1 \times \dfrac{1}{2}$ (2) $(-2) \div (-5)$ 与 $(-2) \times \left(-\dfrac{1}{5}\right)$

归纳有理数除法法则2：除以一个数（0除外）等于乘这个数的倒数。

设计意图：引导学生探究有理数除法法则，同时帮助学生梳理与建构了除法与乘法间的互逆关系，为学生进一步自主生成除法法则2提供了可能。

（四）师生共同小结

引导学生从知识、思维方法两个角度畅谈本节课的收获。

1. 知识梳理（见图3-55）

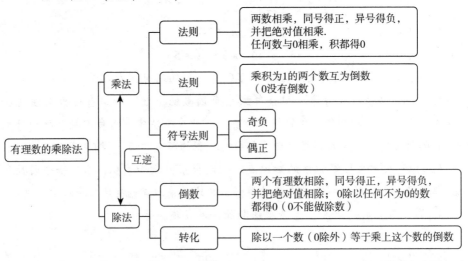

图 3-55

2. 基本思想:

类比思想,转化思想,分类思想。

(五)分层作业

(1)必做题:课本第50页"知识技能"第1题,第56页"知识技能"第1题。

(2)选做题:课本第54页第3题,第57页第4题。

【教学反思】

本节课设计理念遵循李庚南老师在"自学·议论·引导"教学法中提出的"学材再建构,学法三结合,学程重生成"。按常规教学,本单元原有内容是将一元有理数的乘法法则、有理数的运算律、有理数的除法法则的探究一种一种地学、练,最后综合练习,这是由"部分"到"整体"的方法。本课时采用了反常规的教学方法。由于有理数的乘法与有理数的除法互为逆运算,且相互间又有转化关系,法则的探究与前面有理数加减运算法则的探究指导思想一致,所以,教师首先帮助学生建立知识体系框架,后续课时再让学生站在知识"整体"的高度,自主而深入地研究知识整体的各个"局部",因而笔者重新组织了教学内容。

为了让学生明确有理数乘除法法则,形成清晰的知识网络,在知识引入环节先复习小学学过的乘法的意义,从正数乘正数、正数乘0过渡到有理数乘法的其他类型,先计算结果,观察、寻找因数和积的变化规律,再分析积的符号和绝对值与因数绝对值的关系,归纳、概括有理数乘法法则。有理数的乘法运算,在确定"积"的符号后,实质上是小学算术中数的乘法运算,思维过程就是如何把中学有理数的乘法运算化归为小学算术的乘法运算。因此,乘法运算分三步完成,一观、二定、三计算。确定符号是本节难点,让学生通过观察、归纳、概括的过程感知知识的生成过程。在有理数乘法法则的基础上又引导学生自主生成除法法则。从而启示学生在学习与已有知识相近的新知识时,要学会用对比的方法,弄清它们的共同点和不同点,以达到理解掌握新知的目的。

《有理数的乘除法》单元教学(第2课时)

【学情分析】

学生的知识技能基础:学生在小学已经学习过四则运算的"五条运算律",并初步体验到了运算律可以简化运算,具备了对非负有理数运用运算律进行简便运算的意识和技能。在本章的第四节的第二课时又熟悉了有理数的加法交换律与结合律,并经历了它们的探索活动过程,具有了探索学习有理数乘法交换律、乘法结合律、乘法对加法的分配律的基本技能基础,尤其是上节课有理数的乘法法则更是重要的知识基础。

学生的活动经验基础：学生在探究有理数加法的交换律、结合律的活动过程中，已经有了切身的体验，积累了经验，丰富了阅历。并体会到了运算律对有理数加法的简化作用，这不仅在探索方法上提供了经验基础，而且从情趣意识、求知欲望上也为本节课增添了兴趣基础。另外，上节课学生在有理数乘法法则的训练过程中出现的问题和解决修正的过程，也成了本节课学习的有用经验。

【学习任务分析】

教科书在学生已掌握了有理数加法、减法、乘法运算的基础上，提出了本节课的具体学习任务：探索发现有理数乘法的运算律，会运用运算律简化运算过程。本节课的学习目标是：

（1）经历探索有理数的乘法运算律的过程，发展观察、归纳、猜想、验证等能力。

（2）学会运用乘法运算律简化计算的方法，并会用文字语言和符号语言表述乘法运算律。

（3）在合作学习过程中，发展合作能力和交流能力。

【教学策略分析】

对于认知的主体——学生来说，他们已经具备了初步探究问题的能力，但是对知识的主动迁移能力较弱，为使学生更好地构建新的认知结构，笔者将在教学中采用诱思探究式教学法并采用多媒体等现代教学手段，促进学生的发展。以学生为中心，使其在"生动活泼、民主开放、自主探索、合作交流、动手实践"的氛围中愉快地学习，让学生从"学会"到"会学"，使学生真正成为学习的主人。

【教学目标】

1. 通过综合练习，深刻理解、正确运用有理数乘除法的运算法则以及乘法的运算律。

2. 通过逆用有理数乘法对加法的分配律，优化思维品质，发展思维能力，丰富数学体验。

3. 通过练习、讨论、归纳，提高运算能力。

【教学重难点】

灵活运用有理数乘法、除法的运算法则及乘法的运算律，明白算理。

【教学过程】

（一）用提问的方式复习回顾有理数乘法、除法的运算法则和符号法则及其生成过程

1. 在上节课你学习了哪些知识？

2. 是用什么方法研究的？

（二）独立练习，然后交流，互相评价，总结归纳

1. 计算

(1) $(-4) \times 7$

(2) $(-0.25) \times \left(-\frac{4}{3}\right)$

(3) $\left(-3\frac{3}{4}\right) \times 4$

(4) $15 \div (-3)$

(5) $(-18) \div \left(-\frac{2}{3}\right)$

(6) $(-8.2) \times 0$

(7) $0 \div (-0.12)$

归纳：

① 让学生进一步熟悉有理数乘除法运算法则：一观二定三计算；

② 类比小学的算术，强调有理数的乘除法运算在确定符号后就是小学算术的乘除法运算；

③ 在运算的过程中，将小数化为分数、带分数化为假分数，使计算更方便。

2. 填空

(1) $(\quad) \times \frac{21}{4} = -42$

(2) $(-4) \div (\quad) = -8$

(3) $(\quad) \div \left(-\frac{1}{3}\right) = 3$

归纳：加深理解有理数的乘法与除法是互逆运算。

3. 变式训练

将有理数个数由两个变为三个或更多

(1) $(-4) \times 7 \times (-0.25)$；

(2) $16 \div \left(-\frac{4}{3}\right) \div \left(-\frac{9}{8}\right)$；

(3) $(-81) \div \frac{9}{4} \times \frac{4}{9} \times (-16)$；

(4) $(1-2) \times (2-3) \times (3-4) \times \cdots \times (2017-2018)$.

（三）通过计算，让学生观察结果间的数量关系，引导学生探究乘法运算律

1. 计算下列各题，并比较每题中两算式的结果有何关系

(1) $(-5) \times 6$ 与 $6 \times (-5)$；

(2) $[(-4) \times (-3)] \times 2$ 与 $(-4) \times [(-3) \times 2]$；

(3) $5 \times [(-7) + 2]$ 与 $5 \times (-7) + 5 \times 2$.

类比有理数加法运算律，学生观察归纳有理数乘法运算律，并用举例的方式再次验证运算律；然后用文字叙述运算律，培养学生的口头表达能力；再学

习用符号语言表示,培养学生的符号意识。通过让学生将所学同已有知识建立联系,明白小学学习的乘法运算律在有理数范围内仍然适用。

乘法交换律：$a \times b = b \times a$；

乘法结合律：$(a \times b) \times c = a \times (b \times c)$；

乘法对加法的分配律：$a \times (b + c) = a \times b + a \times c.$

2. 通过引导学生用不同的方法自主解答下列各题,让学生熟悉运算律,体会运算律带来的便捷

例1. 计算：

(1) $(-5) \times 8 \times \left(-1\frac{4}{5}\right) \times (-1.25)$

(2) $\left(\frac{1}{6} - \frac{1}{9}\right) \times (-36)$

(3) $(-36) \times \left(\frac{1}{6} - \frac{1}{9} + \frac{1}{2} - \frac{7}{12}\right)$

归纳：有理数乘法的运算律具有简便计算的作用；运用有理数的乘法对加法的分配律时,正确区分"运算符号"与"性质符号"。

变式训练：逆用有理数乘法分配律简便计算,培养学生的逆向思维。

(1) $3.59 \times \left(-\frac{4}{7}\right) + 2.41 \times \left(-\frac{4}{7}\right) - 6 \times \left(-\frac{4}{7}\right)$

(2) $3.14 \times 14 + 6.28 \times (-2)$

(学生合作解决,然后进行交流、评析,教师适当引导、点评)

归纳：①计算时要重视：观察算式的结构特征；

②逆运算有理数乘法对加法的分配律可以优化思维品质,发展思维能力。

(四) 师生共同小结

引导学生从知识、思维方法两个角度畅谈本节课的收获。

1. 知识结构 (见图3-56)

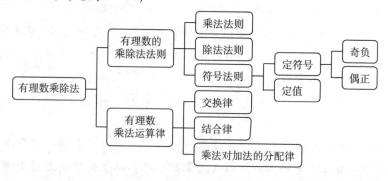

图3-56

2. 类比思想

特殊—一般—特殊的研究方法。

（五）布置作业

自编试题：小组内组员依据"变式训练"，互编6道计算题，先独立解决，然后互相评价。

【教学反思】

本节课设计理念遵循李庾南老师在"自学·议论·引导"教学法中提出的"学材再建构，学法三结合，学程重生成"。为了让学生明确有理数乘法运算律，形成清晰的知识网络，在知识的引入环节先复习有理数乘除法法则，强调法则的运用在于一观二定三计算；然后让学生通过计算，观察、归纳、概括有理数乘法的符号法则，通过类比建构有理数乘法运算律的过程感知知识的生成过程；从而告诉学生在学习与已有知识相近的新知识时，要学会用对比的方法，弄清它们的共同点和不同点，以达到理解掌握新知的目的。本节课，教师是以组织者、引导者的身份出现在每一个环节的，在这个过程中培养了学生观察、归纳、验证的能力；并通过用自己的语言描述运算律，培养了学生的语言表达能力，用符号语言描述运算律，发展了学生的符号感。在学习活动中，学生获得了成功的体验，增强了自信。

案例3：七年级上册第四章《直线、射线、线段》 单元教学设计案例

一、学材再建构前内容

对北师大版七年级上册数学第四章《基本平面图形》中第一节《直线、射线、线段》、第二节《比较线段的长短》的内容进行学材再建构。建构的同时渗透北师大版七年级下册第二章《相交线与平行线》中第一节《两条直线的位置关系》及第三章《三角形》中第一节《认识三角形》及八年级上册第七章《平行线的证明》中第二节《定义与命题》及人教版七年级上册数学第四章《几何图形初步》中第二节《直线、射线、线段》的部分内容。

二、学材再建构后内容

为了着力突出"三学"，即学材再建构、学法三结合、学程重生成，通过

分析北师大版小学教材中关于"直线、射线、线段"的相关内容，梳理北师大版初中数学系列教材，将现有教材中原来的两个课时建构成现在的三个课时，通过适度整合，使得内容饱满、脉络清晰、结构完善。

具体安排如下：

第 1 课时：通过梳理旧知，回顾已有的知识（名称、图形、构成元素、有无端点、延伸性等），形成知识结构，而三线的表示方法及两个基本事实（公理）的探究为本节课的重点。

第 2 课时：通过学材再建构，将点与直线的位置关系、平面内两直线的位置关系与三种语言（文字语言、符号语言和图形语言）的互化巧妙地融合起来，弥补北师大版教材的部分不足。借助尺规等工具比较两条线段的长短（度量法、叠合法）及数学语言的训练为本节课的重点。

第 3 课时：在比较两条线段的长短（度量法、叠合法）的基础上，"画一条线段等于已知线段"，画已知线段的和、差、倍，提出线段的中点等相关概念，同时渗透几何推理语言，定义（定义的双重性）、反例等相关概念。

三、课时案例

《直线、射线、线段》单元教学（第 1 课时）

【教学目标】

（1）完善学生对直线、射线和线段的基本认知，会画图、会识图、会用符号表示。

（2）探究掌握"两点确定一条直线"和"两点之间线段最短"的基本事实（公理）。

（3）经历直线、射线和线段三者关系的研究过程，体悟研究几何图形的内容和方法，激发学习兴趣。

【教学重点】

直线、射线和线段的表示法；两个基本事实的探究；识图、画图、几何表达。

【教学过程】

（一）知识回顾、以旧悟新

回顾关于直线、射线、线段的已有认知：从图形、端点个数、延伸性、可否度量长度、构成元素五个角度（见表 3-3）加以说明。

表 3－3

类别 名称	图形	端点个数	延伸性	可否度量长度	构成元素
直线					
射线					
线段					

（学生先独立回顾，再小组交流，最后全班交流，教师根据学生所说板书）

设计意图：北师大版四年级上册数学第二章《线与角》第一课时设计了直线、射线、线段的教学，学生们了解射线和线段的定义，会画它们的图形，懂得它们的特点。北师大版七年级上册数学第一章中学习过"点动成线"，即构成三线的元素为点。回顾并非简单重复，而是将碎片化的旧知进行梳理，形成知识结构，为学习新知及构建三线知识网络做准备。

（二）探究事实、感悟应用

（1）思考：过一点 O 可以画几条直线？过两点 A，B 可以画几条直线？

[学生动手画（见图 3－57），再小组交流]

设计意图：通过作图实践，让学生思考出"两点确定一条直线"的基本事实；并为研究直线的表示方法奠定基础。

图 3－57

（2）举例说明：在日常生产、生活中用到"两点确定一条直线"的基本事实（见图 3－58）的例子。

建筑工人砌墙　　　　　　植 树

图 3－58

设计意图：呈现"两点确定一条直线"的生产、生活实例，让学生体会知识与现实的紧密联系，感知这一基本事实的应用价值。

（三）获取新知、建立联系

（1）思考：点如何表示？（为便于说明和研究，几何图形一般都要用字母表示）

追问：如何用字母表示一条直线？（根据"两点确定一条直线"的基本事实，可用两个英文大写字母表示；若将直线看成一个整体，可用一个英文小写字母表示）。

设计意图：从已学过的点的表示方法引出直线的表示方法，再从为什么要表示、如何表示、为何这样表示等方面引发学生思考、探究，让学生不仅知其然，而且知其所以然，帮助学生掌握新知。同时，归纳直线的表示方法为下面类比学习线段、射线的表示方法做准备。

辨析：确定。（"确定"有两层含义，一是经过两点有一条直线，表示存在；二是经过两点的直线只有一条，表示唯一。这就是数学语言的简洁美）

（2）学生类比直线的表示方法给出线段、射线的表示方法。

（教师适时引导、剖析）

（3）归纳三种图形表示方法的异同。

设计意图：经历归纳、类比、再归纳的过程，学生主动建构三线的表示方法及异同点。这样设计，使学生的积极性、自主学习的愿望和学习兴趣被激发，学习方式从被动地接受学习走向主动地探究学习，让学生充分从"学会"走向"会学"，同时也突出了本节课的重点。（说明：在人教版教材中，直线、射线、线段均可用两个大写字母表示或者一个小写字母表示，但在北师大版教材中，射线只用两个大写字母表示，教师可根据情况说明）。

（4）直线、射线、线段的联系。

可从两个方面找它们的联系：一是从直线到射线再到线段找联系，同时给出线段、射线的定义；二是从线段到射线再到直线找联系，同时给出延长线和反向延长线的定义（动画演示见图3-59）。

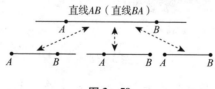

图3-59

设计意图：北师大小学、初中系列教材中关于直线、射线、线段三者的联系没有提及，但在人教版教材中明确指出"射线和线段是直线的一部分"，事实上，直线、射线、线段三者可通过取点或延长相互转化，这是对旧知的丰富与深化。

辨析：延长、延伸（"延长"不是图形本身的部分；"延伸"是图形本身的部分。）

（四）探究事实、感悟新知

思考：如图3-60所示，从A地到B地有四条道路，除这四条路外能否再修一条从A地到B地的最短道路？如果能，请你联系以前所学的知识，在图上画出最短路线。

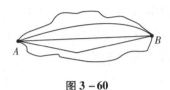

图3-60

设计意图：北师大版四年级上册数学第二章《线与角》习题中就设置了类似的题目，通过观察，得到"两点之间线段最短"的基本事实。结合"两点确定一条直线"的基本事实和八年级上册第七章《平行线的证明》中"第二节定义与命题"的相关内容，教师及时渗透公理、定义（两点间的距离就是线段的长度）等相关概念，同时可根据图形渗透三角形三边关系。

（五）小结提升，完善知识网络

[在小组内交流本节课的收获（见表3-4）并在全班进行交流]

表3-4

类别 名称	图形	表示方法	端点个数	延伸性	可否度量长度	构成元素	联系	性质
直线	A ——— B a	直线AB 或直线a	无	两侧无限延伸	不可	点	延长 ↑ ↓ 取点	两点确定一条直线
射线	A ——— B a	射线AB 或射线a	一个	一侧无限延伸	不可	点		
线段	A ——— B a	线段AB 或线段a	两个	不能延伸	可以	点		两点之间线段最短

【教学反思】

北师大版四年级上册数学第二章《线与角》第一课时设计了直线、射线、线段的教学，学生们了解射线和线段的定义，会画它们的图形，懂得它们的特点；北师大版七年级上册数学第一章中学习过"点动成线"，即构成三线的元素为点。通过表格进行回顾，对碎片化的旧知进行梳理，形成知识结构，为学习新知及构建三线知识网络做准备。

本课时从直线公理出发，引出直线的表示法；再研究点与直线及平面内两直线的位置关系；最后类比给出射线和线段的表示法。通过查阅小学教材，学生在四年级就了解射线和线段的定义，学过直线和线段的性质，研究过它们的位置关系，懂得它们的特点，会画它们的图形，所以这些不再是本节课的教学重点。本节课只将这些内容以旧知梳理的形式再现，而将三线的表示方法和三种几何语言的互化定为重点。以表格形式呈现三种线的名称、图形、特点、表示方法、联系、性质，并将点与直线的位置关系、平面内两直线的位置关系、三种线之间的关系等巧妙地融合进去，串珠成线，适度整合，使得内容饱满、脉络清晰、结构完善。通过课前教师深刻钻研教材，在教学设计中分析学生已有的知识生活经验和教材原有知识结构的基础上，将教材与小学相关内容进行整合，帮助学生构建知识网络（学材再建构）。

《直线、射线、线段》单元教学（第2课时）

【教学目标】

（1）探究掌握点与直线的位置关系、平面内直线与直线的位置关系。

（2）经历文字语言、符号语言和图形语言的互化练习，提高学生几何语言的表达能力。

（3）能借助尺规等工具比较两条线段的长短，会用数学语言表述。

【教学重点】

文字语言、符号语言和图形语言的互化；两条线段比较长短。

【教学过程】

重要说明：将人教版教材与北师大版教材进行对比，发现北师大版教材中对点与直线的位置关系没有明确提出来，而且对于数学的三种语言（文字语言、符号语言和图形语言）的互化练习不够，笔者试图通过学材再建构弥补上述不足，并为两条线段比较长短、首次尺规作图的学习，乃至整个几何知识的学习打下良好的基础。

（一）学习语言，丰富新知

（1）说出（图3-61）中点A、点B与直线CD的位置关系。

（先让学生尝试说，教师用规范的语言加以纠正。然后让学生模仿地说出图中点与直线的位置关系并引

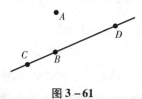

图3-61

导学生自行纠正)

追问：点和直线还有其他位置关系吗？

[带领学生小结点与直线的两种位置关系：点在直线上（直线经过点）；点在直线外（直线不经过点）。]

设计意图：设置这组题的目的有两个：一是学习语言；二是丰富新知。这些题目要求学生能用准确的语言描述各图形之间的位置关系，实现从图形语言向文字、符号语言的转化。通过尝试描述、教师纠正、模仿描述、自行纠正的方法，使新知得到巩固，学力得到提升。

（2）继续追问：同一平面内两条直线的位置关系共有哪几种？

[带领学生一起小结同一平面内两条直线的位置关系有两种：相交和平行（见图3－62）。]

图3－62

设计意图：学生着力于描述点和直线的位置关系，这是对刚学知识的应用。也有学生着力于描述两直线的位置关系，这时可引导学生给出相交的定义，并思考、总结同一平面内两条直线的位置关系。这一过程中，学生思维活跃而发散，既学习了语言又丰富了新知。

（3）继续追问：同一平面内两条射线的位置关系呢？两条线段呢？

[先引导学生思考射线或线段平行是指它们所在直线平行，射线或线段相交包括射线或线段本身相交或它们的延长线相交。再让学生尽情描述（见图3－63），先独立说，再组内交流，最后全班展示。]

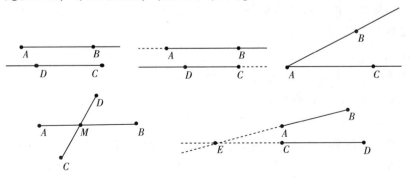

图3－63

设计意图：这一过程要求学生看清图形名称，可用点与直线的位置关系或直线与直线的位置关系加以描述，对前面所学语言进行回顾与运用。学生的描述方法多样，通过个人学习、小组学习和全班学习，相互补充、相互纠正、共同提高。

探究：如图3-64所示，三条直线的位置关系。

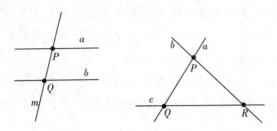

图3-64

设计意图：在学生练、议的基础上，教师利用"截线""两两相交"简化语言表达，为后续学习做准备。这两道题也为学生研究平面内三直线的位置关系打下基础。本小题的设置是从图形语言向文字、符号语言的转化，并且题目之间不是简单重复，而是从"一线"到"两线"再到"三线"的深入，语言表达方式越来越多，能力要求越来越高，让学生几何语言表达能力螺旋上升。

（4）读句画图。

①连接 A、B 两点；

②画直线 AB；

③直线 AB 经过点 C.

（这三道题让学生先独立画图，然后全班交流，让学生利用实物投影进行演示，注意其中的画图顺序。）

设计意图：这三道题是从文字、符号语言向图形语言进行转化，目的是进一步提高学生对几何语言的理解和运用能力。利用实物投影仪演示画图过程，让学生体会画图顺序。题目相对简单。

④点 D 在直线 EF 上；

⑤点 D 在直线 EF 上，但在直线 MN 外；

⑥直线 a，b，c 两两相交。

设计意图：这三道题难度有所提升，在教学时增加小组交流环节，相互补充和纠正。与问题③先画点，再画直线不同；问题④先画直线，再画点。对于问题⑤⑥两题均要注意分类讨论，在语言转化的练习中，训练学生思维的全面性。

（二）比较长短，探究新知

（1）如图 3-65 所示，探究怎样比较线段 AB 与线段 CD 的长短？

（先独立思考，动手实践，再小组交流，最后全班交流）

度量法：用刻度尺分别量出线段 AB 和线段 CD 的长度，再将长度进行比较。

叠合法：把线段 AB、CD 放在同一直线上比较，步骤有三：

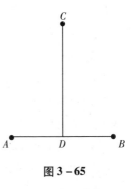

图 3-65

①将线段 AB 的端点 A 与线段 CD 的端点 C 重合；

②将线段 AB 沿着线段 CD 的方向落下；

③若端点 B 与端点 D 重合，则得到线段 AB 等于线段 CD，可记作 $AB = CD$（几何语言）（见图 3-66）。

图 3-66

若端点 B 落在 D 内，则得到线段 AB 小于线段 CD，可记作 $AB < CD$（图 3-67）。

图 3-67

若端点 B 落在 D 外，则得到线段 AB 大于线段 CD，可记作 $AB > CD$（图 3-68）。

图 3-68

设计意图：通过动手实践发现，求作一条线段，主要是决定线段的位置以及线段两个端点的位置。用度量法比较线段长短，其实就是比较两个度量值的大小，是从"数"的角度去比较线段的长短；而叠合法是从"形"角度去比较线段的长短。

（2）追问：能比较两条射线或者直线的长短吗？

设计意图：该问题的设置具有发散性、启发性，教师适时设疑、启发、点拨、引导学生自主生成知识。

（三）小结提升，建构网络

在学生交流的基础上，教师从以下三个方面加以引导：

（1）研究几何图形的基本方法。通过文字语言、符号语言和图形语言的相互转化，提高几何语言的表达能力。

（2）点与直线的位置关系、平面内两直线的位置关系。

（3）比较线段长短的方法（度量法、叠合法）。

【教学反思】

将人教版教材与北师大版教材进行对比，发现北师大版教材中对点与直线的位置关系没有明确提出来，而且对于数学的三种语言（文字语言、符号语言和图形语言）的互化练习不够，笔者试图通过学材再建构弥补上述不足，并为两条线段比较长短、首次尺规作图乃至整个几何知识的学习打下良好的基础。由于学生对于几何语言的学习刚刚起步，常会出现不规范甚至错误的表达，也会让教学过程产生不少"意外"。同时本着李庾南老师"学会"的理念去教，应该从学生的实际情况出发开展教学，教师的作用是设疑、激疑、适时启发、引导、点拨，把学习的权利让给学生，引导学生自主生成知识、方法、能力和情感、态度、价值观（学程重生成），让学生的未知在彼此的对话交流中变为已知。

《直线、射线、线段》单元教学（第 3 课时）

【教学目标】

（1）能熟练掌握"画一条线段等于已知线段"的画法，会说作图语言。

（2）掌握已知线段的和、差、倍的画法。

（3）掌握线段的中点的概念，理解定义（定义的双重性）、反例等概念，会用几何推理语言。

【教学重点】

识图、画图、几何表达、作图语言、几何推理语言

【教学过程】

（一）学习作图，探究新知

（1）探究。

已知线段 ●———● ，画一条线段，使它等于已知线段 a。
           a

（引导学生动手操作，再让学生尽情描述作法，先独立说，再组内交流，最后全班展示，教师纠正相关数学语言的表述。）

画法一：利用刻度尺作图

① 用刻度尺量出线段 a 的长度为 1cm；

② 画射线 AC——确定所求作的线段位置和一个端点的位置；

③ 用刻度尺在射线 AC 上取一点 B，使得 $AB = 1\text{cm}$——确定另一个端点的位置。

画法二：利用无刻度的直尺和圆规画图

①画射线 AC——确定所求作的线段位置和一个端点的位置；

②用圆规在射线 AC 上取一点 B，使得 $AB = a$——确定另一个端点的位置。

画图要求：

① 不要求写画法，但要学会根据语句画图，并逐渐学会说一些作图语言（教师示范，学生练、说）；

② 作图题的图中要保留画图痕迹；

③ 最后要指出所求的图形是什么。

设计意图：尺规作图是手脑并用的协同活动，而数学语言是数学思维的显性表达。教学中对于尺规作图的要求不能仅满足于操作层面，知识的内化往往伴随着语言的表述，所以我们要注重尺规作图与数学语言训练的统一。

（2）追问：已知线段 a，b，画一条线段 c，使得 $c = a + b$。

（先独立思考，动手实践，再小组交流，最后全班交流）

继续追问：如图 3 – 69 所示，已知线段 a，b（$a > b$），画一条线段 d，使得 $d = a - b$。

阅读（人教版教材内容）：在直线上作线段 $AB = a$，再在线段 AB 的延长线上作线段 $BC = b$，线段 AC 就是 a 与 b 的和，记作 $AC = a + b$。设线段 $a > b$，如果在线段 AB 上作线段 $BD = b$，那么线段 AD 就是 a 与 b 的差，记作 $AD = a - b$。

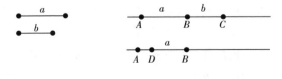

图 3 – 69

设计意图：通过先独立探究、再小组交流、全班交流（学法三结合），最后展示人教版教材中的相关内容，进一步让学生体会数学语言的表达及数形的一致性。

（二）运用新知、建构概念

（1）求作：用尺规画一条线段，使它等于 $2a$。

作法：

① 画射线 AD；

② 在射线 AD 上从点 A 起截取 $AB = BC = a$. 线段 AC 就是所求线段。

追问：由上述作图（图 3-70）所示，线段 AC、线段 AB、线段 BC 有何关系？

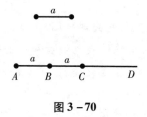

图 3-70

（学生独立思考，教师启发、引导、点拨）

线段 AC 的长度是另外两条线段 AB 和线段 BC 的长度和，记作 $AC = AB + BC$；线段 AB 是线段 AC 与线段 BC 的差，记作 $AB = AC - BC$。由于 $AB = BC = a$，所以 AC 是 AB（或 BC）的 2 倍，记作 $AC = 2AB$。

或反过来：AB（或 BC）是 AC 的 $\frac{1}{2}$，记作 $AB = BC = \frac{1}{2}AC$。

设计意图：用线段的和、差来表示三者的关系，既是对新知的运用，也是对后面引出线段的中点作铺垫，同时要注重对文字语言、符号语言和图形语言的互化。

继续追问：如何作一条线段等于已知线段的 3 倍（即 $3a$）、4 倍、……

如果一条线段 b 是 n 条线段 a 的和，那么线段 b 是线段 a 的 n 倍，或者线段 a 是线段 b 的 n 分之一，记作 $b = na$，或 $a = \frac{b}{n}$。

设计意图：将线段的倍数由特殊推广到一般，让学生了解由特殊到一般的思维方法，启发学生思维，自主生成知识，提高学力。

（2）再由一般到特殊（当 $n = 2$ 时）：

如图 3-71 所示，线段 AC 上一点 B 把线段 AC 分成两条相等的线段 AB 和 BC，则点 B 叫作线段 AC 的中点。

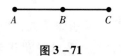

图 3-71

式子表达定义：点 B 是线段 AC 的中点；$AB = BC$，$AB = \frac{1}{2}AC$，$BC = \frac{1}{2}AC$，

$AC = 2AB$，$\cdots$.

定义的双重作用：

① 作性质用：已知点 B 是线段 AC 的中点，便可以推出

$AB = BC$，$AB = \frac{1}{2}AC$，$BC = \frac{1}{2}AC$，$AC = 2AB$，$\cdots$.

② 作判定用：如 $\because$ 点 B 在 AC 上，且 $AB = AC$，

$\therefore$ 点 B 是 AC 的中点。

追问："点 B 在 AC 上，且 $AB = BC$"中把"且"换成"或"，可以吗？

反例：①如图 3 – 72 所示，仅满足"点 B 在 AC 上"

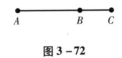

图 3 – 72

② 如图 3 – 73 所示，仅满足"$AB = BC$"

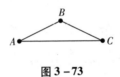

图 3 – 73

设计意图：通过分析定义的双重作用，及时渗透几何推理语言，并注重培养数学语言的严谨性（"且""或"），并且举出反例，培养积极主动探究新知，严谨学习几何的态度。

（三）小结提升，建构网络

在学生交流的基础上，教师从以下三个方面加以引导：

（1）画一条线段等于已知线段，注意作图语言表述准确、保留作图痕迹；

（2）线段的和、差、倍的画法；

（3）线段中点定义的双重性。

【教学反思】

李庚南老师认为数学教学就是数学思维的教学，思维训练是培养数学自学能力的核心。事实上，数学语言是数学思维的显性表达，在本课时教学中对于尺规作图的要求不能仅满足于操作层面，知识的内化往往伴随着数学语言的表述，在教学中要注重尺规作图与数学语言训练的统一。比如用线段的和、差来表示三者的关系，既是对新知的运用，也是对后面引出线段的中点作铺垫，同

时要注重对文字语言、符号语言和图形语言的互化。将线段的倍数关系由特殊推广到一般，让学生了解由特殊到一般的思维方法，启发学生思维，自主生成知识，提高学力。通过分析定义的双重作用，及时渗透几何推理语言，并注重培养数学语言的严谨性，培养积极主动探究新知，严谨学习几何的态度。本章学材再建构后内容知识结构图如图3-74所示：

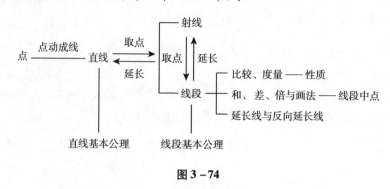

图 3-74

案例4：九年级上册第二章《一元二次方程及其解法》单元教学设计案例

下面以北师大版九年级数学上册《一元二次方程及其解法》单元教学设计为例，对如何进行知识点的单元教学设计的一些主要环节加以说明。

一、本单元教学要素分析

1. 数学分析

方程、不等式和函数是刻画现实世界的重要数学模型，三者之间互相关联。初中阶段尤为重要的是方程思想与函数思想，这两大思想几乎渗透到中学数学的各个领域，在解题中有着广泛的运用。

方程的思想，是分析数学问题中变量间的等量关系，从而建立方程或方程组，通过解方程或方程组，或者运用方程的性质去分析、转化问题，使问题获得解决。对于函数 $y=f(x)$，当 $y=0$ 时，就转化为方程 $f(x)=0$，也可以把函数式 $y=f(x)$ 看作二元方程 $y-f(x)=0$，函数与方程这种相互转化的关系十分重要。几何中有关线段、角、面积、体积的计算，经常需要运用列方程的方法加以解决。

2. 课标分析

理解配方法，能用配方法、公式法、因式分解法解数字系数的一元二次方程。

3. 教材分析

（1）教材对比分析。从表 3 - 5 所示，不同版本的教材对一元二次方程的解法要求基本相同，大致分为三种解法，共 5 课时完成，而且教学顺序依次是配方法、公式法和因式分解法。不同的是其中除北师大版将三种解法设计为三小节外，其余版本都将三种解法设计为一个小节，而且人教版将课题确定为"21.2 降次——一元二次方程的解法"，很显然强调降次是解一元二次方程的基本思想，而分解因式可以达到降次的目的。所以，可以将一元二次方程的解法作为一个教学单元进行整体设计，将三种解法的教学顺序调整为因式分解法、配方法和公式法，安排 3 课时完成，并将三种解法作为单元教学的第 1 课时一次完成，这样使学生对解一元二次方程的思想与方法有一个整体认识和系统地掌握。

表 3 - 5

北师大版（2011 版课标）（九上） 第二章　一元二次方程 2. 用配方法求解一元二次方程 3. 用公式法求解一元二次方程 4. 用因式分解法求解一元二次方程	新人教版（九上） 21.2 解一元二次方程
	华东师大（九上） 23.2 一元二次方程的解法
人教版（九上） 21.2 降次——一元二次方程的解法 21.2.1 配方法 21.2.2 公式法 21.2.3 因式分解法	苏教版（九上） 1.2 一元二次方程的解法

（2）教材地位和作用。

解方程的过程就是一个沟通"未知"与"已知"的过程，其本质思想是化归，因而在方程解的探索中力图通过"未知"与"已知"、"二次"到"一次"、复杂问题与简单问题的转化、特殊与一般的转化等渗透转化、归纳等数学思想。

转化是一种重要的数学思想。在本单元中，反映转化思想的内容十分广泛。如配方法把方程化为 $(x+m)^2 = n$ 的形式，体现了数学形式的转化；公式法直接利用公式把方程中的"未知"转化为"已知";因式分解法通过"降次",把一元二次方程转化为两个一元一次方程等。在教学过程中,教师要有意识地突出体现转化的思想。这些数学思想方法的渗透,对培养学生自主建构能力非常重要,为以后学习解高次方程打下基础,也为灵活运用多种方法解决问题打开思路,从而引导学生学会自主建构,学会学习。

4. 学情分析

学生在前面已经学习了解一元一次方程(七年级上册)、二元一次方程组(八年级上册)、可化为一元一次方程的分式方程(八年级下册)等,初步感受了解方程的思想和方法。在八年级还学习了开平方、因式分解等。从知识结构上看他们已经具备了继续探究一元二次方程解法的基础,九年级这个阶段的学生自主探究和合作交流的能力已很强。

5. 重难点

重点是一元二次方程的解法;难点是如何理顺配方法、公式法、因式分解法之间的关系,进而选择最合适的解法。

6. 教学方式

自主探究、合作交流、相机引导。

二、本单元教学目标

(1)理解配方法,能用配方法、公式法、因式分解法解数字系数的一元二次方程,并在解一元二次方程的过程中体会转化等数学思想;

(2)建立解一元二次方程的基本思想、具体方法和理论依据的知识体系框架;

(3)经历一定的自主探究、合作交流活动,进一步发展学生自主探究、合作交流的能力。

三、本单元教学流程设计(共3课时)

第1课时:引导学生自主建构解一元二次方程的基本思想、具体方法和理论依据的知识体系框架。

第2课时:在这一基础上进行例题教学,重点是配方法与公式法。

第3课时:综合习题研究,根据方程特征选择合适的解法,提升学力,达成本单元目标。

四、课时案例

《一元二次方程及其解法》单元教学（第 1 课时）

【教学目标】

建立解一元二次方程的基本思想、具体方法和理论依据的知识体系框架。

【教学过程】

（一）问题引入

你会解下列方程吗？

① $x^2 - 4 = 0$；② $4x^2 - 3x = 0$；③ $x^2 - 2x - 15 = 0$.

（二）引导学生探讨解方程的基本思想和具体方法

（1）自主研究由已有知识能否求得方程① $x^2 - 4 = 0$ 的解。

方法一：由平方根的意义求得方程的解为：$x_1 = 2$，$x_2 = -2$，教师启发学生一起给出解法名称为直接开平方法。

方法二：根据因式分解的知识和"如果两个因式的积等于 0，那么这两个因式中至少有一个等于 0；反过来，如果两个因式有一个等于 0，它们的积就等于 0，可以解方程。教师启发学生一起给出解法名称为因式分解法。

（2）小组讨论方程②、③的解法。（用因式分解法）

（三）教师引导学生进一步研究、概括

解一元二次方程的基本思想：降次，转化为一元一次方程来解。

降次方法：直接开平方法、因式分解法。

教师提问：如何通过适当变形，运用直接开平方法来解方程③？

学生独立思考后，经过小组交流讨论，自主学会了配方法。

教师在肯定了学生自主学习的积极主动性和取得的成果的基础上指出：把方程变形为左边是一个完全平方公式，如果右边是非负数，就可以进一步通过直接开平方法求出方程的解，这种解法叫作配方法。用配方法来解一般形式的一元二次方程 $ax^2 + bx + c = o$ （$a \neq 0$），若有解，则它的解是用含系数 a、b、c 的式子来表示的，这就是一元二次方程的求根公式，以后可以直接用这个公式来求一元二次方程的解。这种解法称为公式法。

综上，一元二次方程的解法有：直接开平方法、因式分解法、配方法、公式法。后续课我们将深入研究配方法和公式法。

（四）师生共同回顾学习过程，总结学习经验

（1）对于知识，要注重知识形成的过程、知识的本质以及知识间的相互

联系。

（2）学习方法：要学会观察现象，概括本质或规律，善于积极主动猜想、联想，探究未知。

（3）数学思想：转化、归纳、特殊——一般。

（五）作业

课本习题，研究运用配方法、公式法解一元二次方程。

【板书设计】

本节课研究的知识结构（见图3－75）：

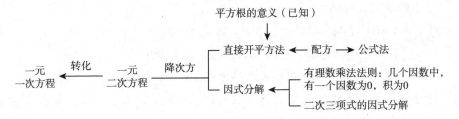

图3－75

【教学反思】

按常规教学，本单元内容是将一元二次方程的四种基本解法，一种方法一种方法地学、练，最后综合练四种方法。这是先让学生学习"部分"，而后到"整体"的方法。本课时采用了反常规的教学方法。由于一元二次方程的四种解法的指导思想一致，且相互间又有转化关系，所以首先帮助学生建立知识体系框架，后续课再让学生站在知识"整体"的高度，自主而深入地研究知识整体的各个"局部"，因而需要重新组织教学内容。

第四章

"三学"理念下初中数学课堂教学基本理论

任何教学研究，实践是第一位的。但如果仅仅停留在实践，没有深入的思考和理论上的提升，实践就难有突破和创新。教学是科学，也是艺术，有其自身发展的规律。唯有认真学习研究，才能取得好的教育教学效果。在"三学"理念下的初中数学课堂教学实践过程中，主要用到了以下理论。

第一节　高效课堂

实现有效教学、高效课堂是《标准》理念的诠释，也是"三学"理念数学课堂教学的根本追求。

有效教学强调师生交往、积极互动、共同发展，认为教学是课程创新与开发的过程，倡导自主学习、合作学习和探究性学习。高效课堂是有效教学的直接体现。

高效课堂指以尽可能少的时间、精力和物力投入，取得尽可能好的教学效果。好的教学效果体现在效率的最大化和效益的最优化两个方面，包括课堂40分钟内学习目标的达成度、课堂容量、学生受益量、课内外学业负担、学生对数学课程的兴趣、习惯养成、学习能力、思维能力与品质等诸多因素的发展。

效率的最大化与效益的最优化是互补的。只有效率的最大化或只有效益的最优化的课堂都不是真正意义上的高效课堂。只有两者和谐统一，在教学时间、教学任务量、教学成果等方面都有突破，高效课堂才能形成。简单来说，高效课堂要求负担轻、低消耗、全维度、高质量，是国家的"双减"政策的落实与体现。

第二节　"建构主义"教学理论

一、"建构主义"理论

瑞士心理学家让·皮亚杰（J. Piaget，1896—1980）认为，知识既不是客观的东西，也不是主观的东西，而是个体在与环境交互作用的过程中逐渐建构的结果。他的理论既不是经验论，也不是活力论。学生认知的发展是受三个基本过程影响的：同化、顺应、平衡。同化指个体对刺激输入的过滤和改变的过程，即个体在感受到刺激时把它们纳入原有的图式之中，使其成为自身的一部分；顺应是指有机体调节自身的内部结构以适应新刺激的过程；平衡是指个体通过自我调节机制，使认知从一个平衡状态到另一个更高级平衡状态的过渡过程，平衡具有动态性。"智慧行为依赖于同化与顺应这两种机能从最初的不稳定平衡过渡到逐渐稳定的平衡"（皮亚杰，1980 年），学习不是个体获得越来越多的外部信息的过程，而是学得越来越多的有关他们认识事物的程序，即建构新的认知图式。同化是认知结构数量的扩充，而顺应则是认知结构性质的改变。认知个体通过同化与顺应这两种形式来达到与周围环境的平衡：当儿童能用现有图式去同化新信息时，他处于一种平衡的认知状态；而当现有图式不能同化新信息时，平衡即被破坏，而修改或创造新图式（顺应）的过程就是寻找新的平衡的过程。儿童的认知结构就是通过同化与顺应过程逐步建构起来，并在"平衡—不平衡—新的平衡"的循环中得到不断地丰富、提高和发展。

建构主义源于儿童认知发展的理论，由于个体的认知发展与学习过程密切相关，因此利用建构主义可以比较好地说明人类学习过程的认知规律，即能较好地说明学习如何发生，意义如何建构，概念如何形成，以及理想的学习环境应包含哪些主要因素等。借助于数理逻辑中的运算概念，皮亚杰将儿童的认知能力的发展按照年龄分成了四个阶段：感知运动阶段（0～2 岁）、前运算阶段（2～7 岁）、具体运算阶段（7～11 岁）、形式运算阶段（11 岁～成年）。儿童在不同智力阶段都有自己的特征，表现出与前面阶段的不同认知能力，体现了儿童适应环境的新方式。其中，形式运算阶段就是命题运算思维，这一阶段，儿童思维接近于成人思维、达到成熟的思维形式；在这个阶段里，儿童不需要依赖具体运算去说明和描述合理的抽象作用，对抽象的问题能够用逻辑法则进行推理，即具有根据假设进行推理的能力，能进行归纳和演绎推理而且能用推理的方法进行论证。影响儿童智力发展的主要因素有四个：成熟、经验、环境和平衡。成熟是智力发展的必要条件，为思维的发展提供可能性；经验包括物理的经验和数理逻辑的经验两种形式；环境包括社会生活、文化教育、语言等。环境对人的影响远大于经验，特别是文化教育可以促进智力的发展；平衡即调节，是发展中的最主要因素，是不断成熟的内部组织和外部环境的互相作用。学习是经过发生抽象和创造的过程，在原有图式的基础上构建新图式。

建构主义理论的核心是：以学生为中心，强调学生对知识的主动探索、主动发现和对所学知识意义的主动建构。以学生为中心强调的是"学"；以教师为中心强调的是"教"。建构主义关注如何以原有的经验、心理结构和信念为主来建构知识，强调学习的主动性、社会性和情境性。课本知识是一种关于各种现象的假设，而不是问题的唯一答案；在学生建构自己的知识的过程中，现有的知识经验和信念起重要的作用；教学中，主张师生、生生之间进行丰富多样的交流、讨论和合作来解决问题，提倡合作学习和交互教学；学习可分为初级学习和高级学习两种不同的层次，学生对现有知识的学习需要走向思维中的具体，要重视活动性学习的重要作用。

数学学习并非一个被动地接受过程，而是主动在自己的头脑中建构与发展数学认知结构的过程。这个过程中，学生以其已有的知识和经验为基础，基于个人对经验的操作交流，通过反省来主动建构。主体认知活动的建构过程主要有两个方面：其一是同化，即把认知对象直接纳入已有的认知结构中；其二是顺应，即当已有的认知结构无法容纳新的对象时，主体必须对其进行分化、异动、重组，以实现与新客体的适应。数学教学是数学认知结构建构的教学，教师要以学生的数学认知结构的特点及其变化规律为依据，对数学教学的过程进行精心地设计、组织、协调、监控和评价，以确保意义建构目标的实现。建构主义的学习观本质上是对人的主体价值观予以充分尊重的学习观，体现了学习论的发展方向，也为"三学"理念下的数学课堂教学提供了依据。

二、"建构主义"教学观

建构主义提倡在教师指导下的、以学习者为中心的学习，也就是说，既强调学习者的认知主体作用，又不忽视教师的指导作用。教师是意义建构的帮助者、促进者，而不是知识的传授者与灌输者；学生是信息加工的主体、是意义的主动建构者，而不是外部刺激的被动接受者和被灌输的对象。学生要成为意义的主动建构者，就要在学习过程中从以下几个方面发挥主体作用。

（1）要用探索法、发现法去建构知识的意义；

（2）在建构意义过程中学生要主动去搜集并分析有关的信息和资料，对所学习的问题要提出各种假设并努力加以验证；

（3）要把当前学习内容所反映的事物尽量和自己已经知道的事物相联系，并对这种联系加以认真思考。"联系"与"思考"是意义构建的关键。如果能把联系与思考的过程与协作学习中的交流、讨论过程结合起来，则学生建构意义的效率会更高、质量会更好。

教师要成为学生建构意义的帮助者，就要在教学过程中从以下几个方面发挥指导作用。

（1）激发学生的学习兴趣，帮助学生形成学习动机；

（2）通过创设符合教学内容要求的情境和提示新旧知识之间联系的线索，帮助学生建构当前所学知识的意义；

（3）为了使意义建构更有效，教师应在可能的条件下组织开展讨论与交流，并对协作学习过程进行引导，使之朝有利于意义建构的方向发展。引导的方法包括：提出适当的问题以引起学生的思考和讨论；在讨论中设法把问题一步步引向深入以加深学生对所学内容的理解；要启发诱导学生自己去发现规律、自己去纠正和补充错误的或片面的认识。

体现以学生为中心，建构主义可以从三个方面努力：要在学习过程中充分发挥学生的主动性；要能体现出学生的首创精神；要让学生有多种机会在不同的情境下去应用他们所学的知识（将知识"外化"）；要让学生能根据自身行动的反馈信息形成对客观事物的认识和解决实际问题的方案，实现自我反馈。

三、"建构主义"的教学模式

根据建构主义的学习论和教学论，建构主义的数学教学模式主要有三种形式：情境教学、随机访问教学、支架式教学。

情境教学是指创设含有真实事件或真实问题的数学情景，学生在探究事物或解决问题的过程中自觉地理解数学知识、建构意义。其中的情境如同轮船的"锚"一样，因此也叫抛锚式教学。它的第一特征是学生中心；第二特征是情境中心；第三特征是问题中心。

随机访问教学指对同一教学内容在不同时间、不同情境、基于不同目的、着眼于不同方面，用不同方式多次加以呈现，以使学生对同一内容或问题进行多方面探索和理解，获得多种意义的建构。

支架式教学是在维果茨基的"最近发展区"理论的基础上提出来的，就是通过提出一套恰当的概念框架来帮助学生理解特定数学知识，建构知识意义的教学模式，借助于该概念框架，学生能够独立探索并解决问题、独立建构意义。

总之，在建构主义思想指导下可以形成一套新的、比较有效的认知学习理论，并在此基础上实现较理想的建构主义学习环境。"三学"理念下的数学课堂教学就是以此理论为基础展开的。

第三节　"最近发展区"理论

著名苏联心理学家维果茨基（Lev Vogotsgy，1896—1934）提出的"文化历史发展理论"，强调认知过程中学习者所处社会文化历史背景的作用，并提出了"最近发展区"的理论。所谓"最近发展区"是指儿童有两种发展水平：一是儿童的现有水平，即由一定的已经完成的发展系统所形成的儿童心理机能的发展水平；二是即将达到的发展水平。这两种水平之间的差异就是最近发展区。也就是说，儿童在有指导的情况下，借助成人帮助所能达到的解决问题的水平与独立解决问题所达到的水平之间的差异，实际上是两个邻近发展阶段间的过渡。维果茨基认为，个体的学习是在一定的历史、社会文化背景下进行的，社会可以为个体的学习发展起到重要的支持和促进作用。维果茨基区分了个体发展的两种水平：现实的发展水平和潜在的发展水平。现实的发展水平即个体独立活动所能达到的水平；而潜在的发展水平则是指个体在成人或比他成熟的个体的帮助下所能达到的水平，这两种水平之间的区域即"最近发展区"。最近发展区也有"跳一跳，够得着""跳一跳，摘桃子"等说法。

"最近发展区"不是处于同一水平上的静止状态，而是人的学力由现有发展水平上升到潜在发展水平必须经历的步步提升、由低到高的动态发展过程。在践行"最近发展区"理论时，切忌以静止不变的眼光和简单化、一刀切的心态看待学生，而是要用全面的、发展的观点对待每个学生，做到因人施教、恰到好处；因时施教、教当其时；区别对待、各得其所。苏霍姆林斯基认为，教育首先就是人学，教育人首先要了解人。不了解孩子，不了解他的智力发展，他的思维、兴趣、特长、禀赋、倾向，就谈不上教育。了解和研究学生是掌握艺术教育的"基本功"，"了解儿童，就是教育理论和实践的最重要的交接点"。可以这么说，不深入了解学生，就不能正确地对待每一位学生，也就不可能真正地理解和实践好"最近发展区"理论。

第四节 "以学论教"理论

教与学的关系是贯穿教学活动的基本问题，是教学改革和教学理论的永恒话题。"以学论教"就是主张要把"学"放在首位，把学习的主动权交给学生，教是为了学、基于学、适应学，根据学来研究、确定怎样教，进而引导和推进学。具体地说主要有两点。

一、教要从学生的实际学情出发

所谓学情，指学生的生活经验、原有基础、潜在能力以及学习意向等。它具有相对的稳定性，又有一定的变化性。辩证唯物主义认识论认为，认识是人脑对客观世界的反映。没有客观存在的世界，人的认识就失去了反映对象而不复存在。反之，没有具有一定思维技能的人脑，客观存在的事物则无法得到反映，也就不会产生人的认识。由此可见，处于一定历史条件和社会关系中的人，是认识的主体；作为主体实践与反映指向的对象，是认识的客体。学生作为学习认识的主体，在学习过程中，也具有这种认识的能动性和差异性。在教学中，教师确定教学要求、组织教学内容、选择教学方式，除了要研究"课标"、教材以外，还一定要深入了解学情，充分考虑到学生的实际，并且以此为出发点，确定教什么、怎么教。这样才能达到教与学，亦即主观与客观的统一，达到预期的教学效果。坚持以学论教，其实质是从实际出发，在教学实践中体现实事求是的认识论思想。

二、教要遵循学生的学习规律，教程基于学程

法国著名教育家卢梭在他的小说体教育巨著《爱弥尔》中写道："儿童时期自有儿童时期的观察、思考和感觉的方法，企望以成年人的方法代替儿童的方法，那是最愚笨的事。"他强调，"要尊重儿童""要把儿童当作儿童"。学习作为青少年学生的一种重要的智力活动，要与他们的年龄特征相符合。教要符合学的规律，就一定要深入研究与正确处理好教师组织教学过程，即"教程"和学生的学习过程即"学程"的关系。

教学是师与生、教与学的双边活动。所谓学程是一个以学生为主体，与教程相对应的概念，是指学生在一定的学习情境中，按照一定的教育教学目的、

内容进行学习探索，并且获得预期的最佳效果，达到身心发展、素质提高的科学化、规律化的过程。正如陶行知先生说的，"先生的责任不在教，而在教学，而在教学生学""教的法子必须根据学的法子""怎么学就怎么教"。贯彻以学论教原则，遵循学生学习的规律，不仅教程要依据学程，还要善于发挥教育主体的作用，开发利用教育资源，运用学生学习规律，做到以"学"导学，教与学统一，实现以学论教的更高境界。所谓教研，就是要从教的角度研究学。而这种研究想要彻底有效，就必然要做到从学的角度来研究教，其实质就是学法的研究，就是对学程的研究。

总之，无论是教要从学情出发、教程要基于学程，还是教要有利于学生的最佳发展，都一定要强调好师生的角色定位。教师要树立正确的教学服务观，真正成为学生学习的参与者、引导者、服务者和辅助者。这既是"以学论教"的内涵之一，同时也是践行"以学论教"理论的重要前提，一定要在教学理念和教学实践上认真解决好。这样，才能真正实现教是为了学、基于学、引导学，教与学的和谐统一。

第五章

"三学"理念下初中数学课堂教学重点课型

初中数学课堂教学的课型很多，不同的教学内容需要不同的课型去解决问题，这样才能做到因材施教，才能获得教学的最大收益。经过笔者近 26 年的归纳总结，"三学"理念下的初中数学课堂教学重点课型包括以下几种。

第一节　初中数学概念课

一、数学概念及其分类

数学概念有两个层次。一个是《标准》"十个核心概念"范畴的概念，如数感、符号化、几何直观、空间观念等，属于广义的数学概念。另一个层次是代表知识点的具体的数学概念，属于数学"四基"中的"基础知识"范畴，如：有理数、数轴、绝对值等数学概念，属于狭义的数学概念。初中数学课堂教学专指狭义的、具体的数学概念的教学。这类数学概念是数学教学的起点和终点，是数学教学的核心和灵魂。初中数学的具体概念有三种类型：描述型概念、发展型概念、基础型概念。

描述型概念指借助具体的例子给出描述性定义，如：线段、直线、射线、数轴、正数、二次根式、同位角等。

发展型概念指表述形式随学段的变化而有所变化的概念，如：角、函数、圆等。

基础型概念是指有较规范的定义，且表述形式在后续学习中不发生变化的概念，如：绝对值、方程、比、比例、一次函数、反比例函数等。这种概念在

101

初中阶段所占比例最高。

二、数学概念课设计的策略

不同数学概念教学设计的策略一般是不同的。描述型概念的教学当以形取意。如：方程 $x = 1$，一元二次方程 $ax^2 + bx + c = 0$（$a \neq 0$），二次根式 $\sqrt{2}$ 等。这些概念应该从"原形"上去分析，注重其外形的理解和描述，不追究其内在的数学本质和"化简形"。发展型概念的教学当轻形重意。如：圆的概念学习。教材中的叙述是"圆是平面上到定点的距离等于定长的所有点组成的图形"。教学中，不必刻意要求学生记忆此概念。教学的重点是引导学生画图，并在画图的过程中渐渐体会圆的特征：圆上各点到圆心的距离等于定长；平面内到定点的距离等于定长的点都在同一个圆上。基础型概念的教学当形意兼备，循序渐进。例如，绝对值概念的学习。教学中，从 2 和 -2 的数轴上表示、位置关系、符号关系、定义、代数定义、分类思想等方面进行分析。因为这个概念在以后的学段中要反复运用，加深理解是很必要的。

三、如何上好数学概念课

按照学习理论，人类获取概念的方式主要有两种：概念的形成和概念的同化。这两种模式的本质是一样的，目的都是掌握同类事物的关键属性，在头脑中建立良好的概念认知图式。

概念的形成指从大量的具体事例出发，归纳、概括出一类事物的共同本质属性的过程，对应了发现学习的过程。概念的同化指学生利用原有的认知结构中的观念来理解、接纳新概念的过程，对应了有意义接受学习的过程。

概念课是由一些特殊的对象类比、归纳出一般性结论。概念课教学的要素主要包括以下几点：

（1）概念的引入。从数学概念体系的发展过程或解决实际问题的需要引入概念。

（2）概念的形成。提供典型丰富的具体例证，进行属性的分析、比较、综合，概括共同本质特征，得到本质属性。

（3）概念的明确与表示。下定义是指给出准确的数学语言描述，这种描述可以是文字的、符号的、图形的。

（4）概念的辨析。以实力为载体分析关键词的含义，并恰当使用反例。

（5）概念的巩固应用。用概念判断具体事例，形成用概念做判断的具体步骤。

（6）概念的精致化。纳入概念系统，建立与相关概念的联系。

（7）概念的思想与文化。进行类比，渗透数学思想、概念的背景、历史与文化等。有些概念的形成可以没有此要素。

以上要素在教学设计中生成以下主要环节：背景引入、概括、典型例证、概括本质属性、定义概念、正反例辨析、判断实例、精致概念等。其中的核心环节应该是概括，这种概括一般从背景、思想、应用等方面去进行。

四、数学概念课案例

北师大版七年级上册《整式》教学设计

【教学目标】

（1）在现实情境中让学生经历用字母表示数量关系的过程，进一步理解字母表示数的意义，发展符号感。

（2）了解单项式、多项式、整式产生的背景，理解单项式、多项式的相关概念。

（3）通过观察、分类、归纳，进一步培养学生语言表达能力，认识特殊与一般的辩证关系。

【教学重难点】

（1）教学重点：掌握单项式和多项式的特征，能正确求出整式的次数。

（2）教学难点：理解多项式的项和次数的概念，以及特殊的单项式的系数和次数。

【教学过程】

（一）创设问题情境，引导学生通过观察、类比、概括建构单项式、多项式的概念

1. 列代数式，并对结果根据特征进行分类

（1）一盒粉笔的价格为 a 元，四盒粉笔的价格为_____元。

（2）某同学一天上 m 节课，n 天的上课数为_____节。

（3）长方体的长和宽均为 a，高是长的 $\frac{1}{2}$，则体积为_____。

（4）设 n 表示一个不为 0 的数，则它的相反数是_____。

（5）一盒粉笔的价格为 a 元，一个黑板擦的价格为 b 元，四盒粉笔和一个黑板擦的价格共为_____元。

（6）温度由 t℃下降5℃后，为_____℃。

(7) 买一个篮球需 x 元，一个排球需 y 元，一个足球需 z 元，买 3 个篮球、5 个排球、2 个足球共需_____元。

设计意图：使学生了解单项式、多项式、整式的实际背景，进一步理解字母表示数的意义，发展符号感。

2. 根据上题分类特征，提炼建构单项式、多项式的概念

像 $\frac{\pi}{16}b^2$，$4a$，mn，$\frac{1}{2}a^2$，$-n$ 等都是数与字母的乘积，这样的代数式叫作单项式。单独一个数或一个字母也是单项式。

单项式的概念：由数与字母的乘积组成的代数式叫作单项式。单独一个数或一个字母也是单项式。

注意：(1) 数与字母的乘积；(2) 单独一个数或一个字母也是单项式；(3) 分母中出现字母的式子一定不是单项式。

像 $4a+b$，$t-5$，$3x+5y+2z$，$ab-4c^2$，$ab+ac+bc$ 等都是几个单项式的和，这样的代数式叫作多项式。

多项式的概念：几个单项式的和叫作多项式。

整式：单项式和多项式统称整式。(利用字母在一个代数式中是在分子还是在分母上来判断一个式子是否是整式)

3. 分析单项式、多项式结构特征，建构单项式、多项式的相关概念

单项式的系数：单项式中的常数因数叫作这个单项式的系数。如 $\frac{\pi}{16}b^2$ 的系数是 $\frac{\pi}{16}$，$-n$ 的系数是 -1，a 的系数是 1，3 的系数是 3。

单项式的次数：所有字母指数的和叫作这个单项式的次数。如 $\frac{\pi}{16}b^2$ 的次数是 2 次，$12a^3b$ 的次数是 4 次，a 的次数是 1 次，3 的次数是 0 次。

多项式的项：在多项式中，每个单项式叫作多项式的项。如多项式 $ab-\frac{\pi}{16}b^2$ 是 ab 与 $-\frac{\pi}{16}b^2$ 两项的和，多项式 $3x+5y+2z$ 是 $3x$、$5y$ 与 $2z$ 三项的和。

多项式的次数：一个多项式中，次数最高的项的次数，叫作这个多项式的次数。如 $ab-4c^2$ 是 2 次的，a^2b-3a^2+1 是 3 次的。

(二) 通过简单的练习，进一步理解概念

1. 下列整式哪些是单项式？哪些是多项式？它们的次数分别是多少？单项式的系数分别是多少？多项式的项数分别是多少？

ab，$\dfrac{\pi}{16}b^2$，a^2h，$\dfrac{2}{5}x$，m^2n^2，$ab+ac+bc$，$ab-\dfrac{\pi}{16}b^2$，$\dfrac{1}{2}a^2b^2-\dfrac{1}{3}m^2n^2$。

注意：利用字母在一个代数式中是在分子还是在分母上来判断一个式子是否是整式。

2. 小红和小兰房间窗户的装饰物如图 5-1 所示，它们分别由两个四分之一圆和四个半圆组成（半径分别相同）。

（1）窗户中能射进阳光的部分的面积分别是多少？（窗框面积忽略不计）哪个房间的采光效果好？

（2）上面的整式是单项式还是多项式？它们的次数分别是多少？

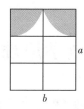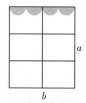

图 5-1

（三）师生共同小结，建构知识结构

鼓励学生结合本节课的学习谈自己的收获与感想（学生畅所欲言，教师给予鼓励），包括整式的概念、怎样区分单项式与多项式、怎样求整式的次数、从中学到了哪些数学思想和方法等。

（四）布置作业

教材 89 页习题第 3、4 题

【板书设计】

1. 知识结构（见图 5-2）

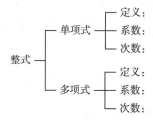

图 5-2

2. 研究方法

特殊——一般——特殊。

3. 思想方法

类比、化归、分类的思想。

【课后反思】

本课时的教学内容通过对所列几个简单的代数式进行分析，类比引出单项式、多项式、整式及其相关概念。然后再通过一个具体的情境让学生巩固练习，将教学活动推向高潮，引发学生联想，进一步拓展学生的思维。教学中要充分利用实际的背景，争取让学生主动参与其中，通过丰富有趣的活动让学生经历符号化的过程。

第二节　初中数学原理课

数学原理包括公式、法则、公理、定理、图示等。这些原理的学习水平与课程标准目标中的掌握、运用层次的实现关系密切，属于较高层次要求的范畴。

数学原理教学的本质是一种理解性学习，不属于记忆性和操作性的学习。教学活动中应该注重引导学生经历知识的产生和形成过程，简化教学程序，加强数学原理内涵的本质理解，避免过分强调复述记忆的环节，减少假性理解。这种理解是获得数学知识和技能的前提，可以帮助学生完善认知结构，形成基本能力，建构自我的知识结构体系。只有理解性的数学学习，才能提高学生发现问题、提出问题、解决问题的能力以及良好的思维品质。只有理解了原理，才能应用迁移。由于数学原理的形成是一项自主活动，理解的过程能促进学生积极参与数学活动，培养合作交流与表达能力。

影响学生学习数学原理的因素包括内部因素和外部因素，学生自身的数学能力、习惯、方法等属于内部因素，数学原理的呈现方式等属于外部因素。

例如，几何定理的学习过程，实际上是合情推理与演绎推理发展的过程。是主动内化的过程，也是文字语言、符号语言、图形语言建立对应的过程，主要有猜想、探究、归纳、证明、运用等环节。先对某些条件下的图形所具有的共同特征进行概括，大胆猜想是否还存在其他结论，然后经过观察测量、对比分析和实践操作等数学探究活动探究得出结论。再以已学过的几何概念、定理、公理为依据进行推理验证，最后在学生认可事实的基础上应用定理。教学中充满了理解性学习的要素。

《求解一元一次方程》（北师大版七年级数学上册第六章）

【学习目标】

（1）会利用等式的基本性质求解一元一次方程，并通过具体的例子，掌握求解一元一次方程的基本方法，包括移项、去括号、去分母等。

（2）结合具体一元一次方程的求解，了解求解一元一次方程的一般步骤，并会灵活应用。

（3）体会解一元一次方程中的转化思想。

【学习重难点】

（1）教学重点：会解一元一次方程，并归纳解一元一次方程的步骤。

（2）教学难点：掌握一元一次方程的解法、步骤，并灵活运用解法解答相关题目，体会转化思想。

【学习过程】

（一）回顾等式的基本性质及其根据等式的基本性质求解简单的一元一次方程

1. 等式的基本性质有哪些？

2. 利用等式的基本性质求解下列方程：$5x - 2 = 8$；

学生根据等式的基本性质求解方程，体会利用等式的基本性质求解方程的方法。

学生求解：$5x - 2 = 8$；

解：方程两边都加上 2 得：$5x - 2 + 2 = 8 + 2$

化简得：$5x = 10$

方程两边同时除以 5 得：$x = 2$

（二）在问题解决的情境中，呈现用移项求解一元一次方程的方法，引导学生通过观察、归纳，独立发现移项法则

1. 提出问题

观察解答过程并思考：哪些项的位置发生了变化，符号变化了吗？

解：方程两边都加上 2 得：$5x = 8 + 2$

化简得：$5x = 10$

方程两边同时除以 5 得：$x = 2$

学生独立思考，根据解题过程，总结移项的定义，并强调移项要变号。

师生共同总结移项的定义与法则：

把原方程的某一项改变符号后，从方程的一边移到另一边，这种变形叫

移项。

注意：移项要改变符号。

因此可以这样解：

解：移项：$5x = 8 + 2$

化简得：$5x = 10$

方程两边同时除以 5 得：$x = 2$

2. 学生独立完成练习

解下列方程：（1）$2x + 6 = 1$；（2）$3x + 3 = 2x + 7$。

学生独立完成，然后交流，互相评价，最后全班总结。

3. 全班总结

移项的法则：移项是把原方程的某一项改变符号后，从方程的一边移到另一边。

（三）提供实例，引导学生在积极主动的数学活动中，建构用去括号求解一元一次方程的方法

1. 学生独立计算

（1）$3x = 8 + 2(x - 7)$；（2）$4(x + 0.5) + x = 7$。

2. 交流求解过程和依据

（1）$3x = 8 + 2(x - 7)$

解：$3x = 8 + 2x - 14$（乘法分配律）

移项得：$3x - 2x = 8 - 14$（移项法则）

合并同类项得：$x = -6$

（2）$4(x + 0.5) + x = 7$

解：$4x + 2 + x = 7$（乘法分配律）

移项得：$4x + x = 7 - 2$（移项法则）

合并同类项得：$5x = 5$

系数化 1 得：$x = 1$

3. 小结，归纳

学生根据乘法分配律把带有括号的一元一次方程转化为没有括号的一元一次方程，进而用移项法则求解方程。

注意：去括号时，注意括号前面的符号。

解方程的基本步骤：

①去括号；②移项；③合并同类项；④未知数的系数化为 1。

4. 拓展练习，掌握解方程的不同方法

例：解方程 $-2(x-1)=4$

学生独立完成，思考有没有不同的解法。

方法一：去括号，得：$-2x+2=4$

移项得：$-2x=4-2$

化简得：$-2x=2$

系数化为 1 得：$x=-1$

方法二：方程两边同时除以 -2 得：$x-1=-2$

移项得：$x=-2+1$

即 $x=-1$

教师鼓励学生灵活解题，培养学生分析问题和解决问题的能力，拓展解题思路，引导学生了解解决问题的多样性。

（四）提供实例，引导学生在积极主动的数学活动中，建构用去分母求解一元一次方程的方法

1. 学生独立计算

根据去括号求解一元一次方程的方法，学生完成如下练习。

例 1：解方程：$\frac{1}{7}(x+14)=\frac{1}{4}(x+20)$

解：去括号得：$\frac{1}{7}x+2=\frac{1}{4}x+5$

移项得：$\frac{1}{7}x-\frac{1}{4}x=5-2$

合并同类项得：$-\frac{3}{28}x=3$

系数化为 1 得：$x=-28$

2. 师生共同观察、探究不同的解法，引出去分母求解一元一次方程

教师引导学生观察：该方程与前面讲解的方程有什么不同？

学生观察：前面的方程系数都为整数，而这个方程的系数出现了分数。

教师提问：能否把分数系数化为整数？

学生观察、思考后回答：左边方程乘 7 的倍数，右边方程乘 4 的倍数，就可以去掉分母，把分数化为整数，所以根据等式的基本性质 2，在方程的左右两边同时乘一个既是 7 的倍数也是 4 的倍数，28 即可。

教师总结：当方程的系数是分数时，我们可以根据等式的基本性质 2，在方程两边同时乘所有分母的最小公倍数，这种方法叫作去分母求解一元一次

方程。

（1）教师示范解题过程，师生共同总结归纳求解一元一次方程的一般步骤。

解：根据等式的基本性质2，方程两边同时乘以28，

去分母得：$4(x+14)=7(x+20)$

去括号得：$4x+56=7x+140$

移项得：$4x-7x=140-56$

合并同类项得：$-3x=84$

系数化为1得：$x=-28$

总结：解一元一次方程，一般要经过去分母、去括号、移项、合并同类项、系数化为1等步骤，把一个一元一次方程"转化"为$x=a$的形式。

（2）学生练习掌握解一元一次方程的步骤，并感知每一步骤的依据。

例2：解方程：$\frac{1}{5}(x+15)=\frac{1}{2}-\frac{1}{3}(x-7)$

解：去分母得：$6(x+15)=15-10(x-7)$

去括号得：$6x+90=15-10x+70$

移项得：$6x+10x=15+70-90$

合并同类项得：$16x=-5$

系数化为1得：$x=-\frac{5}{16}$

学生在教师的引导下，自主完成练习，并思考每一步骤的依据，小组互相交流讨论，并检验自己的解是否正确。

强调：学生根据自己自主练习与小组讨论交流，最后全班总结，总结解一元一次方程应注意的事项：①不漏乘不含分母的项；②注意给分子添括号；③去括号注意括号前面的符号；④移项注意改变符号。

（五）回顾反思，总结提升

（1）依据典型例题，师生共同建构解一元一次方程的步骤与依据

解方程：$\frac{1}{7}(x+14)=\frac{1}{4}(x+20)$

解：去分母得：$4(x+14)=7(x+20)$………去分母（等式的基本性质2）

去括号得：$4x+56=7x+140$………去括号（乘法分配律，去括号法则）

移项得：$4x-7x=140-56$………移项（等式的基本性质1）

合并同类项得：$-3x=84$………合并同类项（合并同类项法则）

系数化为1得：$x=-28$………系数化为1（等式的基本性质2）

（2）思想方法：转化思想

（六）课外作业

1. 反思、总结本节课所学的内容与方法

掌握解一元一次方程的步骤与依据，并反思每一步易错的知识点。

2. 书面作业

（1）思考、交流、梳理所学知识，归纳总结完成自制表格。

（2）完成下列练习：解下列方程：

①$\dfrac{3-x}{2}=\dfrac{x+4}{3}$　　　　　②$\dfrac{1}{3}(x+1)=\dfrac{1}{7}(2x-3)$

③$\dfrac{2x}{3}=1-\dfrac{2x+1}{6}$　　　　　④$\dfrac{2x-1}{3}=\dfrac{x+2}{4}-1$

【板书设计】

本节课板书如图 5－3 所示：

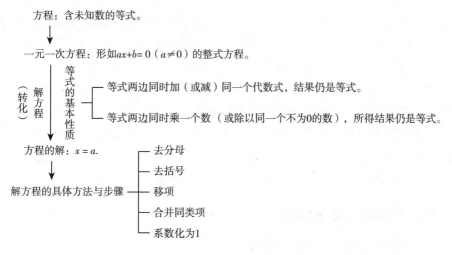

图 5－3

【课后反思】

本节内容教材分三个课时完成。第一课时要求学生利用等式基本性质解简单方程，学生经过分析、观察、归纳出移项法则，从而简化解方程的步骤。第二课时，学生体会当方程左右两边同时含有括号时，如何通过去括号法则将方程化简，再运用等式的基本性质1、2使方程变形到"$x=a$（a 为常数)"的形式。第三课时主要学习解分数系数的一元一次方程，去分母将分数系数化成整数系数，再求解一元一次方程。最后结合练习掌握求解一元一次方程的基本步骤。学生在第一节已经学习了等式的基本性质，并且会用等式的基本性质求解较简单的一元一次方程。同时学生在前面的学习中掌握了去括号法则，并会运用去括号法则去括号。

根据教学需要，笔者将教材进行适当整合，学生在本节课通过求解一元一次方程的过程掌握求解方程的一般步骤，明确求解方程就是将方程转化为"$x = a$（a为常数）"，为今后学习高次方程打下基础。教学实际观察：学生对去括号法则的应用不够熟练；根据等式的基本性质去分母时学生容易漏项，在此必须要让学生明白算理，去分母的依据是等式的基本性质2，并且是每一项。

第三节　初中数学习题课

数学习题课是数学教学中的重要课型之一，对学生巩固基础知识，形成基本技能，掌握基本方法是必不可少的。习题课的基本目的是通过解题的形式来形成学生的数学技能，并通过解题教学进一步培养学生数学的应用意识和能力。重视习题课教学，能有效地增强学生解决问题的能力，提高数学教学质量。因此，每当一个单元学完后，为进一步促进知识向技能转化、强化学生对知识点的掌握、增强学生应用知识的能力，教师常常都会安排半节、一节或几节习题课，主要是教师根据教学要求和学生学习情况，有针对性地编排一些习题或题组。根据不同的需要，习题有多种类型，有侧重理解概念的灵活练习题；有侧重弥补知识缺漏的基本练习题；也有侧重训练综合能力的综合练习题。

一、习题课的练习形式

习题课的练习形式一般有以下几种。

1. 学生独立练习

少数学生上黑板板演，并讲述自己运算或解题的理论根据、思维方法以及注意点，其他同学在各自练习的基础上进行评价。

2. 教师引导下的练习

教师启发学生运用集中—发散—集中的思维方法，进行一题多变、一题多解的训练，做到练中有议，议中有学，有效地提高学生的思维能力。

3. 师生评价性练习

学生先独立练，而后教师示范性讲解，讲解分析的方法、过程，思路的选取，知识的运用，技能技巧等等。学生听后再进行自我对照，相互（学生与学生,学生与教师)评价。最后,教师应该指导学生小结本单元的解题技能技巧,锻炼学生的概括、总结能力。

二、数学习题课的教学流程

习题课是全面完成单元教学任务的继续和延伸。上好习题课应该具备以下三个条件。

(一)选题精当,"量""度"适中

数学习题课中所选习题应是学生的"薄弱"之处。教师必须善于根据教材、教学要求与学生的实际学习情况,在学生"最近发展区"内,从课本习题、复习题和一些参考书的大量题目中精心挑选、编排、组织习题,让学生练、议、讲,以达到习题课的教学要求。习题的选择要典型、要精,既要注意到对知识点的覆盖面,又要让学生能通过训练达到"一题多解,拓展思路;多题归一,归纳规律"的目的。

在习题课的题目选编中,教师尤其要注意对课本习题的挖掘,对某些题目进行适当地拓展、演变,编制"一题多解、一题多变、一题多用、多题一法"的习题,提高学生灵活运用知识的能力,使其源于教材,又不拘泥于教材。教师在编制习题过程中,不应该"丢了西瓜去捡芝麻",忽视课本习题去搞大量本质重复的课外习题。

1. 基础题侧重巩固概念

习题课必须紧扣概念选编一些基本题进行训练,使学生加深对数学概念的认识。只有当学生充分了解了一个概念的内涵和外延,才能真正搞清这一概念的实质。任何一个定理、公式,学生只有经过反复变形应用后,才能准确地发现条件与结论间那种必然的、有机的、巧妙的联系。

例如,学习"一元二次方程根的判别式"内容时,教师可选编如下基础题目:

(1)不解方程判别根的情况:$2x(x-1)+1=x$,$2x^2+px+1=0$ 让学生练、议。

(2)逆向编题,即已知方程的根的情况求系数。如:方程 $2x^2+px+1=0$ 有两不相等的实根,求 p 的取值范围。

(3)如果将上题改为证明根的情况,题目将如何做改动。

2. 辨别题侧重纠错,弥补知识

针对学生在学习过程中出现的共性问题选编一些练习题,让学生练、议,并纠正原先的错误。

如：已知底边与一腰的和及一底角，求作等腰三角形。

已知周长及一底角，求作等腰三角形。

已知周长及两底角，求作三角形。

3. 多变题侧重训练综合能力

一题多解，可使学生思路开阔，相互启发，妙趣横生。灵活巧妙地运用知识和方法，激发学生学习数学的兴趣和积极性。因此，教师在习题课上还可选编一些一题多解的典型习题进行练习、讨论。

有些题的条件和结论可以进行多种变化，教师引导学生探索研究一个题的条件和结论的变化过程和结果，以及解题方法，可以把知识的纵向和横向有机地串联起来，训练和培养学生的联想能力。

如：将"顺次连接四边形各边中点的四边形是平行四边形"发散为"顺次连接特殊四边形各边中点的四边形的属性""顺次连接对角线相等、对角线互相垂直、对角线相等且互相垂直的四边形各边中点的四边形属性"。

又如：《三角形的内角和定理及其推论》习题课可以设计如下问题。

问题：求直角三角形中两锐角平分线相交所成的角的度数。

（学生分析题意，画出图形，写出"已知"和"求证"。）

已知：如图 5 - 4 所示，在 Rt△ABC 中，∠C = 90°，∠A、∠B 的平分线 AD、BE 相交于点 O，求：∠AOB 的度数。

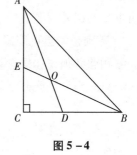

图 5 - 4

数学的分类思想会激发学生的学习兴趣和探究热情，他们不满足问题的解决，从而引发了诸多联想、猜想：

（1）直角三角形中两锐角的外角平分线相交所成的角等于多少度？

（2）直角三角形中一个锐角的平分线与另一个锐角的外角平分线相交所成的角又等于多少度？

归纳：直角三角形中，两锐角平分线相交所成的钝角等于 $90° + \dfrac{1}{2}\angle C$；

直角三角形中，两锐角的外角平分线相交所成的锐角等于 $90° - \dfrac{1}{2}\angle C$；

直角三角形中，一个锐角的平分线与另一个锐角的外角平分线相交所成的锐角等于 $\dfrac{1}{2}\angle C$。

（3）此时学生的兴趣更浓，思维更加活跃。突破直角三角形的范围，将以上问题拓展到一般三角形中。学生提出猜想：在一般三角形中，两内角平分线相交所成的钝角是否也等于90°与第三个内角的一半的和？三角形两内角的外角平分线相交所成的锐角是否也等于90°与第三个内角的一半的差？三角形一个内角的平分线与一个外角的平分线相交所成的锐角是否也等于第三个内角的一半？经过学生自己推理证明，结论都成立。

学生由知识间的内在联系与发展产生自己的联想、猜想，进而推理论证和概括自己的联想，猜想。思想水平不断提升，创新意识不断增强，思维能力也不断发展和提高，创造热情更加高涨。

于是学生又提出猜想：MN、MP、NP 分别为 $\triangle ABC$ 外角平分线所在的直线，则 $\triangle MNP$ 为锐角三角形（见图 5 – 5）。

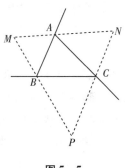

图 5 – 5

以上猜想的过程，充分展示了学生的思考内容由特殊到一般、一般到特殊；由具体到抽象，逐步拓展、步步深入的智力创造活动过程。在这样的活动过程中，由于每个学生都是从自己对问题的理解出发来发表意见的，因而一个意见往往会引起一连串的反应，课堂呈现出多向、多边、多层次的交流、讨论甚至争论的热烈气氛。学习不再是一种"苦差事"，而成了一种生动活泼的、充满创造热情的、愉快而有益的情感活动。

4. 学生提供的题目侧重鼓励学生自学

学生热爱数学，具有了一定的自学能力后，他们的课外阅读比较丰富，研究比较深入，思路往往也比较新颖。在习题课上，教师可以让学生交流一些自己所研究的有价值的题目，这样做既切合学生实际，容易被大家接受，又能调动学生自主研究的积极性，发挥学生之间相互激励的作用。

5. "量""度"适中才能提高效率

"量"是指课堂练习的数量和质量。教师对习题课的量要有比较准确的估计和安排。"量"过少，学生的思维能力、解题能力得不到足够的训练；"量"过多，课上容不下，不仅不能保证各个题的充分练、议、讲，而且难以收到预期的效果。因此，习题课上选编的习题的数量必须恰当。同样练习题的质量也要适度。过分简单或难度过大的练习题都不适合学生，同时教师要克服贪多、贪全的做法，要"量""度"适中。

"度"指课堂教学要求的程度、教学进行的速度和训练的程度。关于"度"的要求必须切合教材和学生实际，而且在课堂教学过程中教师必须根据学生的反馈信息及时调整"量"和"度"。

（二）熟悉教材，指导有方

课堂是一面镜子，教师在课堂上所做的每一件事都反映了他的教学思想。充盈着生命活力的课堂是以人为本的课堂。一堂习题课的教学效果如何，主要看学生学习知识、掌握技能、形成能力和提高认识的效果。数学习题课的实质是教师对习题材料的处理可以发挥习题的正常功能，充分调动学生主体的积极参与性，将学生所学的知识进行"内化"。为做好这一点，需要做到以下几点。

1. 做好知识点的复习

数学课堂教学中的每一节内容都不是孤立的，都有着密切联系。夸美纽斯说过："一切功课都应细分成阶段，务使先学的能为后学的扫清道路，给予解释。"这就要求教师在习题课教学中，必须"由浅入深、由简到繁、由基本到综合"循序渐进。因此，在讲课的前几分钟，根据本节课内容的需要，教师可以用提问的方法将本节习题课所用到的基础知识、基本公式加以扼要地复习，并揭示各公式或定理间的内在联系，巩固已学过的知识。

2. 学生练、议、讲，教师启发引导

习题课教学知识点多、题型复杂，学生容易疲倦。如果教学形式单一，更会使学生感到枯燥、无趣。因此，在习题课教学中形式一定要多样，将"基础独练、疑点启发、重点讲授、难点讨论"等方式有机地结合起来，多创造条件让学生动口、动手、动脑，让学生全方位"参与"问题的解决，使师生互动起来。

侧重基础知识的题目，可以让少数学生上黑板板演，同时向大家讲述自己运算或解题的依据及注意点，其他同学在各自学习的基础上进行评价。例如：计算、推理问题。侧重思维训练的题目，学生在教师引导启发下练习，着重讨论分析过程，解题的各种思路和方法，并且进行一题多变、一题多解，做到练中议，议中学，最后，再由教师指导学生小结本单元解题的技能技巧，锻炼学生的概括、总结能力。例如：已知四边形 ABCD 四边相等，求证它的对角线互相垂直平分。

3. 题目讲解要透

对于习题课教师不能就题论题，不能只讲本题怎么做，应在例题的基础上进行引申、变形，让学生掌握这一类题目的做法，并通过练习做到举一反三，触类旁通。教师要先讲清楚解题思路，再适时对知识进行规律、技巧的归纳与提升。

每年中考所涉及的知识点是相对稳定的，而试题却是变化不同的，命题人可以随意变化题意、角度，在题设条件、问题的设问方式上推陈出新，因此，教师还要讲题目的发散和变化。常见的有情境、迁移、应用、图像、综合等几种发散形式。如：教师可以对原题的提问方式进行改变；对原题的结论进行衍生和扩展，由一般到特殊或由特殊到一般；也可把习题的因果关系倒置；还可把几条题目、几个过程进行组合等。

4. 练习有层次，要求分主次

每个学生的知识水平、智力情况、学习方法等都存在一定的差别，因此，教师在习题课教学中最好能针对学生的实际进行分层处理，既要让优生"吃得饱"，发展其个性；也要为后进生提供参与的机会，使其在一节课上能获得些成功的喜悦。所以，具体题目安排要由易到难，形成梯度，做到上不封顶，下要保底。

如：《相似三角形的判定》习题课可以设计如下题目。

（1）如图5-6所示，$\triangle ABC$ 中，D、E、F 分别是 AB、BC、AC 的中点，运用哪一条判定定理判定 $\triangle DEF \backsim \triangle CBA$ 最简便？

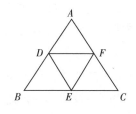

图5-6

（2）如图5-7所示，$\triangle ABC$ 中，作一条直线 DE 截三角形两边所得三角形与原三角形相似，那么这条直线必须满足什么条件，根据什么定理判定相似？

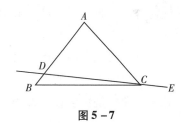

图5-7

这样的设计体现教师"以学为本"的教学理念，发挥了教的创造性。设计的问题不仅考查了学生对相似三角形判定定理的理解，更在理解的基础上转化为实践能力，并且引发了学生思维的进一步开放和拓展。这样会引导学生萌生"由一般到特殊"的思考，从而想到过 $\triangle ABC$ 的一个顶点作满足相似三角形判定定理的直线。

此时，有些学生会发现 AC 是 AD 和 AB 的比例中项。于是又会猜想：有公共边的两个三角形相似，则公共边在比例线段中肯定是比例中项。由此可知，不是一节课教师什么都不讲，而是要知道什么时候教？教什么？怎么教？教的效果怎么样？

在知识与知识的联系中展开学习，是生成性学习。学生在教师的引导下完成学习过程；在学生与学生，教师与学生的互动中生成新知。对如何去判定三角形相似不是直接复习，而是通过问题引导复习，有一定的深度，体现了数学的本质。复习完成后，再拓展升华，如：将过三角形的一个顶点进行升华，不断点拨、引导、点燃学生智慧。将推出全等的结论再拓展，让学生体会研究三角形两基本元素边与角的关系的价值。由原来研究三角形主要元素的关系得到相似，再由相似的性质得到对应元素边与角的关系。这样学生的情感积极，热情高涨，智慧被激发出来。

（三）课后及时评价

数学作业是上好习题课教学的重要一环。其目的在于巩固和消化所学的知识，使知识转化为技能技巧，发展学力；也是教师了解学生学习情况，检查教学效果及时调整教学思路，取得最佳教学效果的一个有力手段。但要让课后作业发挥最大的效益，还要讲究一定的方法。笔者认为可以将原有的作业由教师一人批阅改为教师单独批改；因材施教，对个别学生面批；为让学生发现不足，相互学习长处，让学生互批；由个别学生讲评作业中的优缺点，向其他学生指出发扬什么，克服什么。这样做有利于帮学生找到疑问，改正错误，培养学生学习数学的主体意识。作业批阅后，教师针对有创造性的解法，要组织学生效法，培养思维的创造性；还要督促学生订正作业，通过订正进行一题多解，使学生对知识得到进一步的理解和认识。

总之，学生是数学教学过程的主体，在数学习题课教学中，只有充分激发学生的学习动机，把学生的学习主动性和积极性充分调动起来，才能使课堂教学取得好的结果。

第四节　初中数学复习课

随着素质教育改革的不断深化，我们的课堂教学也在不断地发生变化。数学复习课作为数学的重要课型之一，绝不是对旧知的简单重复，而是学生对知识认识的进一步深化和提高。因此，笔者觉得复习课应该把复习过程组织成学生再认识的过程，从更高的角度掌握和理解先前已经学过的知识和技能，进而提高学生的数学能力。

一、复习课的含义

复习课是根据学生的认知特点和规律，在某一学习阶段，以巩固、梳理已学知识、技能，促进知识系统化，提高学生运用所学知识解决问题的能力为主要任务的一种课型；是对学过知识进行再学习的课程，有利于学生认知的深化和提高。

复习是数学学习不可或缺的重要环节。复习课的总目标是通过学生的再认识、再实践，进一步提高学生的学习能力和运用知识解决问题的能力。复习课包括阶段性（或单元）复习课、知识点复习课、专题性复习课，这里主要谈阶段性复习课。复习课是教学中的重要组成部分，其内容、形式、操作方法都与新授课有明显的不同。复习课既不像新课那样具有新鲜感，也不像练习课那样具有成就感。复习课担负着查缺补漏、系统整理以及巩固发展的重任，会使学生产生心理上的充实感、知识的价值感、运用上的协调感，从而提高学生的学习兴趣，开发知识、思想方法的穿透潜能。

"阶段性复习课"是指一个知识点或一个单元结束时的复习。上好这一类复习课，对提高学生综合应用能力，发展思维能力十分重要。要真正上好阶段性复习课，教师不能平均分配力量，而要根据平时积累的易错问题，结合学生的薄弱点，同时注意突出基础知识、重点知识，解决学生的难点。阶段性复习课要给学生充分的、自主的复习空间。

二、数学复习课的特征

1. 重复性

一个完整的数学学习过程可分为三个阶段：学习，保持和再现。学习阶段指获得新知识的阶段。保持和再现阶段指学过的知识必须在头脑中保持和再现，以便以后提取和应用。如果学生不及时复习，那么学过的新知识将自动被原有的观念还原，遗忘就会出现，记忆就不能够恢复，从而导致永久性遗忘。复习课可以帮助学生重新回顾学习内容，将遗忘的知识重新建构起来。

重复性为复习课的活动开展提供了现实基础，但容易对学生的活动动机的激发和维持产生负迁移，还可能造成学生在学习中不求甚解、浅尝辄止，所以复习不是简单地重复。在全面了解的基础上重复，会比刚开始学习时有所提高。经过多次反复，逐步提高学生知识的层次，是从低级到高级的螺旋式上升，而不是平面式的原地循环。

2. 概括性

数学是经过对客观现象抽象概括而逐渐形成的科学语言与工具。数学知识中蕴含着丰富的数学思想方法，它与具体的表层数学知识相比，更加抽象和概括。理解和掌握数学知识需要经历一个从具体到抽象、感性到理性、特殊到一般、简单到综合的认识过程。学生在复习中要重视数学知识的形成过程，通过探究获得对知识的理解，通过过程性表征把握知识的对象性，再从知识的过程性上升到知识的对象性，实现数学概括层次的发展。

新教材的知识体系是螺旋式上升的，数学思想方法也贯穿于知识的学习和问题解决的过程中。要让学生形成思想方法体系，并在此基础上形成和发展数学观念，这个任务就自然而然落到复习课上。因此，复习课中教师要适当地对某种数学思想和方法的关键点或要素进行概括和揭示。教师对这种数学思想和方法的名称、内容、规律、运用、迁移等有意识地点拨，使学生更好地把握知识的本质和内在规律，逐步体会数学思想方法的精神实质。

3. 系统性

复习课要求学生在知识的对象化认识的基础上建构知识之间的关系网络，在重复和概括的基础上进行梳理，使基本知识、基本方法和数学思想系统化。这种梳理可以在教师的指导下，由学生自己进行，以便于储存、提取和应用；也可以由学生独立完成，随年级的升高增加学生独立完成的比例。

4. 综合性

复习题的综合性体现在两方面。一方面把所学的各部分知识整合起来形成一个统一的整体，建立知识结构体系，即梳理；另一方面通过解复习题，培养学生综合运用知识的能力，即解题。

解题和梳理是相辅相成、缺一不可的。只梳理不解题，梳理出的理性知识会变成空洞的理论，束之高阁，不能培养学生运用知识的能力，最终导致"练拳不练功，到老一场空"。只解题不梳理，不能揭示通法和一般原理，解题就只能是一种具体的方法和技巧的积累，不能被学生深刻理解和系统地掌握，如同"盲人摸象"，"只见树木不见森林"。只有二者结合，才能既加深理解，又提高综合能力。

5. 反思性

通过复习课，学生查漏补缺，形成自己的知识体系，提高其认识水平和解决问题的能力。通过生生交流和教师的指导，学生完善学习方法，弥补学习缺陷，改进对知识体系的再认识，在评价与被评价中建立新的知识体系。"解题千万道，解后抛云霄"式的学习，是数学学习中的大忌。

三、如何上数学复习课

根据"三学"理念的特点，在上复习课时，教师要着重注意以下几点。

（一）让学生自己归纳整理整章知识结构

一章或几章教材教完以后，教师根据教材分量的多少、学生学习的实际效果与教学大纲的要求安排一节或几节复习课。在复习课上，教师先引导学生对整个单元进行独立、系统地复习，弄清概念、定理、法则、公式的探究过程，熟记内容，并且根据知识间的联系，归纳知识结构。如果需要复习的内容较多，教师可以在上复习课的前一天布置一次书面作业，让学生根据自己的理解先自行复习章节知识，用自己喜欢的方式来归纳知识结构。第二天上课时，教师从学生作业中挑选一部分"优秀作品"进行班级展示、交流、评析，不完善的地方再互相补充。如果需要复习的内容较少，教师可以通过直接提问或者解决问题的形式，让学生当堂完成知识点的归纳。

例如：《勾股定理》的复习课就可以从以下几个问题入手当堂完成。

1. 直角三角形的边、角之间分别存在着什么关系？

（1）勾股定理：直角三角形两直角边的平方和等于斜边的平方，如果用 a，b 和 c 分别表示直角三角形的直角边和斜边，那么_____ $= c^2$。

（2）直角三角形两锐角互余。

2. 判断一个三角形是直角三角形可以从角、边两个方面去判断。

（1）从定义，即从角出发去判断一个三角形是直角三角形。

如：在 $\triangle ABC$ 中，$\angle A = \frac{1}{2} \angle B = \frac{1}{3} \angle C$，$\triangle ABC$ 是直角三角形吗？

（2）勾股定理的逆定理：

在 $\triangle ABC$ 中，若 a，b，c 三边满足_____，则 $\triangle ABC$ 为_____。

如：在 $\triangle ABC$ 中，三条边长的比为 $a:b:c = 5:12:13$，$\triangle ABC$ 是直角三角形吗？

3. 勾股数：满足_____的三个_____，称为勾股数。

4. 通过以上问题的交流，先由学生自己建立本章的知识结构图（见图 5 - 8），然后小组内展示并相互交流完善。

在 $\triangle ABC$ 中，a，b 和 c 分别表示 $\angle A$，$\angle B$，$\angle C$ 的对边。

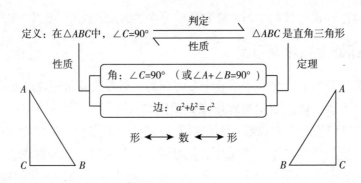

图 5－8

（二）总结知识应用的规律

为提高学生学习数学的能力，在学生自己全面复习、系统整理知识的基础上，要求学生先有重点、系统地重温课本中的例题、练习题和习题，以某一知识或技能为主线，对整个单元的例题、练习题和习题进行概括、归纳、分类；然后，教师再根据学生自学的情况，精选一些例题让学生进行训练、讨论。

教师所选例题可以分两类：一是学生作业中的易错题。让学生先练，再议；然后，让再次出现错误的学生说出或写出他的想法；最后由学生评讲、分析错误的原因。这样一来，学生在纠错的过程中积极性高涨，易于激发他们的学习兴趣。二是选择综合性较强但不一定烦琐的例题，题目涉及的知识点要尽量涵盖复习过的内容，能体现"通性通法"，并注重一题多解、一题多变。仍以《勾股定理》的复习课为例，归纳题型有：

第一类：利用勾股定理求边长。

例 1. 已知直角三角形的两边长分别为 3cm、4cm，求第三边长的平方。

第二类：利用勾股定理求图形面积。

例 1. 已知 Rt△ABC 中，$\angle C = 90°$，若 $a + b = 14$cm，$c = 10$cm，求 Rt△ABC 的面积。

第三类：利用勾股定理的逆定理判定△ABC 的形状或求角。

例 1. 在△ABC 中，$\angle A$，$\angle B$，$\angle C$ 的对边分别为 a，b，c，且 $(a+b)(a-b) = c^2$，则（　　）。

A. $\angle A$ 为直角　B. $\angle C$ 为直角　C. $\angle B$ 为直角　D. 不是直角三角形

例 2. 已知△ABC 的三边为 a，b，c，且满足 $|a-5| + |b-12| + (c-13)^2 = 0$。判定△ABC 的形状。

第四类：勾股定理及逆定理的综合应用

B 港有甲、乙两艘渔船，若甲船沿北偏东 $60°$ 方向以每小时 8 海里的速度前进，乙船沿南偏东某个角度以每小时 15 海里的速度前进，2 小时后，甲船到 M 岛，乙船到 P 岛，两岛相距 34 海里，你知道乙船是沿南偏东哪个角度航行的吗？

第五类：最短距离

如图 5-9 所示，现在已测得长方体木块的长 3 厘米，宽 4 厘米，高 24 厘米。一只蜘蛛潜伏在木块的一个顶点 A 处，一只苍蝇在这个长方体上和蜘蛛相对的顶点 B 处。

（1）蜘蛛急于想捉住苍蝇，沿着长方体的表面向上爬，它要从点 A 爬到点 B 处，有无数条路线，它们有长有短，蜘蛛究竟应该沿着怎样的路线爬上去，所走的路程会最短。你能帮蜘蛛找到最短路径吗？

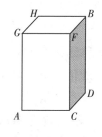

（2）若蜘蛛爬行的速度是每秒 10 厘米，问蜘蛛沿长方体表面至少爬行几秒钟，才能抓到苍蝇？

图 5-9

教师所编例题要有针对性，采取递进性练习策略，从易到难，从简单到综合。让学生从课本知识走向解决实际问题，充分调动学生思维的积极性，培养学生独立思考能力及应用知识的能力。同时，复习中要注意因材施教，对于那些学习优秀的学生，教师要准备一些有深度的练习题目。

在进行例题教学时，教师应重视题目的分析过程，引导学生自己先思考题目的特征，探索解题思路；例题解答后，还要组织全班学生交流讨论，反思解题过程，归纳复习方法，总结相关经验，对一些常用的数学思想方法也要归纳概括，提示学生在今后的学习中注意运用。

（三）复习要体现学生的主体地位，教师的引导作用

复习课的主要任务是巩固知识，教师要"精讲多练"。每上一堂复习课，教师要给学生时间，引导学生自己阅读课本、参考书，自己进行分析、归纳、综合、分类等。教师除了帮助学生厘清要点，强调如何避免常见的错误外，应大胆地让学生自主练习，教师只做指导。还要让学生通过充分地独立思考，自己系统掌握知识，切忌教师包办代替。

如教师在复习整式的运算这一大块时，可以给学生两周的时间，包括课内和课外的复习时间，进行复习、整理、练习。给学生以材料，要求他们以教科书为主导，同时向他们介绍一些习题和复习指导书；给学生以方法，介绍如何研究例题，分析解题的思路及解题的一般规律与方法，探究问题的变化和发展的情况。在复习过程中，教师要充分了解学生的学习状况进行个别帮助、辅导，使全体同学的学习能力都能有所提高，为组内交流做好准备。

复习阶段的组内交流讨论是学生自主学习的继续和延伸，而教师准确地点拨、适时地引导又是上好复习课的保证。

在揭示知识纵横联系时，教师往往需要点拨一下。如把方程、不等式、函数联成一大块复习时，教师必须引导学生从研究函数的图像入手，再联系方程、不等式的解集及其解法，数形结合，沟通三大块知识的内在联系。又如把全等形和相似形联成一大块时，教师必须引导学生从相似比 $k=1$ 和 $k\neq1$ 来研究，弄清它们的判定、性质之间的区别和联系。

学生困惑不解或认识不能升华时，教师必须适当点拨引导。如学生对几何定值问题深感困惑，教师必须指导学生分析这类问题的思路和一般方法：这种问题通常采用"动中求静"的方法，把图形中的变动元素放在特殊的位置上，推测出不变量所取的值，而后证明这个值不随图形位置的变动而变动。

（四）复习课后要留作业

每堂复习课结束以后，教师要适当布置课后作业。课后作业主要是与课堂所讲例题相对应的题目。作题后，教师要及时检查学生的作题情况，同时给予鼓励。仍以《勾股定理》的复习课为例，课后作业有：

①直角三角形两直角边长分别为5cm，12cm，则斜边上的高为____。

②下列几组数中，是勾股数的是（ ）

A. 4，5，6   B. 12，16，20   C. −10，24，26   D. 2.4，4.5，5.1

③若△ABC的三边 a、b、c 满足 $(a-b)(a^2+b^2-c^2)=0$，则△ABC是（ ）

A. 等腰三角形   B. 等边三角形

C. 等腰直角三角形   D. 等腰三角形或直角三角形

④在一棵树的10米高处 B 有两只猴子，其中一只猴子爬下树走到离树20米的池塘 A，另一只猴子爬到树顶 D 后直接跃向池塘的 A 处，如果两只猴子所经过距离相等，试问这棵树有多高？

⑤如图5−10所示，一个圆柱，底圆周长6cm，高4cm，一只蚂蚁沿外壁爬行，要从 A 点爬到 B 点，则最少要爬行____cm。

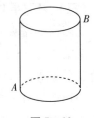

图 5−10

实践证明，复习课中坚持"三学"理念，改变教学的组织形式，学生会从中受益匪浅。学生不仅系统地掌握了知识，培养了能力，教师的教学水平也会相应得到提高。复习有法，但无定法，贵在得法。教师要始终坚持以学生为主体，发展提高学生发现探索数学规律、解决简单实际问题和综合应用知识的能力，激发学生学习数学的兴趣。

第五节　初中数学试卷讲评课

《标准》指出："评价的主要目的是为了全面了解学生的数学学习历程，激励学生的学习和改进教师的教学；应建立评价目标多元、评价方法多样的评价体系。对数学学习的评价要关注学生学习的结果，更要关注学习的过程；要关注学生学习数学的水平，更要关注他们在数学教学活动中所表现出来的情感与态度，帮助学生认识自我，建立信心。"

阶段考试是教学结果量化评价的一种主要方式。其主要功能是检验学生学习成果，发现学生学习中存在的问题，找到解决问题的办法，培养学生的反思能力，便于学生自我激励，建立信心；也有助于教师发现教学中的不足和盲点，及时补救，体现评价的"水泵"功能。

一、数学试卷讲评课含义

数学试卷讲评课是数学教学的重要组成部分，是学期后期教学的主要课型之一。其主要目的是解决学生在答题过程中暴露的问题，深化学生对数学知识的理解，提高学生的以思维为核心的各种能力。

数学试卷讲评课，顾名思义就是只对数学阶段考试试卷进行讲评的课。在章节检测、期中期末阶段检测、模拟测试之后，这种课型尤其常见。因此，弄清试卷讲评课的教学方法十分必要。试卷讲评是达成测试目标中非常重要的一个环节，一节好的讲评课可以切实帮助学生查漏补缺、纠正错误、寻找错因，从中吸取失败的教训，总结成功的经验，完善知识体系和思维系统，提升解题经验与学习能力。因此，数学试卷讲评课具有让学生认识自我，建立信心的发展性评价功能。

二、数学试卷讲评课讲评原则

（1）准确及时。考试后马上批阅试卷，及时分析讲评。

（2）关注整体性。教师对整份试卷要有一个整体评价。

（3）体现自主性。试卷分析与讲评必须有学生的积极参与。

（4）激励为主。通过讲评，能充分调动学生学习数学的积极性。

（5）注重典型。要选择学生失分较多，与基本技能和思想方法有重大关系的题目进行讲评。

三、数学试卷讲评课环节

试卷讲评课可以分为短程式讲评课与长程式讲评课。短程式讲评课，就是考试结束以后，教师立刻阅卷并讲评。这种讲评课需要教师立即采集有关信息，及时进行试卷讲评，一般用于课前检测和课后反馈的小测验。长程式讲评课，就是教师有较长的时间分析试卷与试题，学生有足够的时间找出错误，解决与试题相关的问题。是教师根据对试卷的分析、学生答卷情况的分析以及学生的自我分析情况，设计、实施的试卷讲评课。

长程式试卷讲评课主要包括以下几个环节。

1. 成绩分析

讲评试卷时要有针对性地讲解，而非从头到尾逐题讲解。这就需要教师课前分析整套试卷的质量和试题质量；收集大量的学生解题信息，分析各题的错误人数、得失分情况、错误类型以及错误原因；归纳学生对重点题目的多种解法，研究典型问题的拓展变式；收阅学生自我分析表，统计学生各题得分情况，根据学生各题的得分情况确定讲评重点。这主要需要教师做好以下三个方面：

（1）根据试卷批阅情况统计每题得分率，每题出现的错误类型。

（2）根据失分原因将试题进行分类，如：审题不清、运算不准确、考试时紧张、对知识点理解不到位、对知识的应用能力欠佳等。分类时，可以按知识点归类，即把试卷中考查同一知识点的题目归到一起进行讲解；也可按解题方法归类，即把试卷中用同一解题方法求解的题目归到一起进行讲解。

（3）制定试卷讲评措施。确定哪些题详讲，哪些题略讲，讲时用什么方法讲，讲到何种程度；同时考虑学生出错的关键及思维障碍在哪些地方，思考怎样讲、怎样要求才能让学生在今后再遇到同类问题时不出错或少出错。

2. 学生纠错

给学生留一定的时间让其自己独立纠错，教师个别指导，课前课内皆可。讲前改错是学生根据教师批改进行的再审视、再思考的过程，有助于培养学生的自我思考能力。学生纠正错误，查找原因，填写自学问卷、自我分析表；解决非知识性障碍的错误；探究多解，寻找规律；统计二次得分；圈出需要课堂讲评的重点问题。

3. 课堂讲评

课堂讲评是试卷讲评课的重要部分。可以让学生讲，也可以由教师讲，主要讲解全班性、普遍性、具有通性通法的问题。讲解无须面面俱到，典型问题、共性问题、综合性较强的问题要精讲。在课堂讲评过程中要做好以下几点：

（1）要借题发挥，不要就题论题。

讲评试卷时，教师对重要题目讲解完后，可以让学生对原题的条件、设问等进行改动后再求解，同时让学生思考原来讲过的与此题相近的题目，做到举一反三。这样做可以拓宽学生思维的深度和广度，让他们对所研究的问题有更加深刻的认识，从而发挥试卷的实效。在讲解时，关于有些题目也可以让学生多想几种解法，着重分析各种解法的思路；再让学生分析比较各种解法的优缺点，从中寻找最佳的解题途径。同时，还要指导学生进行考点分析，即思考试题主要考查什么知识点，这些知识点在理解时需要注意的问题有哪些，解题的突破口在哪里，哪种方法才是最佳解题途径，这样才能培养学生的辨别分析能力。

例：如图 5 - 11 所示：点 O 是矩形 $ABCD$ 的中心，E 是 AB 上的点，沿 CE 折叠后，点 B 恰好与点 O 重合，若 $BC = 3$，则折痕 CE 的长为（　　）。

A. $2\sqrt{3}$ 　　　 B. $\dfrac{3}{2}\sqrt{3}$ 　　　 C. $\sqrt{3}$ 　　　　 D. 6

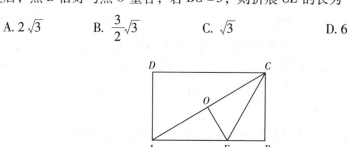

图 5 - 11

平均得分：2.42 分（全对 26 人/部分对 0 人/全错 17 人/班级得分率 60.47%）

本题考查翻折变换、矩形的性质、勾股定理等知识，解题的关键是熟练掌握这些基本知识，属于中考常考题型。本题也可以进行变换，例如：换求折痕 CE 的长为求 BE 的长或者求 $\tan\angle BCE$ 等。由该题目还可以联想到下一个题目：把一张矩形纸片 $ABCD$（图 5 - 12）方式折叠，使顶点 B 和 D 重合，折痕为 EF。

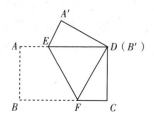

图 5 - 12

（1）连接 BE，求证：四边形 $BFDE$ 是菱形。

（2）若 $AB=8$cm，$BC=16$cm，求线段 DF 和 EF 的长。

（3）要知其然还要知其所以然。

对每一个错误，要引导学生搞清楚"错在哪儿了"，知道自己出错的原因。是审题不清的问题还是概念理解不透？是运算粗心了还是公式用错了？是解题规范性不够还是隐含条件的意义没有挖掘出来？是考试时心理过度紧张还是思想上重视不够、不专心？是对知识的应用不够熟练还是根本上就不会？只有找准病根后对症下药，才能收到讲解数学试卷的实效。

4. 试卷讲评课结束后

试卷讲评课结束后，首先教师要要求学生根据自己的情况写好考试反思。反思主要包括本次考试的前期复习准备情况、答题情况、得分情况、出错的主要原因等。根据学生情况教师再与部分学生谈心，帮助学习有困难的同学制定后期数学学习的方案。其次教师应要求学生认真订正试卷，写出对题意的理解、解答过程（包括选择、填空题的过程）等。最后要让学生自己学会对错题进行分类，找寻其中的规律，发现并改正自身的不足；整理出属于自己的错题集，使自己在今后的复习中有档可查，不至于在同一处再次跌倒。教师还要及时批阅，同时适当进行个别辅导。

总之，试卷讲评应针对学生在解题过程中存在的主要问题以及考试中要求学生掌握的重点知识、基本技能进行讲评。对于综合性较强的、条件或图形较复杂的题目，重点讲清楚思路，让学生知道怎么做，为什么这样做。注意解题方法的总结与积累，同时注意类似的错题串联讲，典型问题重点讲。避免就题论题、浅尝辄止的做法，透过题目表象，抓住问题的本质特征，进行开放式、发散式讲解。试卷讲评的结束不是试卷讲评课的终点，还要监督学生将答错的题认真改写一遍，进行错因分析，给出正确解答，在规定时间内完成后交由教师面批。

虽然这样上试卷讲评课，教师的工作量大了点，但对学生的针对性较强。有助于学生知识的掌握和能力的提高，有助于提高数学教学质量，这样的试卷讲评课才会有实效。同时，学生是数学学习过程的主体，学生也要根据教师的要求积极行动起来，通过试卷讲评课弥补自己的不足。只有充分激发和培养学生的学习兴趣，课堂教学才能取得最大的收益。

第六章

"三学"理念下初中数学课堂教学实践成果

　　"三学"理念下数学课堂教学在研究与实施的过程中收获了一些相关成果。笔者整理出了一批优秀的案例，在各级各类期刊发表了多篇论文，同时也进行了相关的课题研究。这是"三学"理念下数学课堂教学实践的例证，也是李兴萍"金城名师工作室"工作的见证。

第一节　　"三学"理念下初中数学课堂
教学设计案例

　　课堂教学的好与坏，教学设计起着十分重要的作用。好的教学设计就如同航标，能指引课堂走向深入，对学生学科素养的提升起着关键作用。"三学"理念下数学课堂教学实施了多年，老师们经过不断研磨、实践，整理出了一批优秀的教学设计，在此与大家分享。

案例1：整式的乘除单元教学（第1课时）

【教材分析】

　　《整式的除法》位于北师大版七年级下册第一章《整式的乘除》。本节内容共分两课时，第一课时，主要内容是单项式除以单项式；第二课时，主要内容是多项式除以单项式。"学材再建构"是李庾南老师"自学·议论·引导"教

129

学法"三学"的基础，实现了学生学习效益的最大化，即让学生明确知识的内在联系，体验知识的生成过程，发展学生的数学思维，培养学生解决问题的能力。为此笔者对内容进行了重新整合，实行单元教学。本课例在设计时将两节内容进行了整合，本设计为第一课时，主要学习单项式除以单项式、多项式除以单项式法则，并进行简单的整式的除法运算。

【学情分析】

学生在小学已经学习过整数除法，对整数除法的运算掌握较为熟练。在本章前面几节课中，又学习了同底数幂的除法。在本章前面知识的学习过程中，学生已经经历了一些探索、发现的数学活动，积累了初步的数学活动经验，具备了一定的探究能力。教科书基于学生对整式乘法以及整数除法的认识，提出了本课的具体学习任务。

【教学目标】

（1）经历计算、观察等探索整式除法运算法则的过程，体会由特殊到一般的认知方法，建构整式除法运算法则的结构框架；

（2）通过整式除法运算法则的简单运用，体验由一般到特殊的思想方法；

（3）通过类比整式乘法运算法则归纳整式除法运算法则，发展有条理的思考及表达能力，培养总结、归纳知识的能力。

【教学重难点】

（1）教学重点：整式除法运算法则的探索及简单应用。

（2）教学难点：整式除法运算法则的生成及应用。

【教学过程】

（一）复习旧知，激发学生自主运用整式的乘法运算法则、同底数幂的除法探讨整式除法运算法则

1. 请学生说出下列式子的意义（启发学生内化自学新知的基础知识）

2^3，3^4，a^m（m 为正整数）

2. 学生独立计算（复习正整数指数幂的运算性质）

（1）$a^{20} \div a^{10}$；（2）$(-c)^4 \div (-c)^3$；（3）$(a^2)^3 \cdot (-a)^2 \div (a^3)^2$

3. 学生叙述单项式乘以单项式、单项式乘以多项式法则，并举例应用

4. 学生回顾整式乘法的类型，引出课题：整式的除法

（二）提供运算情境，激发学生自主运用多种方法探讨单项式除以单项式的运算法则并进行简单的应用

1. 学生独立计算下列各题，并说明理由

（1）$3x^3 \div x^2$；（2）$(8m^2n^2) \div (2m^2n)$；（3）$(a^4b^2c) \div (3a^2b)$

方法1：利用乘除法的互逆关系方法；方法2：利用类比分数约分的方法。

解：（1）$3x^3 \div x^2 = \dfrac{3x^3}{x^2} = \dfrac{3x \cdot x \cdot x \cdot}{x \cdot x}$ ……根据乘方的意义

$= 3x$ ……根据约分

2. 比较这三个算式的共同点、运算方法、运算依据

在学生独立思考的基础上，交流讨论，类比整式的乘法运算共同概括：

（1）单项式除以单项式；

（2）系数相除作系数；

（3）同底数幂相除作为商的因式；

（4）被除式里单独有的幂，写在商里面作因式。

3. 师生共同总结单项式除以单项式法则

单项式相除，把系数、同底数幂分别相除后，作为商的因式；对于只在被除式里含有的字母，则连同它的指数一起作为商的一个因式。

注意事项：学生总结单项式除以单项式步骤：

（1）商式的系数 =（被除式的系数）÷（除式的系数）

（2）（同底数幂）商的指数 =（被除式的指数）−（除式的指数）

（3）被除式里单独有的幂，写在商里面作因式

4. 对比学习单项式除以单项式法则与单项式乘以单项式法则，理解知识间的异同，构建一定知识体系

填表6-1：

表6-1

	单项式乘以单项式	单项式除以单项式
第一步	系数相乘	系数相除
第二步	同底数幂相乘	同底数幂相除
第三步	其余字母不变，连同其指数作为积的因式	只在被除式里含有的字母，连同其指数一起作为商的因式

5. 通过学生简单的独立练习，将单项式除以单项式法则具体化

练习：把图6-1左边方框里的每一个式子分别除以 $2x^2y$，然后把商式写在右边方框里。

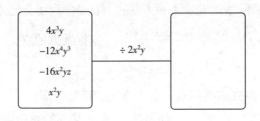

图 6 - 1

归纳：计算单项式除以单项式时应注意商的系数等于被除式的系数除以除式的系数，同时还要注意系数的符号，整式的运算顺序与有理数的运算顺序相同。

6. 拓展延伸，了解单项式除以单项式法则在科学记数法表示的数的除法中的运用

计算：$(3.84 \times 10^5) \div (8 \times 10^2)$

（三）提供运算情境，激发学生自主运用多种方法探讨多项式除以单项式的运算法则并进行简单的应用

1. 学生独立计算下列各题，并说明理由

（1）$(ad + bd) \div d$；（2）$(a^2b + 3ab) \div a$；（3）$(xy^3 - 2xy) \div (xy)$.

方法1：利用乘除法的互逆关系方法：因为 $m(a + b + c) = am + bm + cm$，所以 $(am + bm + cm) \div m = am \div m + bm \div m + cm \div m = a + b + c$；

方法2：利用类比有理数的除法运算的方法。

如：$(14 + 0.21) \div 7 = (14 + 0.21) \times \frac{1}{7} = 14 \times \frac{1}{7} + 0.21 \times \frac{1}{7} = 2 + 0.03$

$= 2.03$

2. 比较这三个算式的共同点、运算方法、运算依据

在学生独立思考的基础上，交流讨论，类比整式的乘法运算共同概括：

多项式除以单项式，先用这个多项式中的每一项分别除以单项式，再把所得的商相加。

3. 师生共同总结多项式除以单项式法则

多项式除以单项式，先用这个多项式的每一项分别除以单项式，再把所得的商相加。

4. 对比学习单项式除以单项式法则与单项式乘以单项式法则，理解知识间的异同，构建一定知识体系

填表 6 - 2：

表 6 - 2

	单项式乘以多项式	多项式除以单项式
第一步	用单项式乘以多项式中的每一项	用多项式的每一项分别除以这个单项式
第二步	把所得的积相加	把所得的商相加

5. 通过简单的计算练习，将多项式除以单项式法则具体化

（1）计算：

① $(6ab + 8b) \div (2b)$；

② $(27a^3 - 15a^2 + 6a) \div (3a)$；

③ $(9x^2y - 6xy^2) \div (3xy)$；

④ $\left(3x^2y - xy^2 + \frac{1}{2}xy\right) \div \left(-\frac{1}{2}xy\right)$.

（2）判断：下列计算是否正确？

① $(3x^2y - 6xy) \div (6xy) = 0.5x$

② $(2xy^2 - 4xy^2 - 6y^3) \div \left(-\frac{1}{2}y\right) = -x^2 + 2xy - 3y^2$

归纳：多项式除以单项式，先把多项式的每一项都分别除以这个单项式，然后再把所得的商相加。

（四）课堂小结，形成知识网络

（五）课外作业

（1）理解整式除法的内容及其形成过程；

（2）阅读两节教材中的例题，体会整式除法法则的应用；

（3）独立完成教材中的相关练习；

（4）完成本章的知识结构图。

【板书设计】

（1）知识结构如图 6 – 2 所示。

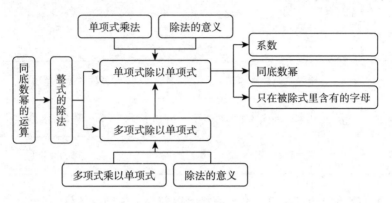

图 6 – 2

（2）研究方法：特殊——一般——特殊。

（3）思想方法：类比、化归、分类的思想。

【教学评价】

检测性评价：

1. 如果一个单项式与 $-3ab$ 的积为 $-\dfrac{3}{4}a^2bc$，则这个单项式为（   ）

A. $\dfrac{1}{4}a^2c$　　　　B. $\dfrac{1}{4}ac$　　　　C. $\dfrac{9}{4}a^2c$　　　　D. $\dfrac{9}{4}ac$

2. 计算：$(8x^3 - 12x^2 - 4x) \div (-4x) = $（   ）

A. $-2x^2 + 3x$　　　　B. $-2x^2 + 3x + 1$　　C. $-2x^2 + 3x - 1$　　D. $2x^2 + 3x + 1$

3. 计算 $(27a^8) \div \left(\dfrac{1}{3}a^3\right) \div (9a^2)$ 的顺序不正确的是（   ）

A. $(27a^8) \div \left[\left(\dfrac{1}{3}a^3\right) \div (9a^2)\right]$　　B. $\left[(27a^8) \div \left(\dfrac{1}{3}a^3\right)\right] \div (9a^2)$

C. $\left(27 \div \dfrac{1}{3} \div 9\right)a^{8-3-2}$　　　　　　D. $\left[(27a^8) \div (9a^2)\right] \div \left(\dfrac{1}{3}a^3\right)$

4. 已知 $4x^5y^a \div 24x^by^3 = \dfrac{1}{6}x^2y^3$，那么（   ）

A. $a = 2$，$b = 3$　　B. $a = 6$，$b = 3$　　C. $a = 3$，$b = 6$　　D. $a = 7$，$b = 6$

5. 下列计算中，正确的是（   ）

A. $9x^3y^3 \div (-9x^3y^2) = -1$　　　　B. $(-0.5a^2bx^2) \div \left(-\dfrac{2}{5}ax^2\right) = \dfrac{5}{4}ab$

C. $\left(-\dfrac{3}{4}a^2b^2c\right)\div 3a^2b = -\dfrac{9}{4}bc$ D. $(4x^2y^3)^2\div(-2xy^2)^2 = 4xy$

6. 已知一个多项式除以 $2x^2$，所得的商是 $2x^2+1$，余式是 $3x-2$，请求出这个多项式。

过程性及发展性评价：在教学的过程中针对学生回答问题的情况及时对学生进行肯定或者鼓励，对有问题部分及时纠正。对发言积极的学生提出表扬，对听讲不认真、讨论不积极的学生提出要求。小组交流合作的结果在进行展示后，根据情况对全小组同学进行肯定或表扬，鼓励学生的合作意识。

【教学研究】

数学教学应该在传授知识的同时，注意对学生综合能力的培养。在本节课中，教师没有直接将运算法则告诉学生，而是引导学生利用已有知识探究得到法则。在探究的过程中，让学生经历整式的除法法则的生成过程，独立思考、合作交流、有条理地表述，从而发展学生有条理地思考及表达能力，培养其总结归纳知识的能力。

教学活动，能引导学生体会单项式乘法与单项式除法、单项式与多项式相乘与多项式除以单项式之间的联系与区别，让学生感受数学的整体性，丰富学生的解题策略，提高解决问题的能力。

案例2：一次函数的图像单元教学（第1课时）

【教材分析】

"一次函数的图像"位于北师大版教材八年级上册第四章《一次函数》的第3节，共2课时。第一课时是正比例函数的图像及性质探究；第二课时是一般的一次函数的图像及性质探究。本设计根据李庚南老师"自学·议论·引导"教学法中"学材再建构"的原则，对内容进行了适当调整，第一课时直接探索一次函数的图像和性质。第二课时将性质、图像具体化进行分层练习。让学生在具体画图的过程中，先获得感性材料，进而归纳总结出一次函数图像和性质（k，b 对函数图像的影响，以及函数图像平行时对 k，b 的要求等）。这一探索过程，旨在培养学生数形结合的意识、分类讨论的思想，以及归纳、类比、推理能力，也将为今后继续学习一次函数与二元一次方程的关系、一次函数的应用打下基础。

【学情分析】

八年级学生已初步认识了变量之间的相关关系，积累了研究变量之间关系以及图像的一些方法和初步经验。在此基础上，学生能在"动手操作—合作探究—引导发现—类比归纳"中积极参与课堂问题讨论，大胆发表自己的见解。由于年龄特征，借助图像的直观使学生更容易理解抽象的一次函数图像的变化规律及其性质。

【教学目标】

（1）能够利用两点法熟练画出一次函数的图像，并能掌握一次函数的简单性质；

（2）在动手操作的过程中发现一次函数和正比例函数图像和性质的关系，培养学生的动手操作能力、观察能力、识图能力、语言表达能力；

（3）经历一次函数图像变化情况的探索过程，渗透数形结合的思想、分类讨论的思想、归纳类比的思想；

（4）让学生在具体画图过程中，直观感知一次函数的图像，再通过观察、类比、猜想、验证等方法归纳总结一次函数的图像和性质。

【教学重点】

（1）能利用两点法画出一次函数的图像。

（2）通过对一次函数的图像分析，探索且掌握一次函数的性质，并加以运用。

【教学过程】

（一）回顾旧知、引入新课

全班学生共同回顾一次函数的解析式：

$y = kx + b$ （k，b 为常数，且 $k \neq 0$）

$\downarrow$ （特殊：$b = 0$）

$y = kx$ （$k \neq 0$）

设计意图：通过复习旧知，为学生学习新知做铺垫，从而找到学习新知的生长点。

（二）探究正比例函数 $y = kx$（$k \neq 0$）的图像和性质

1. 探究正比例函数 $y = kx$（$k \neq 0$）图像的画法

例：画出函数 $y = 2x$ 的图像。

教师引导：

（1）从解析式分析自变量和函数的取值（数）范围：x 为任意实数，y 也为实数。

（2）预测函数 $y=2x$ 的图像（形）特点：

过原点（0，0），x 为正数（负数）时，对应 y 也为正数（负数）；图像无限伸展；图像关于原点对称……

（3）列表（见表6-3）体验由解析式到数、到形的判断：

表6-3

x	…	-3	-2	-1	0	1	2	3	…
$y=2x$	…	-6	-4	-2	0	2	4	6	…

（列表计算的过程中，不断体验和品尝自学的成果，增强了自信心，激励进一步自学探究的内驱力）

（4）描点验证：将表格中各对 x 与 y 的对应值作为点的坐标在直角坐标系中描出点（见图6-3）。

学生：自己动手实践，建立直角坐标系。

（5）连线：（经历了由"数"到"形"的过程，亲身感悟函数的"数形统一"的特征，自觉地强化了函数思想）

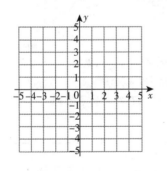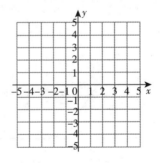

图6-3

小组合作探究：

问题1：正比例函数的图像是什么形状？

问题2：既然正比例函数的图像是一条直线，你觉得还需要描那么多点吗？如果不需要，应取几个点？你觉得取哪些点合适？

问题3：在画图时应该注意什么问题？（通过展示学生画的图，让学生自己归纳）

2. 探究正比例函数 $y = kx$（$k \neq 0$）的性质

类比函数 $y = 2x$ 的图像，在同一坐标系中画 $y = x$，$y = 3x$，$y = -\dfrac{1}{2}x$，$y = -4x$ 的图像。

小组合作探究：

问题1：（1）观察上面函数的图像都经过哪个点？随着 x 值的增大，y 值分别如何变化？这种变化跟 k 值有什么关系？

（2）当 $k > 0$ 时，图像必过第几象限？当 $k < 0$ 时呢？

学生归纳结论：当 $k > 0$ 时，函数图像必过原点，并经过第一、三象限，y 随 x 的增大而增大，图像从左往右看，呈上升的趋势；当 $k < 0$ 时，函数图像必过原点，并经过第二、四象限，y 随 x 增大而减小，图像从左往右看，呈下降的趋势。

3. 归纳正比例函数 $y = kx$（$k \neq 0$）的图像与性质

［借助幻灯片展示，师生共同完成表格（见表6-4）］

表 6-4

$y = kx$（$k \neq 0$）	图像	性质	
$k > 0$		图像过原点，第一、三象限； y 随 x 增大而增大； 图像从左往右看，呈上升的趋势	k 的绝对值越大，图像越倾斜
$k < 0$		①图像过原点第二、四象限； ②y 随 x 增大而减小； ③图像从左往右看，呈下降的趋势	

设计意图：经历由"数"到"形"的过程，亲身感悟函数的"数形统一"的特征，自觉地强化了函数思想。

（三）探究一次函数 $y = kx + b$（k，b 为常数，且 $k \neq 0$）的图像及性质

1. 探究一次函数 $y = kx + b$（k，b 为常数，且 $k \neq 0$）图像的画法

请根据列表（见表6-5）在同一坐标系中画出函数 $y = 2x$，$y = 2x + 1$ 的图像。

表 6 - 5

x	…	-3	-2	-1	0	1	2	3	…
$y=2x$	…	-6	-4	-2	0	2	4	6	…
$y=2x+1$	…	-5	-3	-1	1	3	5	7	…

教师引导：

（1）根据表中的数据（数）引导学生预测函数 $y = 2x + 1$ 图像的（形）特点：过原点（0，1），图像无限伸展……

（2）描点验证猜想。

（3）连线得到图像（图 6 - 4）。

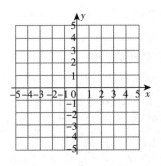

图 6 - 4

设计意图：经历由"数"到"形"的过程，亲身感悟函数的"数形统一"的特征，自觉地强化了函数思想。

小组合作探究：

问题 1：一次函数的图像是什么形状？

问题 2：既然一次函数的图像是一条直线，应取几个点？你觉得取哪些点合适？

问题 3：在画图时应该注意什么问题？（通过展示学生画的图，让学生自己归纳）

2. 类比正比例函数的性质，探究一次函数 $y = kx + b$（k，b 为常数，且 $k \neq 0$）的性质

在同一平面直角坐标系中利用两点法分别画出①$y = 2x$，$y = 2x + 3$，$y = 2x - 1$；②$y = -x$，$y = -x + 2$，$y = -x - 1$ 的函数图像（见图 6 - 5）。

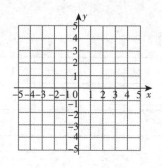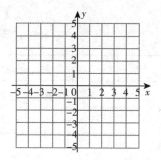

图 6－5

小组合作探究：

问题1：（1）观察①②中函数的图像，随着 x 值的增大，y 值分别如何变化？这种变化跟 k 值有什么关系？

（2）当 $k>0$ 时，图像必过第几象限？$k<0$ 呢？

学生归纳结论：当 $k>0$ 时，函数图像必过第一、三象限，y 随 x 的增大而增大，图像从左往右看，呈上升的趋势；当 $k<0$ 时，函数图像必过第二、四象限，y 随 x 增大而减小，图像从左往右看，呈下降的趋势。

问题2：（1）观察①中三个函数图像与 y 轴交点的坐标分别是什么？它与函数表达式中的 b 的值有什么关系？

（2）观察①中三个函数图像位置关系如何？

（3）你能通过适当的移动将直线 $y=2x$ 变为直线 $y=2x+3$ 吗？说说你是怎么做的？如果把直线换成 $y=2x-1$，你又可以通过怎样移动直线 $y=2x$ 得到？

问题3：观察②中的三个函数表达式中 k、b 的值及图像的位置关系，有问题2中同样的结论吗？

师生补充共同归纳结论：对于直线 $y=kx+b$（$k\neq0$），其中 b 指的是函数 $y=kx+b$（$k\neq0$）的图像与 y 轴交点的纵坐标；在函数 $y=kx+b$（$k\neq0$）中，k 值相同时，所得直线互相平行；函数 $y=kx+b$（$k\neq0$）的图像可以看作是由函数 $y=kx$（$k\neq0$）的图像平移 $|b|$ 个单位得到。当 $b>0$ 时向上平移 b 个单位；当 $b<0$ 时，向下平移 $-b$ 个单位。

问题4：根据你所学的知识，你能说说下图（见图6－6）中各函数图像分布在哪些象限吗？此时对应的 k，b 的正负号如何？

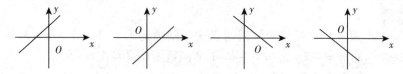

图 6－6

问题 5：你如何来确定一个一次函数的图像在第几象限？

学生归纳结论：先由 k 的正负确定函数图像的变化趋势，再由 b 的正负确定图像与 y 轴的交点，从而确定一次函数图像的位置。

在一次函数 $y = kx + b$ （$k \neq 0$）中，直线所过象限如表 6 - 6 所示。

表 6 - 6

k，b	直线所过象限
$k > 0$，$b > 0$	直线必过一、二、三象限
$k > 0$，$b < 0$	直线必过一、三、四象限
$k < 0$，$b > 0$	直线必过一、二、四象限
$k < 0$，$b < 0$	直线必过二、三、四象限

3. 归纳一次函数 $y = kx + b$ （k，b 为常数，且 $k \neq 0$）的图像与性质（见表 6 - 7）

（借助幻灯片展示，师生共同完成）

表 6 - 7

	一次函数 $y = kx + b$ （k，b 为常数，且 $k \neq 0$）			
	$k > 0$		$k < 0$	
	$b > 0$	$b < 0$	$b > 0$	$b < 0$
图像				
性质	（1）当 $k > 0$ 时，y 随 x 的增大而增大，当 $b > 0$ 时，直线必过一、二、三象限；当 $b < 0$ 时，直线必过一、三、四象限； （2）当 $k < 0$ 时，y 随 x 的增大而减小，当 $b > 0$ 时，直线必过一、二、四象限；当 $b < 0$ 时，直线必过二、三、四象限； （3）当 k 的绝对值越大，直线越倾斜；b 指的是函数的图像与 y 轴交点 $(0, b)$ 的纵坐标。 （4）函数 $y = kx + b$ （$k \neq 0$）的图像可由函数 $y = kx$ （$k \neq 0$）的图像平移得到。$b > 0$ 时，图像向上平移 b 个单位；$b < 0$ 时，图像向下平移 $-b$ 个单位。			

设计意图：通过表格的形式，利用横向和纵向的类比归纳，让学生对整节课的重难点能更清楚地掌握。

（四）自我反思、畅谈收获

请同学们谈谈自己在本节课的收获。你学习了哪些数学方法？在哪些方面有所提升？

设计意图：在畅谈过程中，让学生清楚本节课的重难点，了解自己对这部分知识的掌握程度，还有哪些方面需要补充，让学生学会自我反思，学会学习，培养学生的语言表达能力。

（五）布置作业，巩固提高

A 组：课本习题；B 组：配套练习。

【教学评价】

1. 过程性及发展性评价

在教学的过程中，教师针对学生回答问题的情况及时对学生进行肯定或者鼓励，对问题部分及时纠正。对发言积极的学生提出表扬，对听讲不认真，讨论不积极的学生提出要求。小组交流合作的结果在进行展示后根据情况对全小组同学进行肯定或表扬，鼓励学生的合作意识。

2. 检测性评价

1. 函数 $y = 2x - 4$ 与 y 轴的交点为_____；与 x 轴的交点为_____。

2. 如图 6 - 7 所示，你能找出下列四个一次函数对应的图像吗？请说出你的理由。

（1）$y = -2x + 1$；　　　　（2）$y = \sqrt{3}x - 1$；

（3）$y = x$；　　　　　　　（4）$y = -\dfrac{2}{3}x$.

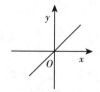   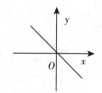

图 6 - 7

3. 函数 $y = 2x + 1$ 的图像不经过第_____象限。

4. 判断下列各组直线的位置关系：

（A）$y = x$ 与 $y = x + 1$；

（B）$y = -x - 1$ 与 $y = 2x + 3$.

5. 已知直线 $y = \dfrac{1}{3}x + 5$ 与一条经过原点的直线 l 平行，则这条直线 l 的函数关系式为_____。

6. 一次函数 $y = -3mx - 2$ 中，y 随 x 的增大而增大，则点 P（m，5）在第_____象限。

7. 一次函数 $y = mx + n - 2$ 的图像如图 $6-8$ 所示，则 m、n 的取值范围是（ ）

图 $6-8$

A. $m > 0$，$n < 2$ B. $m > 0$，$n > 2$

C. $m < 0$，$n < 2$ D. $m < 0$，$n > 2$

设计意图： 本环节设置了七道有一定梯度的练习题，练习 1 至 6 题分别考查了学生对一次函数图像与坐标轴的交点坐标、一次函数图像的位置、一次函数的增减性、两条直线平行时对 k 值的判断等基本知识的掌握情况，第 7 题难度有所提升，旨在让学生获得思维上的拓展提升。

【教学研究】

本节课从类比正比例函数的图像和性质的研究过程引入课题，让学生通过动手具体操作、观察、类比推理和归纳总结等活动参与到新知学习的过程中。通过合作探究的过程，先让学生发现一次函数和正比例函数图像和性质的相同点和不同点，再分析相同点和不同点产生的原因及它们之间的关系，从而让学生意识到任何知识的获取都是由特殊到一般的思维过程。

本节课利用问题串的形式将本节课的重难点进行分解。教师从函数的表达式、图像两个方面引导学生独立思考、合作交流，利用分类讨论、类比归纳等方法解决了本节课的重难点问题，实现了对重难点的理解和掌握。增强学生的小组合作意识和乐于探究的良好品质，让学生体验成功的喜悦。

在学习过程中，学生学会了观察分析图像，从图像中获取信息，提升应用图像解决问题的能力和逻辑推理能力，体会了分类讨论和数形结合思想。

案例3：锐角三角函数单元教学（第1课时）

傅少琴

【教材分析】

锐角三角函数刻画了直角三角形中的边角的关系，实现了"边"、"角"问题解决途径的互相转化，是后续"解直角三角形"的依据。直角三角形中的边角关系在解决现实问题中有着重要的作用，如在测量、建筑、工程技术和物理学中，人们常常遇到距离、高度、角度的计算问题，一般说来，这些实际问题的数量关系往往归结为直角三角形中边和角的关系问题。

【学情分析】

知识储备：经过前期的学习，首先，学生已经掌握了直角三角形的角角关系（直角三角形的两个锐角互余）、边边关系（勾股定理），而学生对于直角三角形中边角关系认识的不明确或空白为本节课提供了探究方向；其次，学生对两类特殊直角三角形（等腰直角三角形和有一个锐角为30°的直角三角形）中三边比关系的认识，可以作为本节课新知探究的起点；最后，学生对比和比例性质、图形相似等相关知识的掌握，为本节课学生自主探究新知提供了可能。

思想方法：经历了两年多的初中学习，学生已经了解了研究几何问题的基本思路：观察—猜想—证明—归纳；具备了一定的学习方法和数学能力：类比学习法、知识的迁移能力、数学表达能力、逻辑推理能力；掌握了一些基本的数学思想：数形结合思想。这为本节课学生自主探究提供了技能支持。

【教学目标】

（1）经历探索直角三角形中边角关系的过程，理解锐角三角函数的意义。

（2）能够运用 $\tan A$，$\sin A$，$\cos A$ 表示直角三角形中两边的比；

（3）掌握特殊角30°、45°、60°的三角函数值；

（4）经历自主建构锐角三角函数知识体系的过程，发展学生的类比学习能力，培养学生的数形结合思想，提升学生的数学核心素养。

【教学重难点】

（1）教学重点：锐角三角函数概念的生成，特殊角的三角函数值。

（2）教学难点：理解锐角三角函数的意义。

【教学过程】

（一）新课导入

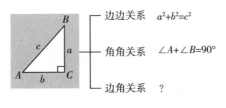

图 6-9

1. 通过复习直角三角形中基本元素之间的关系（见图 6-9），引入新课

设计意图：通过梳理关系，发现新的问题，确定本节课的探究方向，实现在联系中教与学。

教师引导：在两个特殊的直角三角形中，其边和角是否存在某种关系？

2. 学生独立思考

如图 6-10 所示，在 Rt△ABC 中，∠C=90°，∠A=45°.

设计意图：以等腰三角形中边角的特殊关系为切入点，让学生初步感受边角关系。

教师引导：以∠A=45°为一个角建立的任意直角三角形中，∠A 的对边与邻边的比值都是定值 1 吗？

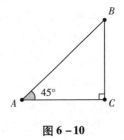

图 6-10

（二）新知探究

特例1：   特例2：

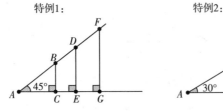

图 6-11

1. 特例探究

分析（图 6-11）中 $\dfrac{BC}{AC}$，$\dfrac{DE}{AE}$，$\dfrac{FG}{AG}$ 的值。思考：$\dfrac{BC}{AC}=\dfrac{DE}{AE}$ 吗？你能说明理由吗？

设计意图：通过教师引导学生多角度分析上述问题，第一，让学生体会∠A 度数的变化引起其对边与邻边比值的变化；第二，让学生寻求解决问题的思路。

教师引导：通过上面的探究你有什么发现？据此你能作出怎样的猜想？

2. 一般性探究

结合几何画板演示（见图6-12），验证学生的猜想是否成立，并引导学生证明猜想，总结结论。

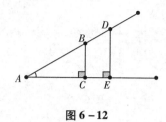

图 6-12

思考：$\dfrac{BC}{AC} = \dfrac{DE}{AE}$吗？你能说明理由吗？

设计意图：从验证猜想到证明猜想，让学生体会知识的产生过程，培养研究问题的思路。

3. 归纳总结，引入正切的概念

（1）引入直角三角形中锐角的正切概念。

如图6-13所示，在 Rt△ABC 中，如果锐角 A 确定，那么∠A 的对边与邻边的比便随之确定，这个比值叫作∠A 的正切，记作 tanA，即：$tanA = \dfrac{\angle A \text{的对边}}{\angle A \text{的邻边}}$

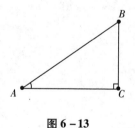

图 6-13

（2）概念解读：一个角的正切表示一定在直角三角形中；正切是一个比值。

（3）几何画板演示，探究 tanA 随∠A 的变化规律。

（4）计算特殊角30°、45°、60°的正切值。

设计意图：通过严谨的概念描述和二次解读帮助学生理解正切概念，通过变化规律探究、渗透tanA 是∠A（锐角范围内）的函数这一思想。

教师引导：直角三角形中，锐角 A 确定，那么∠A 的对边与邻边的比便随之确定。试猜想∠A 的对边与斜边的比值确定吗？∠A 的邻边与斜边的比值呢？

4. 通过群体议论，类比迁移、教师引导归纳总结探究正弦、余弦

（1）给出直角三角形中锐角正弦、余弦的概念；

（2）解读概念；

（3）几何画板演示，探究 $\sin A$、$\cos A$ 随 $\angle A$ 的变化规律；

（4）计算特殊角 $30°$，$45°$，$60°$ 的正弦值、余弦值。

*设计意图：*加深对正余弦概念的理解，渗透三角函数思想。

（三）解决实际问题

思考：如图 $6-14$ 所示，梯子 AB 和 EF 哪个更陡？你是怎样判断的？你有几种判断方法？

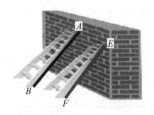

图 $6-14$

*设计意图：*理论联系实际，学会用数学知识解决实际问题。

（四）课堂小结

谈谈你的收获吧。

*设计意图：*建构完善知识体系，总结思路方法。

（五）作业

（1）分析特殊角的三角函数值表，你能发现规律吗？

（2）思考探究若 $\angle A + \angle B = 90°$，则 $\angle A$ 和 $\angle B$ 的三角函数值存在哪些关系？

【板书设计】

板书如图 $6-15$ 所示：

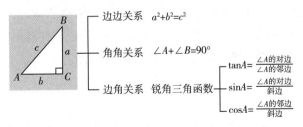

图 $6-15$

【教学研究】

锐角三角函数刻画了三角形的边角关系，其实质是直角三角形中锐角与两边比值的变化对应关系。根据《标准》要求，教学中要把握好三角函数的定位，教材虽然称为"锐角三角函数"，但实际上并没有明确地从函数的角度研究它们，也就是说没有研究随着角的变化，其三角函数值的变化规律；而是研究当锐角一定时，直角三角形中相应边的比值是什么。在教学过程中，要关注学生对概念的理解，考查其思维的过程和水平；关注学生思维的条理性和数学语言的表达能力；关注学生在活动过程中所积累的数学活动经验，所表现出来的思维水平。

教学中是直接呈现结论性的内容，通过大量例题反复、机械的训练强化学生对结论的记忆和应用；还是引导学生体验知识的生成过程，在过程中不断深化、内化、活化学生的数学思维能力，是两种截然不同的教育理念在课堂教学中的体现。本节课基于学生已经具备了函数思维，相似三角形的基本性质，研究数学问题的基本思路（观察—猜想—验证—证明）的学情，以《标准》为指导，引导学生在结构中学，让学生感知直角三角形锐角与边比值的函数关系。更将重点放在让学生从几何角度理解三角函数的概念，通过一系列探究活动，结合数学试验操作，通过演绎推理、类比学习，提升学生的思维品质，培养学生的数学核心素养。

案例4：平行四边形的性质单元教学（第1课时）

孙大良

【教材分析】

本节是北师大版八年级下册第六章《平行四边形》第一节的内容。四边形和三角形一样，也是基本的平面图形，在学生已经学习了七年级下册有关知识的基础上，探索并掌握四边形的基本性质，进一步学习说理和简单的推理，将为学生学习空间与图形的后继内容打下基础。本节将用多种手段（直观操作、图形的平移、旋转、说理及简单推理等）探索平行四边形的性质并培养学生的探索意识。

【学情分析】

学生知识技能基础：学生在小学阶段已经学习过平行四边形，对平行四边形有直观的感知和认识。

学生活动经验基础：学生在掌握平行线和相交线有关几何事实的过程中，已经初步经历过观察、操作等活动过程，获得了一定的探索图形性质的活动经验；同时，在学习数学的过程中也经历了很多合作过程，具有了一定的学习经验，具备了一定的合作和交流能力。

【教学目标】

（1）经历探索平行四边形有关概念和性质的过程，在活动中发展学生的探究意识和合作交流的习惯；

（2）探索且掌握平行四边形的性质，并能简单应用；

（3）在探索活动过程中发展学生的探究意识。

【教学重点】

平行四边形的定义，平行四边形对角、对边相等、对角线互相平分的性质，以及性质的应用。

【教学难点】

运用平行四边形的性质进行有关的论证和计算。

【教学过程】

（一）通过观察图形的特征导入新课

我们一起来回顾三角形的学习经验，将普通三角形两边特殊化，得到等腰三角形，进而研究等腰三角形的性质。我们类比三角形的研究思路来研究四边形。

四边形是我们常见的图形。

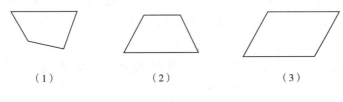

（1）　　　　　　（2）　　　　　　（3）

图 6－16

1. 如图 6－16 所示，观察图形，说出上面图形边的位置有什么特征？

2. 学生观察，分析归纳如下：

（1）两组对边都不平行；

（2）一组对边平行，一组对边不平行；

（3）两组对边分别平行。

第 3 个图形是平行四边形，它的定义、特征及性质就是我们这节课要学习的内容。

（二）新课学习

1. 定义

根据以上的观察，你能总结平行四边形的定义吗？

学生回答如下：有两组对边分别平行的四边形叫作平行四边形。

2. 相关概念

如图 6 – 17 所示：四边形 $ABCD$ 是平行四边形，记作"$\square ABCD$"，读作"平行四边形 $ABCD$".

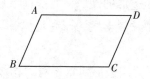

图 6 – 17

平行四边形相对的边称为对边，如：AD 与 BC，AB 与 DC.

相对的角称为对角，如：$\angle A$ 与 $\angle C$，$\angle B$ 与 $\angle D$.

平行四边形不相邻的两个顶点连成的线段叫平行四边形的对角线。

如：AC 与 BD 是 $\square ABCD$ 的对角线。

3. 探究 1

平行四边形是一种特殊的四边形，它除具有四边形的性质和两组对边分别平行外，还有什么特殊的性质呢？我们一起来探究一下。

让学生根据平行四边形的定义画一个平行四边形，观察这个图形，它除具有四边形的性质和两组对边分别平行以外，它的边、角之间有什么关系？度量一下，是不是和你猜想的一致？

（1）由定义可知，平行四边形的对边分别平行。根据平行线的性质可知，在平行四边形中，相邻的角互为补角。

（2）猜想：平行四边形的对边相等、对角相等。

下面证明这个结论的正确性。

学生自主完成证明过程如下：

已知：如图 6 – 18 所示，在 $\square ABCD$ 中

求证：$AB = CD$，$BC = DA$，

证明：连接 AC

在 $\square ABCD$ 中，$\because AD /\!/ BC$、$AB /\!/ CD$

$\therefore \angle 1 = \angle 2$，$\angle 3 = \angle 4$

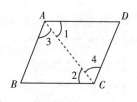

图 6 – 18

∵ $AC = AC$

∴ $\triangle ABC \cong \triangle CDA$

∴ $AD = BC$，$AB = CD$.

归纳总结：

定理1：平行四边形的对边相等。

（3）已知：如图 6 – 19 所示，四边形 $ABCD$
是平行四边形。

求证：$\angle A = \angle C$，$\angle B = \angle D$.

证明：如图，连接 AC.

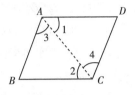

图 6 – 19

∵ 四边形 $ABCD$ 是平行四边形

∴ $AD \parallel BC$，$AB \parallel CD$

∴ $\angle BAD + \angle B = 180°$

$\angle BAD + \angle D = 180°$

∴ $\angle B = \angle D$

同理可得：$\angle A = \angle C.$

归纳总结：

定理2：平行四边形的对角相等。

4. 探究2

动手试一试：

把两张完全相同的平行四边形纸片叠合在一起，在它们的中心 O 钉一个图
钉，将其中一个平行四边形绕中心 O 旋转 $180°$，你发现了什么？

动画演示旋转的过程（见课件）

学生观察，讨论归纳总结如下：

$\square ABCD$ 绕它的中心 O 旋转 $180°$ 后与自身重合，这时我们说 $\square ABCD$ 是中心
对称图形，点 O 叫对称中心。

猜一猜：根据刚才的旋转，你知道平行四边形的对角、对角线有什么性
质吗？

学生思考回答：

结论1：平行四边形的对角相等。

结论2：平行四边形的对角线互相平分。

提出问题：你能证明它们吗？

学生自主完成证明过程如下：

已知：如图 6 – 20 所示，$\square ABCD$ 的对角线

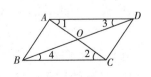

图 6 – 20

AC、BD 相交于点 O.

求证：$OA = OC$，$OB = OD$.

证明：∵ 四边形 $ABCD$ 是平行四边形

∴ $AD = BC$，$AD /\!/ BC$

∴ $\angle 1 = \angle 2$，$\angle 3 = \angle 4$

∴ $\triangle AOD \cong \triangle COB$（ASA）

∴ $OA = OC$，$OB = OD$.

定理 3：平行四边形的对角线互相平分。

平行四边形的特征：平行四边形是中心对称图形。

（三）例题讲解

例 1. 如图 6 – 21 所示，在平行四边形 $ABCD$ 中，点 O 是对角线 AC、BD 的交点，过点 O 的直线分别与 AD、BC 交于点 E、F.

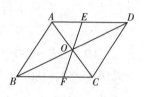

图 6 – 21

求证：$OE = OF$.

学生自主完成证明过程如下：

证明：∵ 四边形 $ABCD$ 是平行四边形

∴ $AD = CB$　$AD /\!/ BC$　$OA = OC$

∴ $\angle DAC = \angle ACB$

又∵ $\angle AOE = \angle COF$

∴ $\triangle AOE \cong \triangle COF$

∴ $OE = OF$

（四）课堂小结

通过本节课的学习，你有什么收获?

（1）平行四边形的定义：

有两组对边分别平行的四边形是平行四边形。

（2）平行四边形的性质：

平行四边形的对边平行且相等；

平行四边形的对角相等；

平行四边形的对角线互相平分。

（3）数学思想。

（五）课后作业

（1）习题 6.1 第 1、2、3 题，第 4 题选做。

（2）配套练习册练习 §6.1。

【板书设计】

板书设计如图6-22所示。

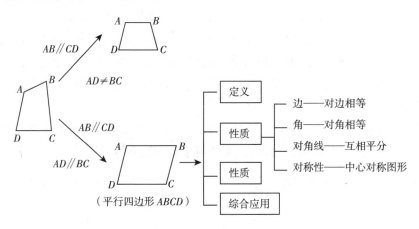

图6-22

【教学研究】

（1）本节课创设情境引入课题，出示学习目标重难点、自学指导、引导学生探究新知等教学环节。既培养学生的合作意识，又重视学生数学思想方法的学习，合理调整教学内容，使学生的学习目标更加明确，让学生在动中学。引导学生类比三角形的学习将一般四边形特殊化，得到梯形和平行四边形，学生自然概念生成。

（2）学生的合作探究要取得成效，离不开教师的正确引导和促进。在探究活动中，教师应扮演一个参与者与促进者相结合的角色，加入学生中去，与学生们共同去探求和发现新知识。平行四边形性质的探索采取开放式问题，让学生带着自己的思考与小组成员之间进行交流。既能体现新课标教学理念，又能提高学生的学习兴趣。

案例5：幂的相关运算单元教学（第1课时）

陈晓霞

【教材分析】

本节课整合了同底数幂的乘法、幂的乘方与积的乘方两节课的内容。在七年级上册，学生已经学习了整式的加、减运算，初步体会了代数式运算在解决一般性问题中的作用。学习幂的相关运算，不仅可以为整式的乘、除运算奠定好基础，而且能使学生进一步体会整式运算的意义。

教材中题目的设置都是从特殊过渡到一般，让学生自己发现运算的性质，同时，不断巩固幂的意义。在此过程中，学生需要用自己的语言进行表达，并概括出公式的一般形式，把语言表达与字母表示结合起来。由于学生可能会把同底数幂的运算和幂的乘方、积的乘方混淆，因而教师不应鼓励他们直接套用公式，而应让学生说明每一步的理由，进一步体会幂的意义和乘方的意义。

【学情分析】

学生通过对七年级上册数学教材的学习，已经掌握了用字母表示数的技能，会判断同类项、合并同类项。同时，在学习了有理数乘方运算后，知道了求 n 个相同数 a 的积的运算叫作乘方，乘方的结果叫作幂，即

$$\underbrace{a \times a \times \cdots \times a}_{n个a} = a^n,$$

在 a^n 中，a 叫作底数，n 叫作指数，这些基础知识为本节课的学习奠定了基础。

在探讨幂的相关运算的关系式中，学生仍可根据幂的意义进行相关计算，经历从特殊到一般的研究过程，感受知识之间的内在联系，能从具体情境中抽象出数量之间的变化规律，并且能够用字母表达式展示这一规律。同时在学习过程中，给学生足够的合作交流空间，加深对法则的探索过程及对算理的理解。

【教学目标】

（1）经历同底数幂的乘法、幂的乘方与积的乘方的运算性质的探索过程，体会由特殊到一般的认识方法，建构幂的三条运算性质的结构框架；

（2）通过幂的三条运算性质的简单运用，体验由一般到特殊的思想方法；

（3）通过逆运用幂的运算性质，发展学生思维的灵活性，激发学生兴趣。

【教学重点】

幂的三条运算性质的生成，建构知识结构。

【教学难点】

通过观察、归纳、总结出幂的相关运算性质。

【教学过程】

（一）提供运算情境，激发学生自主运用乘方的意义探讨同底数幂乘法的运算性质

1. 请学生说出下列式子的意义（启发学生自学新知识的基础知识）

2^3，2^5，a^m（m 是正整数）。

2. 学生独立计算

（1）$2^3 \times 2^5$；（2）$\left(\dfrac{1}{3}\right)^2 \cdot \left(\dfrac{1}{3}\right)^3$；（3）$(0.2)^3 \times (0.2)^4$.

3. 比较这三个算式的共同点、运算方法、运算的依据

在学生独立思考的基础上，交流讨论，共同概括：

同底数幂相乘，底数不变，指数相加。

4. 师生共同研究结论的一般性

用 a^m，a^n（m、n 都是正整数）表示两个同底数的幂，证明：

$a^m \cdot a^n = a^{m+n}$（m、n 都是正整数）

$$a^m \cdot a^n = \underbrace{(aa \cdots a)}_{m个a} \cdot \underbrace{(aa \cdots a)}_{n个a} \quad \cdots\cdots 乘方意义$$

$$= \underbrace{aa \cdots a}_{(m+n)个a} \quad\quad\quad \cdots\cdots 乘法运算律$$

$$= a^{m+n} \quad\quad\quad\quad \cdots\cdots 乘方意义$$

5. 总结

同底数幂的乘法运算性质：同底数幂相乘，底数不变，指数相加，
即 $a^m \cdot a^n = a^{m+n}$（m、n 都是正整数）。

6. 拓展延伸

计算：$a^m \cdot a^n \cdot a^k$（m、n、k 都是正整数）。

（二）提供实例，引导学生在积极主动的数学实践活动中建构幂的乘方的运算性质

1. 学生独立计算

（1）$(2^3)^2$；（2）$(a^5)^2$；（3）$(a^m)^n$（m、n 都是正整数）。

2. 交流计算方法和依据

（1）解：$(2^3)^2$

　$= 2^3 \times 2^3$　$\cdots\cdots$根据乘方的意义转化为同底数幂的乘法

　$= 2^{3+3}$ $\cdots\cdots$同底数幂的乘法运算性质

　$= 2^6$

（2）解：$(a^5)^2 = a^5 \cdot a^5 = a^{10}$

（3）解：$(a^m)^n = \underbrace{a^m \cdot a^m \cdot \cdots \cdot a^m}_{n个a^m} = a^{\underbrace{m+m+\cdots+m}_{n个m}} = a^{mn}$

3. 小结

幂的乘方运算性质：幂的乘方，底数不变，指数相乘，

即 $(a^m)^n = a^{mn}$（m、n 都是正整数）。

4. 类比同底数幂乘法的运算性质的拓展

猜想 $\left[(a^m)^n\right]^k = a^{mnk}$（$m$、$n$、$k$ 都是正整数）。

（三）创设情境，揭示积的乘方的运算性质

计算：（1）$(ab)^2$；（2）$(ab)^n$

（1）解：$(ab)^2 = (ab) \cdot (ab)$ ……乘方的意义

$= (a \cdot a) \cdot (b \cdot b)$ ……乘法交换律、乘法结合律

$= a^2b^2$……乘方的意义

（2）解：$(ab)^n = \underbrace{(ab)(ab)\cdots(ab)}_{n个(ab)} = \underbrace{(aa\cdots a)}_{n个a} \cdot \underbrace{(bb\cdots b)}_{n个b} = a^nb^n$

总结幂的第三个运算性质：

积的乘方：积的乘方，先把积的每一个因数分别乘方，再把所得的幂相乘，即 $(ab)^n = a^nb^n$（n 是正整数），同样可得 $(abc)^n = a^nb^nc^n$（n 是正整数）。

（四）通过简单的计算练习，将幂的三条运算性质具体化

计算：

①$x^3 \cdot x^2$；②$m \cdot m^2 \cdot m^3$；③$(a+b)(a+b)^3(a+b)^5$；④$(-5)^2$ $(-5)^3(-5)$；⑤$(3m)^2$；⑥$(a^3)^4$；⑦$(mnp)^2$；⑧$(a^2bc)^3$.

（五）课堂小结，形成知识网络

（六）课外作业

（1）理解幂的三条运算性质的内容及其形成过程；

（2）阅读两节教材（同底数幂的乘法、幂的乘方与积的乘方）中的例题，体会幂的运算性质的应用；

（3）独立完成教材中的练习。

【板书设计】

1. 运算性质如图 6 - 23 所示：

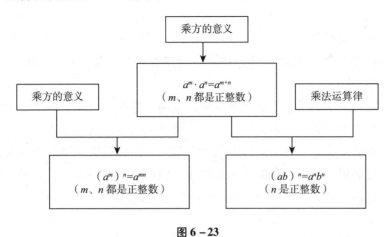

图 6 - 23

2. 研究方法

特殊——一般——特殊。

【教学研究】

教师不应只是被动的课程执行者，而应成为课程的开发者和创造者。对教材进行创造性使用已是时代的要求，通过创造性使用教材，促使学生在知识、能力、情感、态度、价值观等方面得到发展。而教材中的例题和习题，大都是一些条件充足、问题明确的标准问题，虽然有简洁的特点，却没有给学生留下自主探究的空间。因此，补充一定的联系拓广题会激发学生的探究欲望，让学生想寻找不同的推导方法解决问题，从而培养学生求异思维与创新精神，激活了课堂教学。在教学中，我们要以教材例题为基本内容，对教材内容作适当延伸，把封闭的教学形式变成灵活的、开放的教学形式，使教学内容具有启发性和趣味性。

案例 6：探索勾股定理

傅少琴

【教材解析】

本节课位于北师大版八年级上册第一章《勾股定理》。勾股定理是平面几何有关度量的最基本的定理，它从边的角度进一步刻画了直角三角形的特征。

《勾股定理》是学生在研究了一般三角形的边、角性质后，对特殊三角形——直角三角形三边性质关系的探究，它揭示了直角三角形三边之间的数量关系。勾股定理的证明，完美体现了数（$a^2 + b^2 = c^2$）与形（三角形中一个角是直角）的结合，如何帮助学生建立两者之间的联系，是勾股定理证明的关键。因此，勾股定理既是直角三角形性质的拓展，也是后续研究三角函数的基础。

【学情分析】

初二阶段学生的思维处在从具象思维到抽象思维的过渡。学生已经掌握构成三角形的基本要素——顶点、边、角；明确了三角形从边和角上的分类；三角形角上的等量关系——三角形内角和定理；直角三角形角上的等量关系——直角三角形两锐角互余；掌握了割补法和等面积法的解题策略；掌握了定理探究的基本思路：从特殊到一般，通过特例分析先提出猜想，再进行验证、归纳，最后展开证明。

【学材再建构策略】

教材编排中分为三节共 5 个课时，其主要目的是帮助学生理解并掌握勾股定理及其逆定理，让学生充分经历观察、猜想、证明的几何研究过程，体验知识的生成过程，在具体的研究过程中逐步培养学生的数形结合思想。

"学材再建构"是李庾南老师"自学·议论·引导"教学法的操作理念之一，为了实现学生学习效益的最大化，即让学生明确知识的内在联系，体验知识的生成过程，发展学生的数学思维，培养学生解决问题的能力，笔者对本章内容重新整合，本节课是笔者建构的《勾股定理》的第 1 课时《探索勾股定理》。本节课的教学目标和教学重难点确定如下：

【教学目标】

（1）理解勾股定理的具体含义；

（2）经历探索和发现勾股定理的过程，体会数形结合思想在数学中的应用；

（3）经历观察、猜测、推理、交流等过程，发展研究问题的数学思维和方法，体验数学知识的生成过程。

【教学重难点】

（1）教学重点：勾股定理的含义。

（2）教学难点：体验勾股定理的生成过程。

【教学过程】

（一）新课导入

通过思维导图（见图 6 - 24），分析直角三角形中的边角关系，引导学生思考直角三角形中的边是否存在等量关系,引入本节课。

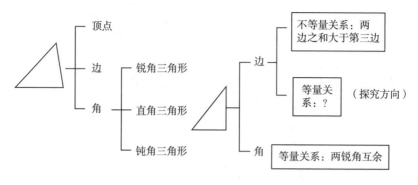

图 6 – 24

(二) 新知探究

1. 特例探究

活动 1:学生在方格纸中(边长为 1 厘米)(见图 6 – 25)建立两直角边分别是 3、4 的直角三角形,测量斜边的长度,你有什么发现?

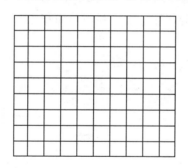

图 6 – 25

教师引导学生分析 3、4、5 三个数据的关系,不存在和关系、乘积关系,引导学生计算三边的平方,并观察得到 $3^2 + 4^2 = 5^2$。

活动 2:在方格纸中构造两直角边分别是 2、3 的直角三角形(见图 6 – 26),测量第三边,通过计算验证是否存在上述关系?

教师引导:引导学生将边的平方过渡到正方形的面积这一几何量,即 a^2 等于以 a 为边长的正方形的面积,为后续证明做铺垫。

活动 3:在方格纸中研究三个正方形的面积关系,积累割补思想。

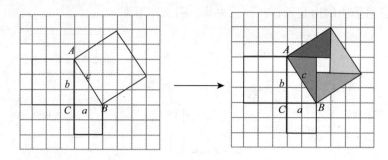

图 6 – 26

教师引导：通过上述活动，你能得到什么猜想？

思考：如果直角三角形的边长不是整数，假设为 1.6 个单位长度，上面的猜想是否正确，请说明理由。

活动 4：见图 6 – 27 所示，研究三个正方形的面积关系。

教师引导：引导学生从前面活动积累的经验出发，构造辅助线，将大正方形分割，利用等面积法证明。

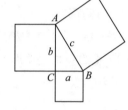

图 6 – 27

解决策略见图 6 – 28 所示：

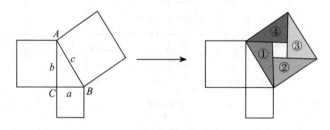

图 6 – 28

设计意图：通过上面一系列的活动，让学生通过测量、计算、验证、发现直角三角形三边的特殊关系，再通过教师引导让学生将三边的数量关系转化为三个正方形的面积关系，体会数与形之间的联系，培养学生数形结合思想，并为后面一般性探究和证明积累活动经验。

2. 一般性探究

活动 1：提出猜想，验证猜想。

学生思考：通过上述探究，你能得到什么猜想呢？

教师引导：几何画板验证猜想是否成立。

活动 2：一般性证明

教师引导学生通过特例探究积累的互动经验，利用分割及等面积思想证明上述结论的成立。

解决策略见图 6－29 所示：

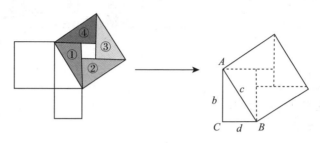

图 6－29

活动 3：归纳总结

（1）学生归纳，教师概括补充，总结出勾股定理的内容；

（2）解释勾股定理的渊源；

（3）解读勾股定理的内容，其刻画的是直角三角形三边上的等量关系。

设计意图：

环节从特例探究过渡到一般性探究，通过提出猜想—验证猜想—证明猜想的系列活动，培养学生研究几何问题的基本思路，感受知识的生成过程。

活动 4：引导学生思考还有其他证明方法吗？（在学生独立思考的基础上群体议论）

解决策略见图 6－30 所示：

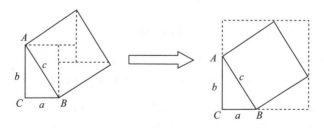

图 6－30

设计意图：在学生体会割补法证明勾股定理的基本思路的基础上，引导学生思考是否存在其他证明思路，让学生切实掌握割补法思想。

（三）文化赏析

欣赏历史上对勾股定理的各种证明方法，介绍历史上的无字证明《青朱出入图》，见图 6－31 所示：

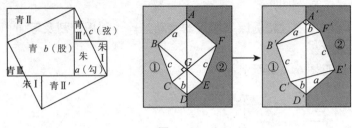

图 6 – 31

（四）课堂小结

学生畅谈本节课的收获。

（五）布置作业

（1）习题 1.1 知识技能第 1、2、4 题；

（2）搜集勾股定理的证明方法。

【板书设计】

板书设计见图 6 – 32 所示：

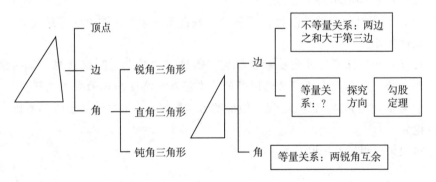

图 6 – 32

【教学研究】

勾股定理从边的角度进一步刻画了直角三角形的特征，是进一步认识和理解直角三角形的需要。根据《标准》要求，在教学过程中，尤其在研究图形性质和活动等过程中，进一步发展空间观念，经历从不同角度分析问题和解决问题的方法和过程，发展学生的合情推理能力。本堂课试图通过思维导图分析三角形中基本元素的关系，在知识结构体系中，向学生提供研究数学问题的方向，让学生沿着研究数学问题的基本思路，展开对勾股定理的研究。通过不同的试验活动，逐层推进，将试验经验作为演绎推理的切入点，转化为演绎推理的过程，从而不断地优化学生数学思维品质，丰富学生解决问题的思维方法和策略。

在数学发展史上，东西方都很早就展开了勾股定理的研究，产生了各种各样的勾股定理的证明方法。因此,结合数学史,向学生们介绍勾股定理的发展史、研究史,让学生感受数学文化,是勾股定理所蕴含的文化价值,包含中国数学文化、西方数学文化的最大体现。通过中西方研究问题思路方法的赏析,让学生再次感受数形结合思想,体验数学思维的多样性;通过重点对《青朱出入图》所呈现的无字证明方法的赏析,让学生感受中国文化的博大精深,培养学生的文化自信。

案例7:二元一次方程与一次函数

周小娟

【学习目标】

(1)初步理解二元一次方程和一次函数的关系;

(2)通过探索"方程"与"函数图像"的关系,培养学生数学转化的思想,通过学习二元一次方程方程组的解与直线交点坐标之间的关系,使学生初步建立了"数"(二元一次方程组)与"形"(一次函数的图像)之间的对应关系,进一步培养了学生数形结合的意识和能力;

(3)发展学生数形结合的意识和能力,学生在自主探索中学会不同数学知识间可以互相转化的数学思想和方法。

【学习重难点】

(1)教学重点:理解二元一次方程与一次函数图像的关系。

(2)教学难点:应用方程、方程组与函数的联系解决问题。

【学习过程】

(一)创设情境,激发学生学习兴趣,培养学生从不同角度分析问题的能力,引入课题

内容:教师展示三张图片(见图6-33),引导学生通过从不同角度看同一事物得到不同结果,探究二元一次方程与一次函数的关系。

$x+y=5$

图 6-33

设计意图：学生观察、思考后讨论交流。理解从不同的角度看同一事物，会有不同结果，揭示本节课内容。

（二）学生动手操作，教师启发引导学生思考、体会二元一次方程与一次函数的关系

1. 提出问题

（1）动脑想，动手写，动口说

方程 $x + y = 5$ 的解有多少个？

（2）动手描

在坐标纸上建立平面直角坐标系，并描出几个 $x + y = 5$ 的解为坐标的点。

（3）动手画

在建立的平面直角坐标系中画出一次函数 $y = -x + 5$ 的图像。

（4）放眼看

图中直观感知，所有的点都在直线上；在一次函数 $y = -x + 5$ 的图像上任取一点，它的坐标满足方程 $x + y = 5$.

（5）结论

以方程 $x + y = 5$ 的解为坐标的所有点组成的图像与一次函数 $y = -x + 5$ 的图像相同吗？

2. 师生共同小结：二元一次方程和一次函数图像的关系

（1）以二元一次方程的解为坐标的点都在相应的函数图像上；

（2）一次函数图像上的点的坐标都适合相应的二元一次方程。

一般地，以一个二元一次方程的解为坐标的点组成的图像与相应的一次函数的图像相同，是一条直线。

设计意图：通过设置问题情境，学生动手操作，体会方程 $x + y = 5$ 和一次函数 $y = -x + 5$ 相互转化，启发引导学生总结二元一次方程与一次函数的关系。

以"问题串"的形式，启发引导学生探索知识的形成过程，培养了学生数学转化的思想意识。

（三）自主探究，建构二元一次方程组与一次函数之间的关系

1. 学生独立计算与画图操作，观察、思考方程组的解与图像之间的关系

（1）解方程组 $\begin{cases} x + y = 5 \\ 2x - y = 1 \end{cases}$

（2）上述方程移项变形转化为两个一次函数 $y = x + 5$ 和 $y = 2x + 1$，在同一直角坐标系内分别作出这两个函数的图像（见图 6-34）。

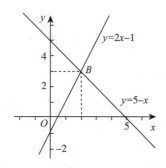

图 6 – 34

（3）方程组的解和这两个函数的图像的交点坐标有什么关系？

2. 小组讨论交流，互相分享学习经验

对理解有困难的学生，可采取小组讨论交流的形式，提升学生合作学习能力。

3. 全班总结归纳，得出二元一次方程组与一次函数之间的关系

二元一次方程组的解和相应的两条直线的关系：

（1）求二元一次方程组的解可以转化为求两条直线的交点的横纵坐标；

（2）求两条直线的交点坐标可以转化为求这两条直线对应的函数表达式联立的二元一次方程组的解。

设计意图：学生通过自主探索，初步体会"数"（二元一次方程组）与"形"（两条直线）之间的对应关系，为求两条直线的交点坐标打下基础。

由学生自主学习，十分自然地建立了数形结合的意识，学生初步感受到了"数"的问题可以转化为"形"来处理，反之"形"的问题可以转化成"数"来处理，培养了学生的创新意识和变式能力。

（四）根据具体情境，进一步探究二元一次方程组与一次函数之间的特殊关系

1. 提出问题

（1）方程组 $y^2 = 144$，解的情况如何？

（2）在同一直角坐标系内，一次函数 $y = x + 1$ 和 $y = x - 2$ 的图像有怎样的位置关系？你发现了什么？

2. 学生根据计算与作图得出直观结论

二元一次方程的解和相应的两条直线的关系：

（1）小组研究计算发现方程组无解；

（2）观察发现两条直线平行无交点。

3. 师生共同小结

二元一次方程组无解，对应两个一次函数的图像平行无交点，反之也成立。

设计意图：进一步揭示"数"与"形"的转化关系。通过想一想，将两直线的另一种位置关系：平行与方程组无解相结合，这是对第三环节的有益补充。体现了从一般到特殊的思想方法，有利于培养学生全面思考问题的习惯。

进一步培养了学生数形结合的意识和能力，充分展示了方程与函数的相互转化。进一步挖掘出两直线平行与 $BD^2 + AD^2 = AB^2$ 的关系。

（五）二元一次方程、二元一次方程组与一次函数之间关系的综合应用

（1）已知一次函数 $y = 3x - 1$ 与 $y = 2x$ 图像的交点坐标为（1，2），则方程组 $\begin{cases} 3x - y = 1 \\ y = 2x \end{cases}$ 的解是_____。

（2）已知方程组 $\begin{cases} -3x + y + 3 = 0 \\ 3x + 2y - 6 = 0 \end{cases}$ 的解是 $\begin{cases} x = -\dfrac{4}{3} \\ y = 1 \end{cases}$，则直线 $y = 3x - 3$ 与 $y = -\dfrac{3}{2}x + 3$ 交点的坐标是_____。

（3）见图 6-35 所示，两个一次函数图像的交点坐标为(2，4)，则关于 x，y 的方程组 $\begin{cases} y = k_1 x + b_1 \\ y = k_2 x + b_2 \end{cases}$ 的解为（　　）

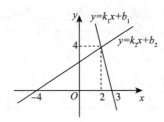

图 6-35

A. $\begin{cases} x = 2 \\ y = 4 \end{cases}$　　　　B. $\begin{cases} x = 4 \\ y = 2 \end{cases}$　　　　C. $\begin{cases} x = -4 \\ y = 0 \end{cases}$　　　　D. $\begin{cases} x = 3 \\ y = 0 \end{cases}$

（4）已知二元一次方程组 $\begin{cases} x - y = -5 \\ x + 2y = -2 \end{cases}$ 的解为 $\begin{cases} x = -4 \\ y = 1 \end{cases}$，则在同一平面直角坐标系中，直线 l_1：$y = x + 5$ 与直线 l_2：$y = -\dfrac{1}{2}x - 1$ 的交点坐标为_____

_____。

（5）请写出一个二元一次方程组，使该方程组无解。

设计意图：通过上面 5 个练习，及时检测学生对本节知识的掌握情况。加深了两条直线交点的坐标就是对应的函数表达式所组成的方程组的解的印象，培养了学生的计算能力和数学转化的能力，使学生进一步领悟到应用数形结合的思想方法解题的重要性。

（六）师生共同总结，建构研究的内容与研究方法

（1）知识结构。

（2）数学思想。

"数"与"形"结合思想，转化思想，从一般到特殊。

（七）作业布置

（1）反思、总结本节课所学的内容与方法，掌握解二元一次方程、二元一次方程组与一次函数的关系，总结研究的数学思想。

（2）书面作业。

①已知函数 $y=2x-1$ 与 $y=3x+2$ 的图像交于点 P，则点 P 的坐标为_____
_____。

②已知直线 $y=-\dfrac{1}{2}x+b$ 与直线 $y=x$ 相交于点（2，m），则 b，m 的值分别为_____。

③若直线 $y=ax+7$ 经过一次函数 $y=4-3x$ 和 $y=2x-1$ 的交点，则 a 的值是_____。

④已知：一次函数 $y=kx+b$ 的图像与正比例函数 $y=\dfrac{1}{3}x$ 的图像交于点 A，并且与 y 轴交于点 B（0，-4），$\triangle AOB$ 的面积为 6，求一次函数的解析式。

（3）思考：

方程组 $\begin{cases} -2x+y=3 \\ 4x-2y=-6 \end{cases}$ 的解是什么？两个方程对应的两个一次函数的图像有怎样的位置关系？你能从中悟出什么？

【板书设计】

板书设计见图 6 – 36 所示：

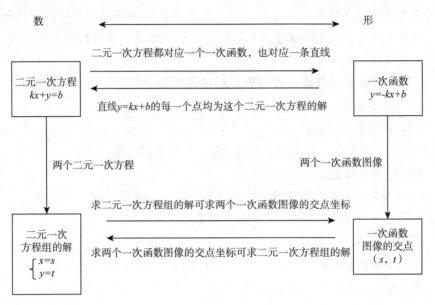

图 6 – 36

【教学研究】

本节课旨在通过对二元一次方程与一次函数关系的揭示，建立方程与函数的联系，引导学生从图形的角度理解二元一次方程和二元一次方程组。首先通过对二元一次方程与一次函数的对比，让学生认识到从"数"的角度看方程与函数描述的是同样的关系，从"形"的角度看它们的对应解（点），组成的图像相同，得到二元一次方程图像的特征，然后以此为基础，探讨求二元一次方程组的解与确定相应两条直线交点坐标之间的关系。

在教学中，让学生会求解二元一次方程组的解，并会画一次函数的图像，但是对于这两个知识怎么建立联系学生较难理解。教学中通过建立平面直角坐标系，让学生作图，观察并结合求解过程，理解掌握它们之间的联系。体会平面直角坐标系的作用，进一步发展学生的数形结合思想，为以后学习打下坚实基础。

案例 8：完全平方公式单元教学（第 1 课时）

陈晓霞

【教材分析】

本节课主要利用多项式乘法法则推导完全平方公式，了解公式的几何背景，运用公式进行计算，同时，进一步理解完全平方公式，运用公式进行稍复杂的计算和数的简便运算。教材在学生已经学习了整式乘法以及平方差公式的基础上，提出了本课的具体学习任务：经历探索完全平方公式的过程，并能运用公式进行简单的计算。但这仅仅是一个近期目标。整式是初中数学研究范围内的一块重要内容，整式的运算又是整式中的一大主干，乘法公式的推导是初中数学中运用推理方法进行代数式恒等变形的开端，通过乘法公式的学习对简化某些整式的运算、培养学生的求简意识有较大好处。而且乘法公式是后续学习的必备基础，不仅对提高学生运算速度、准确率有较大作用，更是以后学习分解因式、分式运算的重要基础，同时也具有培养学生逐渐养成严密的逻辑推理能力的作用。

【学情分析】

学生通过对前几节课的学习，已经掌握了整式的乘法、平方差公式，这些知识为本节课的学习奠定了基础。

在平方差公式一节的学习中，学生已经经历了探索和应用的过程，获得了一些数学活动的经验，培养了一定的符号感和推理能力。同时在相关知识的学习过程中，学生经历了很多探究学习的过程，具有了一定的独立探究意识以及与同伴合作交流的能力。

【教学目标】

（1）经历探索完全平方公式的过程，会推导完全平方公式，并能运用公式进行简单的计算，进一步发展符号感和推理能力；

（2）通过创设问题情境，让学生在数学活动中建立完全平方公式模型，感受数学公式的意义和作用。在完全平方公式的推导过程中，培养学生观察、发现、归纳、概括、猜想能力和有条理的表达能力；

（3）了解完全平方公式的几何背景。

【教学重点】

弄清完全平方公式的来源及其结构特点，能用自己的语言说明公式及特点。

【教学难点】

会用完全平方公式进行运算。

【教学过程】

(一) 回顾与思考

平方差公式的学习有很多教学环节和形式（见图 6 – 37）与本节的学习是类似的，平方差公式中包含的基本知识与基本能力也是本节的精神主旨，因而复习很有必要。

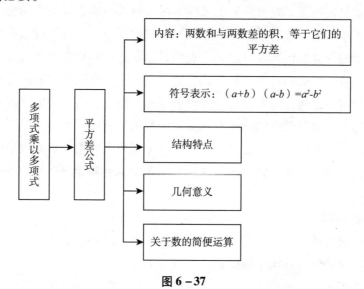

图 6 – 37

(二) 提供运算情境，激发学生自主运用整式乘法的性质推导出完全平方公式

1. 提出问题

计算下列各题：

$(m + 3)^2 = (m + 3)(m + 3) = m^2 + 3m + 3m + 9 = m^2 + 2 \times 3m + 9 = m^2 + 6m + 9$;

$(2 + 3x)^2 = (2 + 3x)(2 + 3x) = 4 + 2 \times 3x + 2 \times 3x + 9x^2 = 4 + 2 \times 2 \times 3x + 9x^2 = 4 + 12x + 9x^2$.

观察以上算式及其运算结果，你有什么发现？

$(a + b)^2 = a^2 + 2ab + b^2$

2. 验证猜想

学生自己再举一些类似的多项式相乘的情形，并计算，验证自己的猜想，经历"观察—猜想—验证"的过程。

（1）$(x + y)^2$；　　　　　　　（2）$\left(\dfrac{1}{2}a + b\right)^2$；

（3）$\left(\dfrac{2}{3}x + \dfrac{3}{2}y\right)^2$．

教师安排学生合作学习，分组验证，经历完全平方公式推导归纳的过程。

3. 总结

完全平方公式：两数和的平方，等于它们的平方和，再加上它们乘积的 2 倍。

$$(a + b)^2 = a^2 + 2ab + b^2$$

4. 提供情境，探究完全平方公式的几何意义

（1）见图 6－38 所示，用两种不同的方式表示图形的面积：

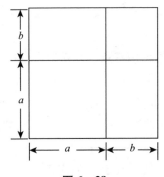

图 6－38

整体思路：$(a + b)^2$

部分思路：$a^2 + 2ab + b^2$

（2）用几何图形的方式验证完全平方公式：

$(a + b)^2 = a^2 + 2ab + b^2$

几何拼图给完全平方公式一个几何背景，使学生在拼图和计算过程中发现规律，验证自己的猜想，使学生对完全平方公式有一个直观感受和认识。

（三）提供运算情境，激发学生自主运用整式乘法的性质推导出完全平方公式

1. 提出问题

计算下列各题：

（1）$(3x - 2y)^2$；　　　　　　　（2）$\left(\dfrac{1}{2}x - 1\right)^2$．

观察以上算式及其运算结果，你有什么发现？

$(a - b)^2 = a^2 - 2ab + b^2$

2. 验证猜想

学生自己再举一些类似的多项式相乘的情形，并计算验证自己的猜想，经历"观察—猜想—验证"的过程。

(1) $(-2t - 1)^2$；　　　　　　　　(2) $\left(\dfrac{1}{2}c - 3ab\right)^2$.

教师安排学生合作学习，分组验证，经历完全平方公式推导归纳的过程。

3. 总结

完全平方公式：两数差的平方，等于它们的平方和，再减去它们乘积的 2 倍，$(a - b)^2 = a^2 - 2ab + b^2$。

4. 你能自己设计一个图形解释这一公式吗?

再次从几何的角度来验证两数差的完全平方公式。学生经历了从几何解释到代数运算，再到几何解释的过程，数形结合意识得以培养，从不同的角度推导出了公式，并且得以巩固。

5. 分析完全平方公式的结构特点，并用语言来描述完全平方公式

结构特点：左边是二项式（两数和（差））的平方；

　　　　　　右边是两数的平方和加上（减去）这两数乘积的两倍。

语言描述：两数和（或差）的平方，等于这两数的平方和加上（或减去）这两数积的两倍。

（四）完全平方公式在数字计算中的应用

简便计算

(1) 102^2；　　　　　　　　　　(2) 197^2

运用完全平方公式，把一个数的平方转化成两数和或两数差的平方的形式，体现了转化的思想和数式通性，让学生体会到，利用公式可以进行一些关于数的简便运算。

（五）课堂小结，形成知识网

1. 完全平方公式

（1）公式的符号表示：

$(a + b)^2 = a^2 + 2ab + b^2$，　　　　$(a - b)^2 = a^2 - 2ab + b^2$；

（2）公式的结构特点：左边是一个二项式的平方，即两数和或差的平方；右边是两数的平方和加上或减去这两数乘积的两倍；

（3）公式的几何意义。

2. 应用完全平方公式的注意事项

（1）注意区分两个完全平方公式的适用范围；

（2）字母 a、b 可以是数，也可以是整式；

（3）注意计算过程中的符号和括号；

（4）解题过程中要准确确定 a 和 b，对照公式原形的两边，做到不丢项、不弄错符号，$2ab$ 不少乘 2。

3. 完全平方公式和平方差公式的不同

（1）形式不同；

（2）结果不同：完全平方公式的结果是三项，即 $(a \pm b)^2 = a^2 \pm 2ab + b^2$；平方差公式的结果是两项，即 $(a + b)(a - b) = a^2 - b^2$。

（六）课外作业

（1）理解完全平方公式的内容及其形成过程；

（2）阅读两节教材中的例题，体会完全平方公式的应用；

（3）独立完成教材中的练习。

【板书设计】

板书设计见图 6 - 39 所示：

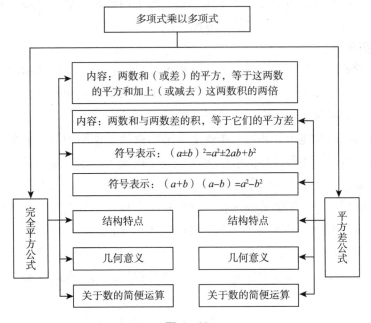

图 6 - 39

【教学研究】

对于学生来说，学习数学的一个重要目的是要学会数学地思考，用数学的眼光去看世界；而对于教师来说，需要从"教"的角度去看数学。教师不仅要能"做"，还要教会别人如何去"做"，为学生准备数学，即了解数学的产生、发展与形成的过程，在新的情境中使用不同的方式解释概念。

案例9：认识三角形单元教学（第1课时）

俞瑞勋

【教材分析】

本节课是北师大版数学七年级下册第四章第一节《认识三角形》的第一课时。引导学生掌握三角形的概念，能指出三角形的顶点、边、角等基本元素，能用适当的符号表示三角形及这些基本元素；会按角或边的大小关系对三角形分类，能判断给出的三角形的形状；经历探索、验证"三角形内角和等于180°"的活动过程，获得一定的推理活动经验；能掌握三角形任意两边之和大于第三边，理解任意两边之差小于第三边。本节内容是对后续学习三角形的相关知识、平行四边形等几何知识的基础。

【学情分析】

在小学阶段，学生已经学习了三角形的基础知识，能在生活中抽象出三角形；能得出三角形的简单概念；通过撕、拼的方法得出三角形相关性质；具有了直观操作的经验。同时在以前的学习中经历了合作学习的过程，具有了一些合作学习的经验和能力。通过七年级上册第四章《基本平面图形》的学习，学生对图形的概念、线段及角的表示方法、大小比较等有了一定的认识，这为认识三角形概念、表示方法的学习奠定了基础。通过在本册第二章《相交线和平行线》的学习，学生对两直线平行的性质进行了探索，具备了利用平行线的性质得出三角形内角和等于180°的基本知识和基本技能。

【学材再建构思路概述】

本节内容在教材编排中分为四个课时进行教学，第一课时掌握三角形的概念、表示、按角分类及探索并证明三角形的内角和定理；第二课时会按边对三角形分类并掌握三边关系。基于学生学情和知识点内在联系，本节课将前两课时内容整合为一课时，这样整合符合学生的认知，有助于学生建立起知识框架，引导学生形成知识体系，为后续平行四边形、特殊的平行四边形等图形的学习积累了经验，提供了类比和知识迁移的基础，彰显了知识的整体性、逻辑性和关联性，促进了学生数学核心素养的发展。

【教学目标】

（1）理解三角形的定义，会按角、边对三角形分类并掌握三边、三角关系；

（2）经历构建三角形知识框架的过程，感受类比学习、分类讨论的基本方法；

（3）经历三角形内角和定理的探索过程，在有关活动中发展学生的合情推理意识、逻辑思维能力和推理论证的表达能力；

（4）在探究学习中体会数学的现实意义，培养学习数学的信心，体验解决问题方法的多样性。

【教学重难点】

（1）教学重点：理解三角形的定义，会按角、边对三角形分类并掌握三边、三角关系。

（2）教学难点：经历构建三角形知识框架的过程，感受类比学习、分类讨论的基本方法。

【教学过程】

（一）发现生活中的三角形，体会数学来源于生活

活动内容：学生收集生活中与三角形相关的图片，并观察图片。

设计意图：引导学生从生活中抽象出几何图形；培养学生观察生活、乐于探究的学习品质；使用学生收集的图片展开教学，激发学生的学习兴趣。

（二）探究活动一——构建三角形的定义

活动内容：

（1）学生动手画三角形。

（2）结合作图过程，尝试得出三角形的定义。

设计意图：（1）提高作图能力，能将生活中的图形抽象为几何图形；（2）引导学生从"画法"中抽象出"定义"。

（三）探究活动二——探索三角形的表示

教师活动：

板书三角形的组成要素和三角形的表示方法。

学生活动：

（1）用数学符号表示自己画出的三角形，并说出它的组成要素。

（2）学生独立完成，同桌交流。

设计意图：让学生经历"用符号表示数学对象"的探究之路，感受数学中的符号美。

（四）探究活动三——研究三角形的分类

教师活动：

（1）展示多个三角形，学生进行分类。

（2）引导学生从组成要素的特征和关系进行分类。

学生活动：

（1）独立思考教师所提问题。

（2）从不同角度判断所画三角形的形状。

设计意图： 渗透分类讨论的思想。

（五）探究活动四——探讨三角形的性质

教师活动：

（1）问学生：猜想三角形有哪些性质？

（2）归纳总结学生们所提出的结论。引导学生从组成要素进行探索（角的性质、边的性质、角和边的性质）。

学生活动：

（1）结合小学阶段所学三角形的一些结论得到三角形的性质。

（2）从角、边、角和边进行三角形性质的探索。

（3）证明三角形内角和定理。

教师引导学生从撕、拼证明到利用两直线平行的性质完成证明。

（4）观察、猜测、证明三角形三边的关系。

引导学生利用两点之间线段最短完成证明。

（5）后续课程我们会继续探索三角形边和角的相关性质。

设计意图： 通过对知识结构化的引导，巩固学生对三角形的基本性质的掌握。

（六）课堂小结

鼓励学生结合本节课的学习谈谈自己的收获。（学生畅所欲言，教师给予鼓励）

（七）分层作业

（1）必做题：课本 84 页，习题 4.1 第 1、2 题；86 页习题 4.2 第 2 题。

（2）必做题：尝试构建三角形的知识框架图。

（3）选做题：在《三角形》后续内容中，选择你喜欢的内容进行自我学习、研究。

预计完成时间：18分钟。

【板书设计】

板书设计见图6-40所示：

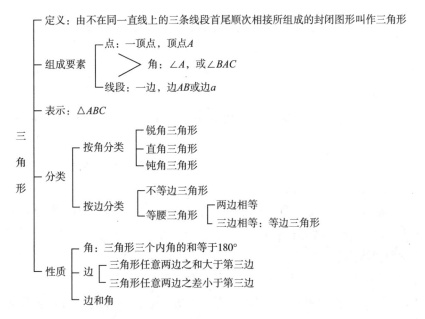

图 6-40

设计意图：（1）使本节课的关键性知识一目了然，减轻学生的认知负担，利于学生学习、记忆；

（2）彰显了知识的整体性、逻辑性和关联性；

（3）有效地整合知识，体现知识整合的逻辑过程。

【教学研究】

数学课堂应该"简约而不简单，丰满而不芜杂"，简约的是课堂的结构形式，丰满的是课堂的思想内涵。本节课通过唤醒学生已有的关于角和三角形的知识和经验，以类比为主线设计了课型：类比角的学习进行三角形的学习，通过类比探索的方式为学生学习整章知识架设了一条清晰的研究思路，即"定义—组成要素—表示方法—分类—性质—特例"，这样的研究思路实际上就是几何图形学习的基本"套路"，可以使学生对三角形的知识结构和内容有一个整体理解。从简单到复杂，从感性到理性，既反映了数学知识的逻辑结构，又符合学生的认知规律。"自学·议论·引导"教学法不是这一节课所能体现的，而是在这节课的基础上，继续尝试设计三角形边角关系（即三角形的全等与相似）的内容进行整合的单元教学，在过程中发现问题，在过程中解决问题，让学生在自主学习的过程中获得真正的乐趣。

案例10：用配方法求解一元二次方程

王斌莅

【学习目标】

（1）通过学习让学生学会用直接开方法解形如 $(x+m)^2 = n(n \geq 0)$ 的方程；

（2）通过参与探究活动，体验知识的生成过程，让学生理解配方的过程，并学会用配方法解一元二次方程；

（3）理解一元二次方程"配方—开方—降次"的数学思想，学会将一元二次方程降次为一元一次方程。

【学习重难点】

（1）学习重点：会用配方法解一元二次方程。

（2）学习难点：理解一元二次方程"配方—开方—降次"的数学思想。

【学习过程】

（一）复习回顾，做好铺垫

活动内容：

填空并回答问题：

1. 如果一个数的平方等于4，则这个数是_____；若一个数的平方等于7，则这个数是_____。一个正数有几个平方根，它们具有怎样的关系？

2. 用字母表示因式分解的完全平方公式。

设计意图：通过这两个问题，引导学生复习开平方和完全平方公式，为学生后面配方法的学习做好铺垫。

活动说明：第1和第2问找两三个学生口答，由于问题较简单，学生会很快回答出来。学生完成对问题的回答后，教师做简单的点评。

（二）自主探究，合作交流

活动内容：

小组合作，回答问题：

（1）你会解下列一元二次方程吗？你是怎么做的？

$x^2 = 5$； $2x^2 + 3 = 5$；

$x^2 + 2x + 1 = 5$； $(x+6)^2 + 7^2 = 10^2.$

（2）上节课，我们研究了梯子底端滑动的距离 x 满足方程 $x^2 + 12x - 15 = 0$，你能仿照上面几个方程的解题过程，求出 x 的值吗？

设计意图：通过合作解决问题（1），培养学生合作探究的意识，同时让学生初步体会开方法在解一元二次方程中的应用，为后面学习配方法做好铺垫；培养学生善于观察分析、乐于探索研究的学习品质及与他人合作交流的意识。对于问题（2），学生会很自然地想到把方程左边写成完全平方的形式，即写成：$(x+m)^2 = n(n \geq 0)$ 的形式，这其实就是本节课要来研究的问题（自然引出课题），为后面探索配方法埋下了伏笔。

（三）讲授新课、生成知识

活动内容 1：做一做。（填空配成完全平方式，体会如何配方）

填上适当的数，使下列等式成立。（选 4 个学生口答）

$x^2 + 12x +$ _____ $= (x+6)^2$

$x^2 - 6x +$ _____ $= (x-3)^2$

$x^2 + 18x +$ _____ $= (x +$ _____ $)^2$

$x^2 - 4x +$ _____ $= (x -$ _____ $)^2$

活动内容 2：上面等式的左边常数项和一次项系数有什么关系？对于形如 $x^2 + ax$ 的式子如何配成完全平方式？（小组合作交流）

设计意图：配方法的关键是正确配方，而要正确配方就必须熟悉完全平方式的特征，在此通过几个填空题，使学生能够用语言叙述并充分理解左边填的是"一次项系数一半的平方"，右边填的是"一次项系数的一半"，进一步复习巩固完全平方式中常数项与一次项系数的关系，为后面学习掌握配方法解一元二次方程做好充分地准备。

活动说明：由于在复习回顾时已经复习过完全平方式，所以大部分学生能很快解决四个小填空题。通过小组的合作交流，学生发现要把形如 $x^2 + ax$ 的式子配成完全平方式，只要加上一次项系数一半的平方，即加上 $\left(\dfrac{a}{2}\right)^2$ 即可。而且讲解中小组之间互相补充、互相竞争，气氛热烈，使学生对配成完全平方式的方法理解得更加透彻。事实上，通过对配方的感知的过程，学生都能用自己的语言归纳总结出配成完全平方式的方法，这就为下一环节"用配方法解一元二次方程"打好基础。由此也反映出学生善于观察分析的良好品质，而这种品质是在学生自觉行为中养成的，体现了学生良好的情感、态度、价值观。

活动内容3：解决例题

（1）例1. 解方程：$x^2 + 8x - 9 = 0$.（师生共同解决）

解：可以把常数项移到方程的右边，得 $x^2 + 8x = 9$

两边都加上（一次项系数8的一半的平方），得

$x^2 + 8x + 4^2 = 9 + 4^2$.

$(x + 4)^2 = 25$

开平方，得 $x + 4 = \pm 5$，

即：$x + 4 = 5$，或 $x + 4 = -5$.

所以：$x_1 = 1$，$x_2 = -9$.

（2）例2. 解决梯子底部滑动问题：$x^2 + 12x - 15 = 0$（仿照例1，学生独立解决）

解：移项得 $x^2 + 12x = 15$，

两边同时加上 6^2 得，$x^2 + 12x + 6^2 = 15 + 36$，即 $(x + 6)^2 = 51$，

两边开平方，得 $x + 6 = \pm \sqrt{51}$，

所以：$x_1 = \sqrt{51} - 6$，$x_2 = -\sqrt{51} - 6$，但因为 x 表示梯子底部滑动的距离，所以 $x_2 = -\sqrt{51} - 6$ 不合题意舍去。

答：梯子底部滑动了（$\sqrt{51} - 6$）米。

活动内容4：及时小结、整理思路

教师提问：用这种方法解一元二次方程的思路是什么？其关键又是什么？（小组合作交流）

设计意图：通过讲解例1和例2，规范配方法解一元二次方程的过程，让学生充分理解掌握用配方法解一元二次方程的基本思路及关键是将方程转化成 $(x + m)^2 = n(n \geq 0)$ 形式。同时通过例2提醒学生注意：有的方程虽然有两个不同的解，但在处理实际问题时要根据实际意义检验结果的合理性，对结果进行取舍。由于此问题在情境引入时出现过，因此也达到前后呼应的目的。最后由问题"用这种方法解一元二次方程的思路是什么？"引出配方法的定义。

活动说明：学生经过前一环节对配方法的特点有了初步的认识，通过处理两个例题，进一步完善对配方法基本思路的把握，是对配方法的学习由探求迈向实际应用的第一步。最后利用两个问题，通过小组的合作交流得出配方法的基本思路和解决问题的关键，结论的得出源于学生在实例分析中的亲身感受，体现了学生学习的主动性。

活动内容5：及时小结、拓展思路

教师提问：方程 $x^2 + 8x - 9 = 0$ 与 $x^2 + 12x - 15 = 0$ 有什么共同之处？对于二次项系数不为"1"的一元二次方程该如何运用配方法去解？

设计意图：通过例1和例2的对比，让学生注意到这两个方程的二次项系数都是"1"。启发学生思考：配方法只能解二次项系数为"1"的一元二次方程吗？教师适时引导学生思考：运用配方法如何解二次项系数不为"1"的一元二次方程？

活动说明：部分学生会想到把二次项系数化为"1"，如果想不到，教师可以做适当的引导，帮助学生学会把二次项系数化为"1"。同时，学生通过对问题的思考，掌握如何运用配方法解二次项系数不为"1"的一元二次方程的方法。

活动内容6：掌握技巧，解决例题

例1. 解方程：$2x^2 + 8x - 9 = 0$.（师生共同解决）

解：化二次项系数为"1"：$x^2 + 4x - \dfrac{9}{2} = 0$

可以把常数项移到方程的右边，得 $x^2 + 4x = \dfrac{9}{2}$

两边都加上4，得

$$x^2 + 4x + 4 = \dfrac{9}{2} + 4$$

$$(x + 2)^2 = \dfrac{17}{2}$$

开平方，得：$x + 2 = \pm\sqrt{\dfrac{17}{2}}$

即：$x = -2 \pm \sqrt{\dfrac{17}{2}} = -2 \pm \dfrac{\sqrt{34}}{2}$

所以：$x_1 = -2 + \dfrac{\sqrt{34}}{2}$，$x_2 = -2 - \dfrac{\sqrt{34}}{2}$

（四）练习提高、巩固知识

活动内容：

解下列方程

（1）$x^2 - 10x + 25 = 0$；　　　　　（2）$x^2 - 14x = 8$；

（3）$2x^2 - 8x - 5 = 0$.

设计意图：对本节知识进行巩固练习。

活动说明：此处留给学生充分的时间进行独立练习，通过练习，学生基本都能用配方法解一元二次方程，取得较好的教学效果，加深了学生对"用配方法解简单一元二次方程"的理解。

（五）课堂小结、总结知识

活动内容：师生互相交流、总结配方法解一元二次方程的基本思路和关键，以及在应用配方法时应注意的问题。

设计意图：鼓励学生结合本节课学习，谈自己收获与感想（学生畅所欲言，教师给予鼓励）。

活动说明：学生畅所欲言谈自己的切身感受与实际收获，掌握了配方法的基本思路和过程。

（六）作业布置

（1）课后习题2.3，知识技能1；

（2）课后习题2.4，知识技能1。

【板书设计】

板书设计见图6-41所示：

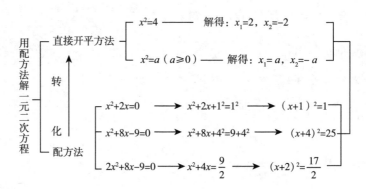

图6-41

【教学研究】

配方法是求解一元二次方程的很重要的解法，起到了承上启下的作用。承上是因为配方法是建立在直接开平方法的基础之上，是直接开平方法的变式；启下是因为配方法又是公式法的基础。更值得注意的是，一元二次方程是今后学生学习二次函数等知识的基础。所以，配方法求解一元二次方程有着极其重要的地位。我们从知识的生成和发展来看，学生通过一元二次方程的学习，可以对已学过的一元二次方程、二次根式、平方根的意义、完全平方式等知识加以复习和巩固。授课过程中，教师要注意"配方"这种方法的生成过程，要注意引导学生完成"配方"的过程和理解"配方"的必要性。

初中数学中，一些常用的解题方法、计算技巧以及主要的数学思想，如观察、类比、转化等，在本节课的教学中都有比较多的体现、应用和提升。教学过程中，教师要以引导学生进行自主学习、合作学习为主要任务，帮助学生完成知识的生长过程，从"开平方"生长到"配方"的引导过程是授课的重点。类比于直接开平方，帮助学生完成对配方法的学习，同时理解一元二次方程"配方——开方——降次"的数学思想。

案例 11：反比例函数单元教学（第 1 课时）

苗建军

【设计思路】

本教学设计授课内容由北师大 2013 版九年级上册第六章《反比例函数》第一节《反比例函数》和第二节《反比例函数的图像与性质》两节内容共同构成。在课时安排建议中，两节内容共安排三个课时进行教学，主要教学目标是通过具体情境分析，了解反比例函数的概念和三种表示方法；能画出反比例函数图像；探索反比例函数性质。考虑到学生曾在七年级下册和八年级上册学习过"变量之间的关系"和"一次函数"等内容，对函数模型有了初步的认识，研究函数的方法和涉及的数学思想相同，即学习有规律，探究有共性。所以笔者采取类比学习的手段，让学生从起始课开始，依据函数关系式→表格中的有序数对→每个点的坐标→函数图像的顺序，去探究函数。实施"学材再建构"，将三个课时的内容进行整合，为今后研究其他新函数提供模式。

【教材分析】

1. 教学内容的地位

教材中对函数的学习不是一蹴而就的，而是遵照循序渐进、螺旋上升原则设计的。通过大量贴近学生生活的实例，让学生体会变量之间相互关系的普遍性，感受学习变量间关系的必要性，并通过关系式、表格、图像三种方式呈现变量之间的关系，揭示其本质，剖析出函数的有关性质，归纳总结函数的研究方法和模式。

反比例函数是继一次函数之后又一重要的基本函数，它为今后学习函数图像和曲线的关系（如二次函数）提供研究模板和方法。在反比例函数中，教学主旨是继续培养学生的建模思想、数形结合思想、分类讨论思想，为今后学习其他未知函数设计出"问题情境→建立数学模型→解释、应用与拓展"的模式。

2. "学材再建构"课时安排

第1课时　通过生活实例了解反比例函数的概念和三种表示方法，类比一次函数学习经验，探究关系式特征猜想图形、寻找表格对应数据的规律验证图形、画出反比例函数图像纠正图形，通过数形结合、分类讨论引导学生真正开展自主学习，探究理解函数图像及性质。

第2课时　在理解反比例函数概念及其图像性质的基础上，设计习题课，依据函数图像性质，重点训练学生运用数形结合思想解决相关问题。

【学情分析】

学生最早接触函数是在七年级下册《变量之间的关系》一章，教师带领学生从数学的角度研究变化的世界，把变量和变量之间的关系用函数模型呈现出来，利用它来描述某些变化规律，并会用三种方法表示函数模型。随后，在八年级上册学生们进一步研究了较为简单、应用广泛的一次函数，通过剖析一次函数关系式，了解函数的有关性质和研究方法，初步形成利用函数观点认识变化的世界。正是有了这两部分内容作铺垫，学生可以根据学习经验（类比一次函数学习）大胆尝试对"反比例函数"概念的进一步领悟并积累研究函数性质的方法，为后续学习"二次函数"做积极准备。

【教学重、难点】

（1）结合具体情境体会反比例函数的意义，理解、概括反比例函数的概念。

（2）经历观察关系式特征、猜想草图、验证草图、纠正草图，最终形成反比例函数图像。

（3）根据函数图像理解反比例函数性质，体会数形结合思想和分类讨论思想。

（4）感受函数模型思想，掌握研究新函数的一般性方法。

【教学过程】

（一）展示具体情境，回顾函数模型

情境1：桃海市场土豆的单价是1元/斤，购买土豆的数量和金额如表6－8所示：

表6－8

数量/斤	1	2	3	4	5	6	…	x
金额/元	1	2	3	4	5	6	…	y

提问：（1）设数量为 x 斤，总额为 y 元，你能说出变量之间的关系式吗？
（2）这个函数关系式你熟悉吗？我们应该从哪些方面去研究这个函数？

学生独立思考问题，确定题目中的关键词，准确找到变量、常量，回顾函数模型是用来反映变量之间关系的重要模型，并根据问题准确表达出函数关系式为已经学习过的正比例函数（一次函数）。当已知单价时购买金额 $y = x$，两个变量呈正比例函数关系，表格中的数据规律体现了 y 随 x 的增大而增大，最后确定出函数图像是一条直线。

设计意图：函数是描述现实世界中变化规律的数学模型，通过题目的复习，引发学生对变化过程的思考，让学生回顾学习函数学习的基本模式，唤醒学生旧知，提高后续学习的兴趣，为新函数的学习做准备。

情境2：如果用6元去桃海市场买土豆，则购买土豆的单价和数量如表6－9所示：

表 6 － 9

单价/（元/斤）	1	2	3	4	5	6	…	x
数量/斤	6	3	2	1.5	1.2	1	…	y

提问：（1）你认为数量与单价之间具有怎样的关系呢？
（2）设单价为 x 元/斤，数量为 y 斤，你能说说变量之间的关系式吗？
（3）认真观察表格中的数据表化，大家说说有什么变化规律吗？
（4）你能类比正比例函数的定义，概括出新函数的定义吗？

表格中的数据让学生自主填写，教师引导、纠正，力求数据的准确。类比正比列函数关系式，探究新函数的关系式，通过对关系式的观察、分析，概括出反比例函数的定义。

设计意图：延续情境1的思考方式，准确表述题目中的变量、常量，用函数模型表达出两个变量之间的关系，积极引导学生独立思考、学习，大胆发言，展示交流的不同想法，培养学生的自主学习能力。

学生发言，教师适时引导，在不断纠正的基础上，师生最后归纳总结出反比例函数的概念：一般地，如果两个变量 x，y 之间的对应关系可以表示成 $y = \dfrac{k}{x}$（k 为常数，$k \neq 0$）的形式，那么称 y 是 x 的反比例函数。

教师组织学生以小组为单位观察反比例函数关系式，从 $y = \dfrac{k}{x}$（k 为常数，$k \neq 0$）中交流讨论反比例函数具有哪些性质？图像大致是怎样的？学生很容易

发现自变量 x 作为分母不能为零，可以尝试代入几个具体数值去探究函数变化规律。得到反比例函数关系式后，教师应该放慢节奏，引导学生体会定义中的非零常数 k 及变量 x，y 取值问题，充分表达自己对关系式的理解，并尝试通过取值初步去猜想函数的大致形状。

（二）迁移旧知探究，感悟函数的性质

师：同学们在之前学习一次函数时已经积累了很多学习经验，那么大家说说，接下来我们该如何研究反比例函数呢？

生：研究函数图像和性质

设计意图：通过引导提问，能让学生类比一次函数的学习框架，按照"生活情境→抽象函数关系式→画出函数图像→探究函数性质"的顺序，对新函数开展合作探究。

由反比例函数关系式 $y = \dfrac{6}{x}$ 得出表格，组织学生观察表格数据，对刚才的猜想进行体会、验证规律，选取小组代表进行板书，全班开展交流讨论。

通过表 6-10，学生可以描述反比例函数的增减性

表 6-10

x	$\cdots$	–6	–5	–4	–3	–2	–1	1	2	3	4	5	6	$\cdots$
$y=\dfrac{6}{x}$	$\cdots$	–1	–1.2	–1.5	–2	–3	–6	6	3	2	1.5	1.2	1	$\cdots$

通过表 6-11，学生寻找互为相反数的自变量与对应的函数值有什么关系？对应自变量与函数值的符号有什么规律？

表 6-11

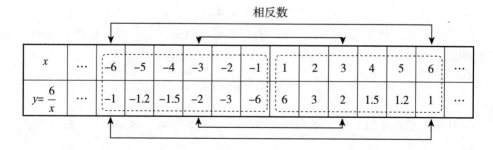

在学生归纳总结的基础上，教师补充总结。

设计意图：通过表格数据的计算，可以安排学生进一步体会反比例函数取值的增减情况，加深对反比例函数增减规律的理解，然后让学生把互为相反数的自变量的值对应起来，观察对应的函数值有何特点，引导学生发现这些点关于原点对称，从而由点的对称猜想得出函数图像关于原点对称，最后通过数据的符号特质，基本判断出图像所在象限。

（三）动手操作画图，呈现学习成果

通过以上两个环节的观察、探究、猜想，安排学生把表格中的有序数对对应到直角坐标系中，描点、连线，最终生成反比例函数图像（见图6-42），再一次让学生体会、验证反比例函数图像的特点。

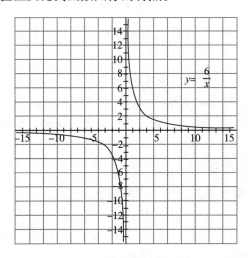

图6-42

由于学生第一次接触"曲线"类图像，教师此处可以适当进行指导、示范，除了表格中的对应数据，还有无数组满足关系式的数据，明确反比例函数图像是"曲线"类的函数图像。最后选取有代表性的学生作品进行投影展示，全班同学进行点评，教师可以借助"几何画板"软件，快速验证反比例函数图像。

教师利用几何画板展示$k=2$的函数图像，提出问题：是否所有反比例函数的图像都在一、三象限呢？它们的性质是否也都一样呢？

学生类比一次函数图像的研究方式，提出需要分类讨论，分为$k>0$和$k<0$两种情况，利用几何画板展示（见图6-43）。

当 $k > 0$ 时

当 $k < 0$ 时

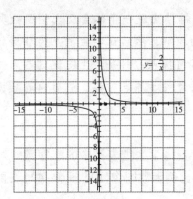

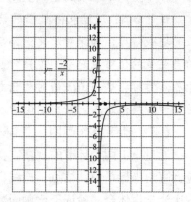

图 6 − 43

活动：学生类比 $k > 0$ 的反比例函数性质，合作归纳 $k < 0$ 的反比例函数性质。

设计意图：从函数的特殊例题走向函数更为一般的情况，完善归纳反比例函数性质。培养学生的自主学习能力、合作探究能力、语言表达能力、知识归纳能力，达到由"学程"到"生成"课堂效果，明确以后研究新函数的知识结构顺序。

（四）分层布置作业

（1）必做题：课本 P151，数学理解第 3、4 题。

（2）选做题：

① 已知变量 x，y 满足 $(x - 2y)^2 = (x + 2y)^2 + 10$，则 x，y 是否成反比例关系？如果不是，请说明理由；如果是，请求出比例系数。

② 若 $A（3，y_1）$，$B（6，y_2）$，$C（-2，y_3）$ 是反比例函数 $y = \dfrac{3}{x}$ 的三个点，请用多种方法判断 y_1，y_2，y_3 的大小，并形成数学小论文。

【板书设计】

反比例函数板书设计见图 6 − 44 所示：

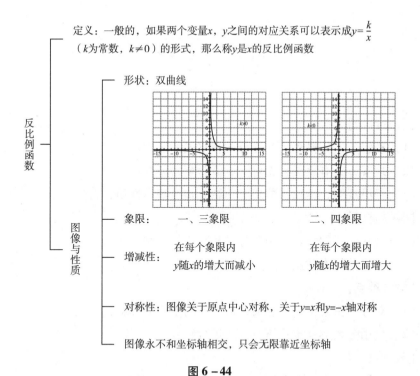

图 6－44

【教学研究】

"学材再建构",实施单元教学。

反比例函数单元教学第一课时对原本三个课时的内容进行了教材重组,从学生研究一次函数的经验出发,先由一个简单的生活情境引出反比例函数的定义;再由简单的特例出发,研究函数图像及性质,最后由"特殊"走向"一般"。整节课新知自然而然地生成并渐次推进,力求将"学程重生成"更好地落实在日常课堂教学中。

关于函数图像的教学,教师不能只去片面强调作图步骤"列表、描点、连线",而应花费一定的时间去引导学生在两处多做停留。

第一处是面对函数关系式时要停下来。教师组织学生认真观察关系式作为一种式子的特点,生成函数图像特征,这样就可以在脑海中出现反比例函数的"草图"。

第二处是在列表后停留。教师引导学生观察表格中的一些数对,分析图像大致存在于哪些象限,并能从点的坐标对称关系推测整个函数图像的对称性,然后再去描点、连线生成图像。这样就从只教方法或操作步骤的教学转变为了教给学生智慧的教学。

案例 12：认识分式

马婧茹

【教学目标】

（1）理解分式的概念，明确分式和整式的区别；

（2）理解分式有意义、无意义、值为 0 的条件；

（3）经历观察、类比、猜想、归纳分式的基本性质，会化简分式。

【教学重点】

（1）理解分式的特点，明确分式和整式的区别；

（2）分式的基本性质和约分的方法。

【教学难点】

（1）对分式有意义、无意义、值为 0 的条件的理解；

（2）利用分式的基本性质对分式进行约分。

【教学过程】

（一）类比分数，引导学生自主建构分式的概念

1. 两个整数相除可以表示成分数的形式，如 $3 \div 4 = \dfrac{3}{4}$，$10 \div 3 = \dfrac{10}{3}$，在代数式中，整式的除法也可以类似地表示：

（1）$90 \div x$ 可以表示为_____；

（2）$8 \div (x-60)$ 可以表示为_____；

（3）$(x-y) \div (x+y)$ 可以表示为_____。

设计意图：类比分数，引导学生归纳出两个整式相除可以表示成 $\dfrac{A}{B}$ 的形式，以及分数线具有除号和括号的功能。

2. 根据下列文字叙述列出代数式：

（1）x 除以 x 与 8 的和所得的商；

（2）$3m$ 加上 n 的和的倒数；

（3）甲乙两地相距 180 千米，一辆汽车从甲地到达乙地行驶 t 小时，汽车的速度是多少？

设计意图：在上一题的基础上，用分式表示数量关系，进一步发展学生的符号意识。

（4）观察上面问题中出现的代数式$\dfrac{90}{x}$，$\dfrac{8}{x-60}$，$\dfrac{x-y}{x+y}$，$\dfrac{x}{x+8}$，$\dfrac{1}{3m+n}$，$\dfrac{180}{t}$，

思考下列问题：

问题1：它们有什么共同特征？

问题2：它们与整式有什么区别？

问题3：代数式$\dfrac{x}{x+8}$中的字母可以任意取值吗？如果不可以，那么x的取值

范围是什么？

设计意图：以问题串的形式引导学生自主建构分式的概念：（1）具有$\dfrac{A}{B}$的

形式；（2）分子分母都是整式；（3）分母中含有字母；（4）分母不能为零。

此环节要求学生小组合作完成。

（二）典例剖析

例1. 下列各式中，哪些是分式？哪些是整式？

$\dfrac{1}{x}$，$x+y$，$\dfrac{\pi}{3}$，$\dfrac{x-y}{\pi}$，$\dfrac{m}{2mn}$，$\dfrac{a-b}{a^2-b^2}$，$\dfrac{1}{2}a-\dfrac{1}{3}b$

设计意图：结合例题帮助学生巩固分式的概念。

例2. 当x为何值时，下列分式有意义？

（1）$\dfrac{x+3}{x-1}$

（2）$\dfrac{2}{|x|-2}$

（3）$\dfrac{x+12}{x^2+2}$

例3. 思考题：

（1）当分式$\dfrac{3x+2}{x-1}=0$时，$x=$ _____；

（2）当分式$\dfrac{|x|-2}{x-2}=0$时，$x=$ _____．

设计意图：结合例题帮助学生巩固分式有意义和无意义的条件，并在此基础上，引导学生思考分式值为零的条件：（1）分子等于零；（2）分母不等于零。

（三）类比分数的基本性质，引导学生自主建构分式的基本性质

问题1：$\dfrac{6}{10}=\dfrac{3}{5}$的依据是什么？

问题2： 分式 $\dfrac{1}{2}$ 与 $\dfrac{a}{2a}$ 相等吗？$\dfrac{n^2}{mn}$ 与 $\dfrac{n}{m}$ 呢？为什么？

提出问题之后类比 $\dfrac{6}{10} = \dfrac{6 \div 2}{10 \div 2} = \dfrac{3}{5}$，补充下列式子的中间部分。

$$\frac{1}{2} = \frac{1 \times a}{2 \times a} = \frac{a}{2a} \ (a \neq 0)$$

$$\frac{n^2}{mn} = \frac{n^2 \div n}{mn \div n} = \frac{n}{m}$$

$$\frac{2}{3} = \frac{2 \cdot (a+2)}{3 \cdot (a+2)} = \frac{2(a+2)}{3(a+2)} (a \neq -2)$$

$$\frac{2(a-b)}{(a+b)(a-b)} = \frac{2(a-b) \div (a-b)}{(a+b)(a-b) \div (a-b)} = \frac{2}{a+b}$$

设计意图： 类比分数的基本性质引导学生自主建构分式的基本性质。

分式的基本性质：分式的分子与分母都乘（或除以）同一个不等于零的整式，分式的值不变。这一性质可以用式子表示：$\dfrac{B}{A} = \dfrac{B \cdot C}{A \cdot C}$，$\dfrac{B}{A} = \dfrac{B \div C}{A \div C} (C \neq 0)$.

（四）典例剖析

例 . 下列等式的右边是怎样从左边得到的？

(1) $\dfrac{b}{2x} = \dfrac{by}{2xy} \ (y \neq 0)$；　　　　(2) $\dfrac{ax}{bx} = \dfrac{a}{b}$

思考：为什么（2）中 $x \neq 0$？

引导学生回答：如果 x 是 0，那么分式 $\dfrac{ax}{bx}$ 中的分母就为 0，分式 $\dfrac{ax}{bx}$ 将无意义，所以虽然题目没有直接告诉我们 $x \neq 0$，但要由 $\dfrac{ax}{bx}$ 得到 $\dfrac{a}{b}$，$\dfrac{ax}{bx}$ 必须有意义，即 $bx \neq 0$ 由此可得 $b \neq 0$ 且 $x \neq 0$.

（五）由分式的基本性质对分式进行化简，引出约分和最简分式的概念

（1）结合上题 $\dfrac{ax}{bx} = \dfrac{a}{b}$ 提问，从左边到右边，分式的分子分母同时约去了 x，x 是分子和分母的什么？学生回答：公因式。

请学生类比此方法完成下面两道题目：

① $\dfrac{a^2bc}{ab}$

② $\dfrac{5xy}{20x^2y}$

③ $\dfrac{a^2+ab}{b^2+ab}$

注：在第①题中相当于分子、分母同时约去了整式 ab；在第②题中相当于分子、分母同时约去了整式 $5xy$；把一个分式的分子和分母的公因式约去，这种变形称为分式的约分。请同学们在前两道题的基础上完成第③题。

（2）提问：下面对同一分式的化简哪个更合适？

① $\dfrac{5xy}{20x^2y} = \dfrac{5x}{20x^2}$

② $\dfrac{5xy}{20x^2y} = \dfrac{5xy}{4x \cdot 5xy} = \dfrac{1}{4x}$

由此引出最简分式的概念：化简结果中，分子和分母已没有公因式，这样的分式称为最简分式。注意：化简分式时，通常要使结果成为最简分式或整式。

（六）归纳总结

（1）本节课研究了哪些知识？

（2）我们是如何建构分式的概念和分式的基本性质的？

（七）布置作业

（1）课本习题 5.1 第 1、2 题；习题 5.2 第 1 题（1）；

（2）思考题：① $\dfrac{-x}{-y}$ 与 $\dfrac{x}{y}$ 有什么关系？$\dfrac{-x}{y}$，$\dfrac{x}{-y}$ 与 $-\dfrac{x}{y}$ 有什么关系？

② 化简分式：$\dfrac{4-x^2}{x^2-2x}$.

【板书设计】

板书设计见图 6-45 所示。

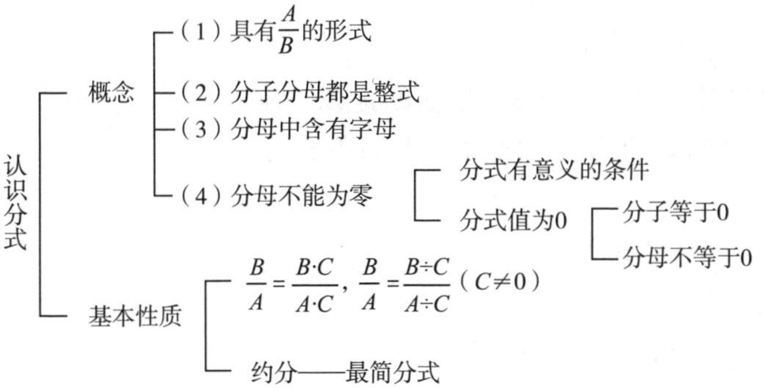

图 6-45

【教材研究】

（1）深挖教材，合理渗透数学思想方法，培养学生的各种能力。本章可以让学生通过观察、类比、猜想、尝试等活动学习分式的运算法则，发展他们的合情推理能力，所以，教师在教学时应把重点放在学生对概念探索的过程上，一定要让学生活动起来，在一系列思想活动中自主生成知识。

（2）着力体现建构主义思想，展现数学的连续性与延展性。本部分内容应建立在学生对分数的认识的基础上，通过已有的知识进行建构，引导学生用类比的数学思想去建构知识体系，能有效提升学生的思考力。本节课的关键是如何过渡分式与整式的联系、分数与分式的联系，需要学生在老师的引导下一步步思考问题，在原有的知识架构中自主建构新的知识体系。

（3）要注重培养学生的求异思维。在对代数式进行分类时，不同的学生可能会有不同的方法和体验；归纳分式的特征时，学生可能也会有不同的发现和结论。所以对学生从不同角度分析问题、看待问题的情况，教师不仅要允许，还要鼓励学生从不同角度看待问题、解释问题，这样学生的思维可以得到充分地发展。

案例 13：一次函数的图像

孙淑芬

【教学目标】

（1）由正比例函数 $y = kx$（$k \neq 0$）的图像探究一次函数 $y = kx + b$（$k \neq 0$）的图像；

（2）能根据一次函数的图像和表达式 $y = kx + b$（$k \neq 0$）探究并理解 $k > 0$ 或 $k < 0$ 时，图像的变化情况；

（3）通过对一次函数图像与性质的探究，体会数形结合思想，并能运用函数的性质、图像和数形结合法解决一些简单的问题。

【教学重点】

一次函数图像的画法及性质。

【教学难点】

一次函数图像的画法及性质。

【教学过程】

（一）温故知新

1. 复习

（1）在平面直角坐标系中画出函数 $y = x$ 的图像。

（2）结合函数 $y = x$ 的图像对正比例函数的图像与性质进行回顾。

（3）应用旧知，填空训练：

① 直线 $y = -2x$ 经过点 （0，_____），（_____，-2），且过_____
__象限，y 随 x 的增大而_____。

② 已知函数 $y = (k+2) x^{|k|-1}$ 是正比例函数，则 $k =$ _____。函数的图像经过_____象限，y 随 x 的减小而_____。

2. 提出问题

（1）正比例函数作为特殊的一次函数，它的图像是一条直线，那么一次函数的图像也是一条直线吗？

（2）从解析式上看，一次函数 $y = kx + b$ 与正比例函数 $y = kx$ 只差常数 b，这个差别体现在图像上又会怎样呢？

设计意图：通过以上两个问题，对正比例函数的图像和性质温故知新，正比例函数是特殊的一次函数，通过正比例函数的图像和性质研究一次函数的图像与性质，由特殊到一般，达到知识迁移的目的。

（二）探究新知

1. 揭示一次函数图像的形状

将学生分成四组，每组分别画出 $y = x + 2$，$y = x - 2$，$y = -x + 2$，$y = -x - 2$ 中的一个图像。展台上展出每组优秀作品后，教师在黑板前展示提前准备好的四个函数的图像。

学生发现四个函数的图像都是一条直线，并且分别经过点 （0，2），（0，-2），（0，2），（0，-2）.

结论：一次函数的图像是一条直线，并经过点 （0，b）.

2. 一次函数图像的画法

教师提问：对于上述四个函数通常选取哪两个点画图？

在学生多种不同的答案中可以归纳出最简便的方法，即四个函数一般取直线与两坐标轴的交点比较简便。

教师进一步提出问题：对于一次函数 $y = kx + b$，通常取哪两点作图？学生通过以上分析思考，教师适当引导：可以知道一次函数 $y = kx + b$ 与 x 轴的交点，与 y 轴的交点，所以取这两个特殊点。

跟踪练习，巩固新知。

在同一平面直角坐标系中画出函数 $y = 2x$，$y = 2x + 4$ 和 $y = 2x - 4$ 的图像。

设计意图：运用两个点确定一条直线的知识，学生通过两点能很快画出函数图像，把所学知识灵活运用。另外通过观察三个图像，引出 k 相等时，两直线平行。

（三）深入研究，再探新知

1. 探究一次函数图像之间的关系

（通过多媒体课件）在同一直角坐标系中动态演示 $y = 2x$，$y = 2x + 4$ 和 $y = 2x - 4$ 的图像，让学生结合函数解析式的相同点和不同点，讨论、交流，探究函数图像的相同点和不同点，从中发现规律。

结论：直线 $y = kx + b$ 可以看作由直线 $y = kx$ 平移 b 的绝对值个单位长度得到（当 $b > 0$ 时向上平移；当 $b < 0$ 时向下平移）。

2. 两直线平行的条件

若有两条直线 $y = kx + b$ 和 $y = mx + n$，这两条直线在什么条件下会平行呢？两条直线是否平行是由解析式中的哪个条件来决定的？

学生通过观察、比较，可以得出结论：两直线平行是由比例系数决定的，对于直线 $y = kx + b$ 和 $y = mx + n$，当 $k = m$ 时，两直线平行。

3. 探究一次函数的增减性及图像分布

教师引导学生完成表 6 - 12，通过 k 和 b 的符号画出一次函数的大致图像，根据图像得到函数的增减性。

表 6 - 12

k 的符号	b 的符号	图像	增减性
$k > 0$	$b > 0$		
$k > 0$	$b < 0$		
$k < 0$	$b > 0$		
$k < 0$	$b > 0$		

（四）习题训练，运用新知

1. 下列函数中，y 随 x 的增大而增大的是（　　　）

A. $y = -2x$　　　　　　　　B. $y = -2x + 1$

C. $y = x - 2$　　　　　　　　D. $y = -x - 2$

2. 直线 $y = 2x - 8$ 与 x 轴交点坐标为_____。与 y 轴交点坐标为_____。此直线与坐标轴所围成的三角形的面积为_____。它一定平行正比例函数_____的图像。

3. 直线 $y = 3x - 2$ 可由直线 $y = 3x$ 向_____平移_____个单位得到。

4. 将函数 $y = 2x - 8$ 的图像向上平移 2 个单位得到函数解析式_____。

5. 直线 $y = 2x - 1$ 经过_____象限。

6. 一次函数 $y = kx + b$，y 随 x 的增大而减小，$b > 0$，则它的图像经过第_____象限。

7. 直线 $y = (k-2)x - 1 + k$ 经过第一、二、四象限，则 k 的取值范围是_____。

（五）学生总结，归纳新知

引导学生自主交流：这节课学到了什么？有何收获？

（六）布置作业

（1）复习整理本节课的研究内容。

（2）完成课本 4.3 习题。

【板书设计】

板书设计见图 6-46 所示：

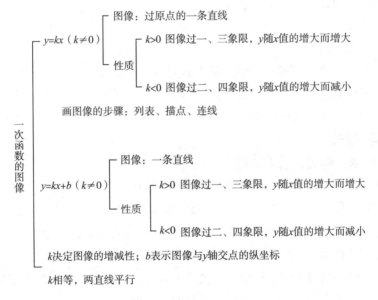

图 6-46

【教学研究】

本节课设计理念遵循李庾南老师在"自学·议论·引导"教学法中提出的"学材再建构，学法三结合，学程重生成"。学生已经学习了一次函数的概念，知道了一次函数与正比例函数的联系与区别，能够利用"描点法"画出正比例函数的图像，并结合图像能够说出正比例函数的性质，这些知识为学生学习好这节课奠定了基础。但是，学生的动手作图能力与读图能力并不强，数形结合法解题接触较少，这些因素对这节课的学习有一定的影响。因此，教师在教学中要注意个别指导和学习方法的引导。

案例 14：定义与命题单元教学（第 1 课时）

乔国栋

【教学目标】

（1）了解定义、命题、公理、定理的含义；

（2）掌握命题的结构、特征及分类，能找出一个命题的条件和结论，并把一个命题改写为"如果……，那么……"的形式；

（3）能判断命题的真假，并能通过举反例判定一个命题是假命题，使学生感受逆向思考的方法；

（4）师生共同尝试建构单元知识结构。

【教学重难点】

（1）教学重点：判断一个语句是不是命题，并会区分命题的条件和结论。

（2）教学难点：①把命题改写成"如果……，那么……"的形式；②师生共同尝试建构本单元知识结构。

【教学过程】

（一）创设情境，引入新课

问题情境：同学们，人们在日常沟通和交流中，需要用到很多名称和术语，但是，只有名称和术语就够了吗？我们来看，2020 年 8 月 11 日，为了隆重表彰在抗击新冠肺炎疫情斗争中作出杰出贡献的功勋模范人物，习近平总书记签署了中华人民共和国主席令，这是什么呢？

中华人民共和国主席根据全国人民代表大会及其常务委员会的决定签署的，具有次于宪法效力的命令叫作中华人民共和国主席令。

2019 年新型冠状病毒感染导致的肺炎叫作新冠肺炎。

无限不循环小数称为无理数。

可见，为了更有效地进行沟通和交流，我们除了给出名称和术语外，还要给这些术语和名称加以明确的规定。

一般地，对某一名称或术语的含义加以描述，作出明确规定的句子，就叫作该名称或术语的定义。

设计意图：从与生活密切联系的实际问题和热点问题出发，让学生感受数学源于生活，用于生活，从而激发学生的学习积极性。

（二）探究定义，感悟新知

学生活动一：你能说出下列数学名词的定义吗？

（1）等腰三角形；

（2）全等图形；

（3）方程。

谈到定义：你还能想到哪些数学名词的定义呢？（小组交流）

设计意图：通过对具体定义的回顾，引导学生进一步认识定义，从而检索以前学过的数学定义。学生把想到的定义在小组间进行交流，能够互相启发，激活已有知识，利于知识体系的形成。

（三）学生活动，引出新知

学生活动二：下面的语句中，哪些语句对事情作出了判断，哪些没有？

（1）任何一个三角形一定有一个角是直角；

（2）你喜欢数学吗？

（3）无论 n 为怎样的自然数，式子 $n^2 - n + 11$ 的值都是质数；

（4）如果两条直线都和第三条直线平行，那么这两条直线也互相平行；

（5）对顶角相等；

（6）作线段 $AB = CD.$

设计意图：通过学生自主判断，教师顺势给出命题的定义，新知识生成自然而流畅。

学生活动三：下面的语句中，哪些是命题？哪些不是命题？

（1）如果两个角相等，那么它们是对顶角；

（2）如果一个三角形是等腰三角形，那么这个三角形的两个底角相等；

（3）如果两个数绝对值相等，那么这两个数相等；

（4）若某数的平方是4，求该数；

（5）两直线平行，同位角相等；

（6）画一个角等于已知角。

设计意图：通过具体的练习，加深学生对命题定义的理解。并且在判断完成后，紧接着引导学生分析是命题的语句，得出新的知识。

学生活动四：观察下列命题，思考这些命题有什么共同的结构特征？

（1）如果两个角相等，那么它们是对顶角；

（2）如果一个三角形是等腰三角形，那么这个三角形的两个底角相等；

（3）如果两个数绝对值相等，那么这两个数相等；

（4）两直线平行，同位角相等。

设计意图：通过研究前面判断得出的命题，引导学生得出命题的结构和特征。

学生活动五：指出下列各命题的条件和结论。并改写成"如果……，那么……"的形式。

（1）对顶角相等；

（2）同角的余角相等；

（3）全等三角形的面积相等；

（4）三角形三个内角的和等于180°.

设计意图：通过学生的具体练习，引导学生掌握命题的结构和改写，从而突破本节课的重难点。

学生活动六：下列命题中，哪些命题是错误的？哪些命题是正确的？说出判断的理由。

（1）如果两个角相等，那么它们是对顶角；

（2）如果一个三角形是等腰三角形，那么这个三角形的两个底角相等；

（3）如果两个数绝对值相等，那么这两个数相等；

（4）两直线平行，同位角相等。

设计意图：在具体问题的学习中，引导学生得出命题的分类这个知识点。在探究过程中，通过对假命题的判断，学生能感受逆向思考的方法，同时，能了解公理、定理的含义，为下节课的学习做好准备。

学生活动七：读一读。

设计意图：通过阅读，了解《几何原本》的主要内容和已经学过的公理，对前面所得出的知识进行回顾与验证。

（四）交流分享，课堂小结

设计意图：通过学生谈本节课的收获以及存在的困惑，引导学生建立单元知识结构，形成知识体系。

（五）作业布置

（1）根据本节课内容，自主构建知识结构；

（2）完成课本第167页习题7.2第2、3题。

设计意图：作业1的目的是督促学生在课后能及时巩固所学知识，形成知识体系，从而掌握知识；作业2是通过具体应用练习，把知识转化为能力。

【板书设计】

板书设计见图6-47所示：

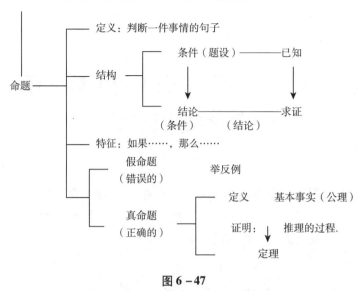

图 6 – 47

【教学研究】

考虑到知识的整体性,笔者对这一个小单元的知识进行了再建构,还是用两课时完成教学任务。第一课时,在探究过程中完成知识点的建构,简单应用练习;第二课时,复习巩固上节课建构的知识体系,在具体练习中逐步把知识转化为方法,提高学生的应用能力。

学生在学习定义的概念后,共同回顾学过的定义,进行小组讨论,可以互相启发,有利于思维的发散,为建构单元知识结构打好基础。在全班交流过程中,学生可能存在表达不到位的情况,此时需要教师认真倾听学生的表达,引导学生正确表述和理解已学定义。

命题的定义、结构、特点是本节课的学习重难点,尤其是对于命题结构的探究,学生要能区分命题的条件和结论,并改写为"如果……,那么……"的形式,在命题的条件和结论不够明显的情况下,教师应该给学生充分的时间思考、交流。

第二节 "三学"理念下初中数学课堂 教学实践论文

在"三学"理念不断实践的过程中，工作室教师不断总结、积累、反思、整理出了自己的所思、所想，并以论文的形式在各级各类教育教学期刊发表，现整理出部分发表论文与大家一起交流。

谈初中数学"学材再建构"

当今的数学教师，基本都以单课单教的碎片化教学为主，这样不利于学生对知识的整体掌握，且容易遗忘。为实现学生的全面发展，落实学生的主体地位，让学生学会用数学的眼光看待和审视世界，切实实现从"教材是我们的世界"走向"世界是我们的教材"（刘希娅）的跨越与发展，我觉得先要做好"学材再建构"。

一、"学材再建构"的内涵

广义的"学材"指与学生当前的数学学习有关的材料。狭义的"学材"指学生当前的数学学习所用到的一些直接相关的材料资源，如课程标准、教学指导用书、课本、试卷、练习册、辅导资料、教育教学环境等。简单来说，"学材"就是学习材料，或者是学习资源。"学材再建构"强调和凸显了学生的主体学习地位，以学定教，为学而教。

二、"学材再建构"的意义

（1）"学材再建构"有利于教师更好地从整体上把握教材，解读教材，使师生的教学活动更具统一性和生动性，能促进学生综合学力的发展，实现学习效益的最大化。

（2）"学材再建构"打破了单个知识点之间的界限，将原来的碎片化知识串成串，在学生的面前呈现出一片森林。它更注重让学生厘清知识点之间的关系，透过关系发现本质，以这些本质性的认知去解决更多同类或有紧密联系的问题，便于学生形成更加完整的知识体系，构建牢固的知识结构。

三、"学材再建构"的原则

1. 以课标为准绳，准确选取核心的知识进行建构

课程标准是学科教学的纲领性文件。在"学材再建构"中，教师首先考虑的问题是抓住核心知识，只有这样才能做到真正地精简教学内容，减轻学生的负担。例如："特殊的平行四边形"的建构，第一课时可以将菱形、矩形、正方形这三种图形的定义和它们的性质的探索过程建构到一起，性质的证明留给学生课后探究；第二课时再进一步证明性质、应用性质定理解决问题；第三课时进行三种图形的判定方法探究及证明；第四课时进行综合应用等。

2. 以教科书为参照，深入研究教材

教师在进行学材再建构时一定要吃透教材，了解各个知识点之间的逻辑关系，知道知识的来龙去脉，明白教学知识点是什么？为什么？从哪里来？再到哪里去？所用例题尽可能选择教材上的原有例题。如：《锐角三角函数》中，"正弦"的定义来源于直角三角形中一个锐角与它的对边与斜边的比值的函数。之所以称为"正弦"，是因为斜边在直角三角形中称为"弦"，对边又是锐角正对的边，所以叫作"正弦"。它先由特殊角的对边与斜边的比值观察得出，再由相似三角形的性质证明得来。

3. 根据学生的自学基础和学习能力，整合学生的思维习惯和现有的认知水平

考虑到我们的教学对象是初中学生，其学习习惯仍然以实践为主，因此对一些抽象的问题在设计时要做好铺垫与衔接，以更生动、更直观的形式呈现。如七年级下册第四章《三角形》教学目标的确定，我们可以从课程标准出发，思考它在整个几何教学中的地位和章节内部各部分知识之间的联系。考虑到《三角形》是学生接触到的第一个封闭几何图形，后面所有的直线型图形的研究都将以它为基础，因此制定以下目标：（1）掌握与三角形有关的概念；（2）运用相关概念、性质、定理解决简单的问题；（3）理解证明的必要性，初步形成证明的意识；（4）初步体会研究几何图形的一般步骤：概念—性质—判定—应用。

四、"学材再建构"的实施方法

"学材再建构"由三部分组成。一是教师独立地对学材进行建构；二是学生在教师的引导下独立地对学材进行建构；三是师生共同对学材进行建构。教师在自主建构学材时，要根据课标以及学生群体和个体的学习经验等实际情况，对内容进行适当地调整（增减、强化或弱化）。"学材再建构"的主要表现形式是"重组教材内容，实施单元教学"。因此，我们在对每册书进行"学材再建构"教学设计的过程中，往往根据学生的认知水平，分三步完成。

1. 对教材进行整体框架建构，划分好单元

（1）一个单元可以由几章合成。如北师大版八年级下册第六章《平行四边形》与九年级上册第一章《特殊的平行四边形》可合成一个《平行四边形》单元。建构后分为平行四边形的性质、平行四边形的判定、菱形的性质与判定、矩形的性质与判定、正方形的性质与判定、三角形的中位线、多边形的内角和与外角和七个小单元教学。

（2）一个单元可以是一章。如《因式分解》一章就可作为一个单元。

（3）一个单元可以由一章内的几节合成。如七年级上册第四章《平面图形及其位置关系》一章中，可以将"线段、射线、直线"与"比较线段的长短"建构成一个单元《线段、射线、直线》。

（4）一个单元可以是一章内的一节。如《平行四边形》一章中《平行四边形的判定》一节，可作为一个单元。联系不紧密的内容不进行建构，如：《三角形的中位线》一节。

总之，单元的建构要体现学习的完整性、层次性，它可大可小。建构时，适合的重建，不适合的不勉为其难。

2. 引导和帮助学生建立有关本单元的知识结构，形成轮廓化印象

当前的初中数学，大多走的是"先分后总"的归纳之路。而单元教学设计是从一个整体的角度去把握教学。如对"平行四边形的判定"进行单元教学设计需要两课时完成，第一课时先建构平行四边形的所有判定定理；第二课时再让学生进行独立练习，引导学生举一反三，熟悉定理，达到能力的综合提升。

参考文献：

[1] 李庾南. 自学·议论·引导教学论 [M]. 北京：人民教育出版社，2013.

［2］中华人民共和国教育部．义务教育数学课程标准（2011 年版）［S］．
北京：北京师范大学出版社，2012.

"自学·议论·引导"教学法在初中数学教学实施中引发的思考

在高品质的数学课堂上，学生的思考一定是由浅入深的；表现一定是热情高涨的；合作一定是和谐有趣的；生成一定是水到渠成的。这些特质十分符合李庾南老师在多年实践的基础上提出的"自学·议论·引导"教学理论。我在此教学法实施的过程中有以下感触。

一、"自学·议论·引导"教学法的内涵

"自学·议论·引导"教学法不仅是教法的变革，更是学法的指导；不仅是教学的理念，更是教学的方法。其核心是激发学生的学力，培养学生的思维。它是教学领域的较为全面的一种创新，其倡导的是一种有理念的自由课堂。"自学·议论·引导"教学法在数学教学中，把学生在教师指导下的学习，归结为自学、议论、引导。其中，引导是关键，师对生、生对生、生对师无时无刻不在通过声、情、言、行相互进行启发、点拨、解惑、引导。个人学、小组学、全班学都在落实自学、议论、引导。重构学材的出发点是学生有兴趣学、乐学、能学、有生长点供学生"创新"自主学。学材、学生决定学法，学材、学法影响着生成的质与量。

"自学·议论·引导"教学法蕴含的教育思想是让学生的思维活跃起来，从而提升学生的思维品质。教学本质是让学生学会学习，教程要服从学程，以学定教。学生主体性的教育最终要聚焦在学生学力的发展上，而学力则是一种良好的能力状态、能力结构和能力品质。

二、"自学·议论·引导"教学法的实施过程

1. 做好学材再建构

李庾南老师提出的"学材再建构"，是以课标为准绳，师生根据学习任务，为了实现学习效益的最大化，对各种主、客观性学材进行主动加工重构的过程。强调和凸显学生主体学习地位，以学定教，为学而教。在教学的过程中，教师根据学生的情况，选择一些联系紧密的学材进行再构建。这样做，避免因跨度

太大，内容多而导致学生不能适应的现象出现。例如：整式的乘除法中，就将整式的乘法运算、除法运算各自进行再构建；二元一次方程组中，只是将解法进行再构建。

2. 做到学法三结合

"学法三结合"是学生的学习方法要与个人学习、小组学习、全班学习相结合；与文本问题、师本问题、生本问题相结合。这一点在教学的过程中学生做得比较好。每节课上，根据教师提出的问题，让学生先独立完成问题的解答，再小组交流讨论，最后师生一起总结。做《课堂自主学习单》时，不会的问题让学生先翻书看，还是有不会的再请教同学，最后还不能解决的问题由教师引导解决。这种教师先不讲，让学生先练的方法，引起了学生学习方式的根本变化，使先讲后练的被动学习变为先练后讲的自主学习。学生先练时，必然会遇到困难，这样他们就会主动地去自学课本；主动地向同学请教；主动地积极思考，直到解决问题。

3. 力促学程重生成

"学程重生成"让学生自己的问题自己解决，自己的知识自己生成，提高学生的思维水平。由于学生程度的差异，因此在真正做的过程中问题会比较多。如果内容简单些，进行得比较顺利，就能按教学要求完成既定的任务；如果内容难度较大，有时候学生根本不能跟着问题的思路走下去，这样就不能给学生留充分的时间去体会生成新知识。

4. 精研板书提思维

板书是教师的基本功之一，但是随着多媒体技术越来越多地应用于数学教学，我们数学老师对板书的研究热情越来越低，板书的作用也几乎被忽略不计了。而李庚南老师的板书设计显示了高远的教学立意，堪称完美。从她的板书设计中可以很清楚地看到一节课的知识的生成过程，引导着学生思维的发展方向。跟着李老师设计的板书就能将每节课的知识在脑中用树状图的形式展现得十分清晰，真正起到统领课堂的作用。

三、"自学·议论·引导"教学法实施过程的思考

（1）对于初一、初二学生，教师要注意课堂的趣味性，设计课件时可以恰当地插入些图片以吸引学生的注意力。

（2）授课的过程中，教师一定要相信学生的能力，有意减少自己的参与度。提出问题后，要先给学生留下充分的时间进行独立思考、群体讨论，然后再给出先前提出的每一个问题的答案。

（3）"学材再建构"要以课标为准绳，学情为依据，一定要在十分熟悉教材内容的基础上进行，且局限性不能太大。这样才能做好前后内容的衔接，使重新整合的内容显得恰当，对学生整体性思维能力的提升才有价值。

（4）"学程重生成"在于让学生根据教师提出的问题先学习，在学习的过程中再进行深度思考生成新的问题。这就要求在预设问题时不能设置得太细，要给学生留有生成新问题的空间。要真正做到：教程服从学程，以学定教，为学而教。在生成问题的过程中，教师要引导学生将现学的知识与已有的知识联系起来，明白知识点"从哪里来，是什么，到哪里去"等问题，这有利于学生核心素养的提升。

（5）中国古代著名的教育家孔子，在两千多年前就提出了"因材施教"的教育原则，即承认学生间存在差异性，并对不同的受教育对象提出不同的要求。因此，为了在初中数学教学中更好地实施"自学·议论·引导"教学法，我认为让教学法本土化、校本化、更适合各地的学情才是上策。由于学生自身基础知识状况、对知识的认识水平、智力水平、学习方法等存在差异，因此他们接受知识的水平也就有所不同。如果学生程度差异较大，条件允许的情况下，就可采用"分层走班"式教学。这样做，既避免了部分学生在课堂上完成作业后无所事事，又让学有余力的学生体验到了学有所成的成就感，增强了学习信心。教师课前针对各层学生设计不同的教学目标与练习，使处于不同层次的学生都能"摘到桃子"，获得成功的喜悦；使学生的主体地位更大程度地发挥出来，从而提高教学质量。

教育是心灵的转向，学生是我们的教育对象，让学生学会学习是核心素养的着力点。优秀的数学教学不仅可以让学生获得新知、技能训练、思想感悟，还可以起到示范和传递数学的研究思路的作用，让学生在潜移默化中发展学力、学会学习，实现"教是为了不教"的终极目标。"学而不思则罔，思而不学则殆。"让我们通过不断读理论书籍、写教学反思、做课题研究、参加集中研讨等方式，努力成为一名"脑中有智慧，手中有技术，心中有理念"的教师。教而不研则浅，以研促教，常教常新；研而不教则空，以教促研，越研越深。心有多大，舞台就有多大，不忘初心，方得始终。作为一名教师，我的学习、成长将永远在路上。

参考文献：

[1] 李庾南.数学自学·议论·引导教学法 [M].北京：人民教育出版社，2004.

［2］李庚南．自学．议论．引导教学论［M］．北京：人民教育出版社，2013.

初中数学教学中"学材"如何进行有效建构

随着新课改的实施，大概念、大主题这样的深度教学越来越多地走进了课堂。而要进行这种主题教学，首先就要对"学材"（学习材料，或者说是学习资源）进行有效建构。那么，如何建构"学材"才是有效建构呢？我认为可以从以下几个方面进行。

一、以课程标准为基准，抓住核心内容

课程标准是学科教学的纲领性文件。在"学材"有效建构时，首先要考虑抓住核心知识，这样做才能精简教学内容，减轻学生负担。例如：北师大版七年级下册第四章《三角形》教学目标的确定，我们在进行大主题教学在建构时就可以从课程标准出发，先思考它在整个几何教学中的地位和章节各部分知识之间的内在联系；再考虑三角形是学生接触到的第一个封闭几何图形，后面所有的直线型图形的研究都将以它为基础。因此制定以下目标：（1）掌握与三角形有关的概念；（2）运用相关概念、性质、定理解决简单的问题；（3）理解证明的必要性，初步形成证明的意识；（4）初步体会研究几何图形的一般方法：概念—性质—判定—应用。

二、以教科书为参照，深度研读教材

作为教师，在进行"学材"有效建构时一定要吃透教材，了解各个知识点之间的逻辑关系，知道知识的来龙去脉，明白教学知识点是什么？为什么是？从哪里来？再到哪里去？所用例题尽可能选择教科书上的原有典型例题。如：北师大版九年级下册第一章《锐角三角函数》中一个锐角的"正弦"。第一，"正弦"是指直角三角形中一个锐角的对边与斜边的比值。第二，之所以称为"正弦"，是因为斜边在直角三角形中称为"弦"，对边又是锐角正对的边，所以叫作"正弦"。第三，当锐角大小发生变化时，这个锐角的对边与斜边的比值也随之变化，根据函数的概念，在这里形成的一个锐角对边与斜边的比值是这个锐角的一种函数关系。第四，由特殊角的对边与斜边的比值观察得出这样的现象：角大小不变，比值不变；角大小发生变化，比值随之发生变化。

三、以学生的现有认知水平和学习能力为依据，精准把握学情

考虑到我们的教学对象在学习能力、认知水平上存在差异，在进行"学材"建构的大主题教学设计时要做好铺垫与衔接，以更生动、更直观的形式呈现。例如：北师大版七年级上册数学第四章《基本平面图形》中第一节《直线、射线、线段》、第二节《比较线段的长短》的建构。通过分析北师大版小学教材中关于"直线、射线、线段"的相关内容，梳理北师大版初中数学系列教材，可以将现有教材中原来的两个课时建构成现在的三个课时，使得内容饱满、脉络清晰、结构完善。具体安排如下：

第一课时：通过梳理旧知，回顾已有的知识（名称、图形、构成元素、有无端点、延伸性等），形成知识结构，而三线的表示方法及两个基本事实（公理）的探究仍为本节课的重点。

第二课时：通过学材再建构，将点与直线的位置关系、平面内两直线的位置关系与三种语言（文字语言、符号语言和图形语言）的互化巧妙地融合起来，以弥补北师大版教材的部分不足。借助尺、规等工具比较两条线段的长短（度量法、叠合法）及数学语言的训练为本节课的重点。

第三课时、在比较两条线段的长短（度量法、叠合法）的基础上，"画一条线段等于已知线段"，画已知线段的和、差、倍，提出线段的中点等相关概念，同时渗透几何推理语言、定义（定义的双重性）、反例等相关概念。

四、构建知识之间的联系，便于知识的融会贯通

为实现育人功能，深度教学提出学科知识结构化。既要结合时代发展的需求，立足教材，深入研究教材进行整体构建，又不拘泥于教材。创造性地深度挖掘教材，使用好教材，坚持用"教材教"，而不是"教教材"，真正做到因材施教。这样才能使"学材"源于教材，高于教材。例如：北师大版九年级上册《特殊的平行四边形》的教学完全可以建构为：第一课时先了解矩形、菱形、正方形的概念及性质；第二课时配以适当的多层次练习熟练定义、性质；第三课时再探究它们的判定方法；第四课时配以适当的多层次练习熟练判定的方法；第五课时进行特殊的平行四边形性质与判定的综合练习。这样呈现给学生的知识是整体的，便于学生记忆，也便于理解它们之间的内在联系。

五、构建思想方法，进行高阶思维

深度教学提倡让高阶思维发生，让深度学习可见，为意义而教，为理解而

教。数学教师要着力打造有活力、有广度、有深度的数学课堂。让学生的深度思考引发教师的深度教学，以培养学生思维品质。作为教师，不但要研读教材，吃透教材，更要准确把脉，懂得合理利用教材，培养学生的反思意识、批判意识、创新意识。在课堂上教师可以设计有层次性、指向性、探究性、深入性的问题串让学生逐个思考解决；也可以给学生独立学习的主动权，让学生从统一的教学要求出发，结合自己的实际，按照各自的步伐前进。水平高的学生可以阅读有关的参考书，向更深、更广的方面探求问题；水平低的学生可以反复阅读教材，充分研究思考，有疑问时，教师和同学可以给予适当的帮助、点拨，便于他们克服障碍，取得进步。这样做可以更有效地全面提高学生的素质，为各个层次学生的个性得到充分发展创造条件，也可以让学生在参与生生、师生的活动中增强自信，通过自主的学习，让学生在生活、学习中学会如何做得更好，真正实现"学以致用"的目的。

例如：北师大版七年级上册《应用一元一次方程——追赶小明》教学中，就可以将教材中原有的引例和议一议结合后运用到原有情境，根据上学路上发现自己忘记带书后可能有的处理方式，让学生自己设计开放性问题，自己实践演示，自己解决问题。后面还可以通过类比，引导学生建构坏形行程问题，然后类比解决。这种创新设计更有利于学生思维的发展。

六、构建知识的生成过程，促成学力发展

深度教学提出进行生成性教学，回归教育本质，这需转变教师的观念。教师要有思想，有沉下来思考的意识和能力。教师的教学理念引领着课堂的方向，有什么样的理念，就有什么样的教学行为。作为教师，需要深研本学科的核心素养并落实在课堂中，改变自己以往的教学方式；还要结合数学教材的内容，为学生创造机会，搭建平台，引导学生积极参与数学史的学习，提高学生的综合素质，最终实现文化育人。

例如：北师大版八年级上册《直线、射线、线段》教学中，教师可以先引入在直线上取一点得射线，取两点得线段的知识点，然后引导学生根据点的表示自主生成直线、射线和线段的表示，理解直线、射线和线段之间的关系。

综上所述，作为教师，我们应该依据课标，根据学情，跳出文本、地域局限，大胆地建构"学材"。由深挖教材到深度教学，再让深度教引领学生深度学，聚焦核心素养，最终实现学生学力的提升，变"学会"为"会学"。

"自学·议论·引导"教学法促进初中生核心素养培养的策略探讨

马宇勋

"自学·议论·引导"教学法已经作为基础教育成果之一被教育部重点推广，是初中教师进行实践研究必须熟练掌握的教学方式。

一、"自学·议论·引导"教学法的内涵

"自学·议论·引导"教学法是在学生和教师中间展开的一种重要的教学方式。"自学·议论·引导"教学方法始终围绕学生为主体的原则进行启发和指导，从而让学生在课堂上充分地发挥出自己的学习热情和积极性。议论教学方法应当是多人合作下的一种学习方式，在学生课堂学习的过程中，需要教师起到引导教学的作用，改变从前因教师授课为主，而导致学生学习积极性不高和学习效率低下的现象。在教会学生自主学习的同时，还要让学生积极参与到议论教学中来，让独立自学、群体议论、相机引导三个基本环节有机地结合在一起，成为学生新的学习方式。其实施的关键可以概括为"三学课堂"，即"学材再建构，学法三结合，学程重生成"。教师在教学过程中要始终明白学生自主学习意识是合作和引导的大前提，只有提高学生自主学习意识才能让课堂教学有合作学习的可能。在学习过程中使用合作方式，可以让学生更好地思考自己面对的学习问题，同时也有助于学生养成合作议论学习的好习惯。在学生学习过程中教师要尽量弱化自己的影响力，同时也要在学生困惑无助的时候充当学生学习道路上的指明灯，通过对部分内容的讲解和分析来启发学生的思维。

"自学·议论·引导"教学法致力于提高学生的自主学习意识和学习效率。而学生的核心素养主要指学生应具备的，能够适应终身发展和社会发展需要的品格和能力。核心素养包括文化基础、自主发展、社会参与三个方面，综合表现为人文底蕴、科学精神、学会学习、健康生活、责任担当、实践创新六大素养。这其中自然也包括学生的自主学习能力、科学探索精神、实践活动能力等多个方面，从这个角度来看初中阶段践行"自学·议论·引导"教学法也是在培养学生的核心素养。

211

二、"自学·议论·引导"教学法促进初中生核心素养培养的策略

1. 利用教材并进行一定的课外延伸

教学过程中，教师首先要明确教育学生不只是让他们掌握学科知识、学习方法，同时也要求学生在学习过程中形成健康阳光的品格。为实现学生的全面发展就要求教师把教材当成学材，也就是说学生除学习本学科的教材之外还要阅读一些课外书籍，让学生的学习基于学科教材但又不止于学科教材。教师要从心理上改变教材的传统概念和束缚，一切有利于学生全面发展的课外学习资源都可以作为学生的学习资源。所以根据这个理念，教师应当将课堂教学延伸到生活学习，让学生在丰富的学习资源中养成学习的习惯。要想完成对学材的调整和改良就必须先理解教材上的内容，再对教材上的内容进行外部延伸与发展变化，这样的教材才更具有吸引力和趣味性。

教师对教材的改良和调整需建立在教材原有基础之上，比如：八年级下册"相似三角形判定"，教师可以引导学生思考全等三角形是否是相似三角形。在相似三角形的判定过程中，使用 $k=1$ 的条件可以让学生进行延伸思考，当 k 等于任意实数时，是否可以作为相似三角形的判定条件。在明确相似三角形的判定定理之后，学生要对相似三角形进行证明练习。证明的过程应当先根据题设来选择自己证明相似三角形的条件，如果条件不充分，还要通过添加辅助线的方式来增加条件，最终得出相似三角形的结论。在掌握基本判定定理之后，教师就可以让学生自由讨论和思考，在解决问题的过程中加深对相似三角形的概念和逻辑的理解。从而使学生在教师的正确引导下深入了解教材内容。

2. 以学生为基础进行教学活动设计

教师讲授新知识时，一定要先考虑学生的学习情况再进行教学设计。通过对学生进行提问掌握学生对核心知识的掌握情况和运用程度，以学生学习情况和掌握情况为基础构建教学情境，让学生对新知识进行研究探索，提高自己的数学逻辑思维能力。比如：学生在七年级上册学习幂运算之前，已经对乘方和乘法有了一定程度的认知，那么教师在进行教学过程中，就不必按部就班地根据教材内容进行教学。教师可以和学生一起分析、总结，让学生自行得出幂运算的性质和特点。在完成运算之后，教师可以把具体的数字抽象为字母来总结规律，达到和学生一起学习，一起进步的教学效果。初中学生的学习能力有一个潜在发展区域，对学生潜在能力的挖掘，可以让学生自己从旧知识推进到新知识上。要达到这一点，就需要教师对学生的学习习惯和能力上限有一个清晰的认知，尽量减少生硬的知识灌输。在八年级上册学习"二元一次方程组"

时,学生已经具有解一元一次方程和二元一次方程的基础和能力,所以教师可以在教学过程中,通过带领学生对二元一次方程组进行"消元",来慢慢让学生体会到如何去解决问题。在探索解二元一次方程组的时候教师可以和学生共同得出加减法和代入法两种消元的方式,教师还可以通过简化、变形的练习让学生加深记忆和理解。

让学生被动地接受学科知识不如让学生自主去学习探索学科知识,而学生在自主探索过程中获得成就感又可以让学生乐在其中,这样的教学方法才是让教师省心省力、学生学习轻松愉悦的好方法。教师首先要让学生从内心里想要去学学科知识,在学会之后,它可以启发学生掌握高效学习的方法和技能,当学生成功解决掉一个困难的问题之后,便会油然而生一种成就感,这种感觉会促进学生产生继续学习的主动性,并爱上学习。教师要将教材上分散的知识进行系统地整合,让学生在学习之后可以觉察学科知识背后的逻辑和思路,以便于更好地实现学生的自主学习。

3. 多种学习方法相结合

在课堂教学过程中,可以把学生的学习行为分为个人学习、小组学习、全班学习三种方式,学生的学习不是教师进行填鸭式的教学,而是要求将这三种学习方式有机结合在一起。个人学习有利于让学生个体产生自己的数学逻辑思维能力;小组学习可以让学生的数学逻辑思维能力得到很好地补充和调整,全班学习有利于学生展示自己的创造性思维能力。课前预习可以让学生在学习之前就对教材内容产生一定的认识;在课堂的学习过程中可以深化学生对知识的理解;课后的学习可以让学生将掌握的知识进行很好地运用和实践。一般来说,个人学习、小组学习、全班学习的先后顺序可以随意安排,而采取哪一种方式来促进学生学习,则需要通过对学生当时的学习状态和课堂氛围来进行即时的选择。事实上,个人学习是贯穿学生的整个学习过程的,比如:在小组学习中,学生要把自己的看法和观点跟小组成员分享,这个时候小组的其他成员是在安静地思考和分析该学生的思维逻辑方式和自己是否相同,在思考完成后其他小组成员要对该学生的看法和观点进行评价和阐述,所以个人学习也会在小组学习中有所体现。

例如,在学习七年级下册第三章《三角形》关于全等三角形的证明过程中,教师可以将全班学生分成四人小组进行学习,使每一名学生在小组学习的过程中都有参与讨论发言的机会。利用教材中探究 5 的内容,组织小组画出两个角分别为 35 度和 65 度的三角形,且这两个角的夹边长度为 2.5 厘米,让小组成员相互讨论,画出的三角形是否全等,并依据画出的三角形推断判定全等的条件是什么。在个人发言的基础上，组织小组讨论，然后再进行全班共同探索。个人学习是小组学习的保障和支持，没有个人学习的小组学习不仅没有效果而且还会浪费课堂时间。学生的个人学习要想高效且有质量就必须做到会想、会听、会看、会问、会练。学生只有掌握个人学习的方法才能更好地融入小组学习和全班学习当中来。为让学生有自学的动力就必须要指导学生学会学习，在学习过程中带着问题和目标去通读教材，不要让学生的自学流于形式成为无用功。议论学习的基础是学生对教材有一定的了解和自我的认知，只有这样才能真正地参与到议论中来。通过合作学习的方式来提高自己。通过议论合作来分享自己的所得所想可以让学生对学科知识有深入地了解。教师的引导在议论过程中起着提高学生学习热情、增加学生学习兴趣的作用。通过师生间的角色转换来完成引导学习，让学生的学习效率得到明显提高。想要让学生智力活动活泼有效，就必须有非智力活动的支持，非智力活动的引导和带动让学生乐于加入智力活动中来。在发现学生思维进入"死胡同"的时候，教师要对学生进行一定的引导，尽量用通俗的话语来让学生理解学科知识和内容。教师在启发学生对某个问题进行深入探讨的时候，可以用类比法进行举例子说明，简化知识的难易程度；在对问题进行描述的时候尽量采用吸引学生注意力的表达方式，在给予学生思考方向的同时，让学生进行自我反思和分析。

针对数学学科的特殊性和对逻辑能力要求高的特点，教师可以让学生从数学定理出发，通过对已知条件的判断，决定是否需要去增加条件来对数学问题进行解答；通过因果关系来对数学知识进行总结和归纳。将"自学·议论·引导"教学法运用到学生的日常学习中，从而达到有效地培养学生的自主学习能力的目的，提高学习效果，培养学生核心素养。

参考文献：

[1] 李庚南. 数学自学·议论·引导教学法［M］. 北京：人民教育出版社，2004：9.

[2] 李庚南. 自学·议论·引导：涵育学生核心素养的重要范式［J］. 课程·教材·教法，2017，37（9）.

[3] 马宇勋. 探析初中数学教学中培养学生学科素养的方法［J］. 中学生学习报·教研周刊，2021（26）：44.

[4] 张爱春. 初中数学教学中"自学、议论、引导"教学法的应用策略探究［J］. 新课程，2021（33）：167.

李庾南教学法"学材再建构"的实践研究

党得时

李庾南教学法提倡"以学生为主体"的理念与新课程提倡的"学生主体性"理念相一致，且也提倡重视教育者结合学生特点、学科特点对教学资源进行精心设计，以便更好地实现教育目标，提高教学质量。很多学科，如语文、英语、数学、音乐、思想与生活在教学时都应用了李庾南教学法，且在提升教学质量方面取得了显著的成效。那么，将李庾南教学法应用于初中数学课的教学中，对提高数学课堂教学质量也会有所帮助的。

教学前，教师首先要明确教学目标，只有明确了教学目标引入的故事或提出的问题才具有一定指向性，才能与教学目标相一致。其次，在教学时要遵循学生的"最近发展区"理论，即在了解学生原有知识结构的基础之上选择创设情境。包含的内容具有一定的梯度，才能够作为桥梁真正帮助学生把已知和未知的事物联系起来，促进学生的思维的优化发展。

作为教师，尽可能不要用相同的标准束缚学生，让学生自己从不同角度去寻求答案。将李庾南教学法应用于初中数学课的教学中，有利于更好地促进教学目标的达成，提高数学教学质量，发展学生数学素养，为其终身发展做准备。

情境创设作为优化教学的一种手段，能帮助激发受教育者学习的主动性，促发受教育者思维的积极性。让学生在浓厚的学习兴趣、积极思维的指引下主动探究、解决问题，经历完整的知识构建形成过程，而且在这个主动构建知识的过程中，还能帮助学生发展诸多能力，如动手操作能力、表达能力、人际交往能力、合作能力等。

由于教学目标的不同，创设教学情境的方式也有很多，而且教学工作本身就是一门创造性的艺术，因而教师可以结合教学需要、学生发展的需要灵活选择、运用情境创设类型。既可以单一针对性使用，也可以多种类型综合使用，只要是有助于学生发展、实现教学目标的，教师都可以根据实际需求加以创造性合理利用。

教师在初中数学课的教学中创设情境时，一定要依托教材内容，紧扣教学内容，避免创设无意义的教学情境，同时，应当认真研读课标，分析教材，明确教学任务。虽说教学法倡导以"学生为主体"的理念，但这并不意味着让学生没有方向地发展。初中生有其认知的局限性，俗话说："兴趣是最好的老师。"有了兴趣就会产生探究的学习欲望，有了欲望就会产生不断地执着追求。

"教育学之父"夸美纽斯曾经说过："应用一切可能的方式把孩子们的求知欲和求学欲望激发起来。"根据初中生身心发展特点，对他们的教学更应该首先激发他们的探究欲望、求知欲望。为此，在将情境教学法应用到初中数学课堂时，教师在创设课堂教学情境时尤其要遵循诱发性原则，即在学生原有认知结构基础之上激发学生的学习兴趣，调动他们积极的学习情感，并且借助情境的手段将教学内容呈现为能引起认知冲突，为学生的思维发展制造障碍，让学生亲历探究的过程，感受知识的形成过程，从而培养学生解决问题的思维过程，为其终身发展做准备。

一切教学法的使用都是为了让学生更好地发展，检验教学法应用效果的主要指标是学生的发展反馈。检验李庾南教学法的运用效果也是如此。因此，教师创设情境时应充分考虑学生的认知水平，熟知各个阶段的学生获得信息、处理加工信息、转化信息及信息应用的水平和能力，在这些基础之上，将创设情境作为桥梁进而到达新知识建构的彼岸。这也正如维果茨基所说的"最近发展区"，学生原有的知识经验水平与在他人帮助下可达到的知识经验水平之间的差异，就是教师要允分利用的区域，李庾南教学法就是针对发展这一区域而提出的教学方法。李庾南教学法的指向性符合教学目标，符合学生认知结构，虽然水平高度稍高于学生已有的水平，但是学生只要经过一定的思考探究或教师稍加引导，经过"同化"和"顺应"，便能建构到新的知识体系中来。总之，情境创设力求在教学过程中使学生的思维和知识都能有新的发展。

参考文献：

[1] 布鲁克斯. 建构主义课堂教学案例［M］. 范玮，译. 北京：中国轻工业出版社，2005：4.

[2] 中华人民共和国教育部. 义务教育数学（3－6年级）课程标准［S］. 北京：北京师范大学出版社，2011：3.

[3] 赫德，加拉赫. 初中数学教育的新方向［M］. 北京：文化教育出版社，1980：25－50.

[4] 张华. 课程与教学论［M］. 上海：上海教育出版社，2000：477.

[5] 李吉林. 初中语文教学—情境教育［M］. 济南：山东教育出版社，2002：13－14.

[6] 何成刚. 历史课堂教学技能训练［M］. 上海：华东师范大学出版社，2008：108.

初中数学教学中"自学·议论·引导"教学法的探究

高天举

现代教学的任务，不能只是教学生"学什么"，更重要的是教学生"怎样学习"，培养学生探究知识和获取知识的能力，把握方向、运用知识、汲取信息的能力。传统的教学往往只是为了传授知识，因而偏重单调的重复与模仿，忽视在发展上下功夫，更无意于引导学生的自学，其结果势必不能达到我国素质教育的根本目标——提高国民的素质。素质教育，即依据人的发展和社会发展的实际需要，以全面提高全体学生的基本素质为根本目的，以尊重学生主体性和主动精神，注重开发人的智慧潜能，注重形成人的健全个性为根本特征的教育。

从教育面向现代化、面向世界和面向未来的要求看，素质教育势在必行。这是我们基础教育改革的时代主题和紧迫任务。

我们注意到当代国际国内教改实践，促使教学理论和方法发生了重大变化，确定教学过程是"教"和"学"的有机统一。强调教师掌握新的教学内容和方法，以提高教学效率；更加强调学生在教学过程中独立的认知活动并尽量扩大这种活动的范围，以培养学生对认知活动的兴趣，掌握认知活动的基本方法，这成了国内教改的基本出发点。同时，我们努力在马克思主义认识论、方法论的指导下，参照系统论、控制论、信息论，将教育心理学和新的教学理论作为理论根据。

一、依据要点

1. 教学的实质就是引导学生学习

学生是学习的主体和决定因素，理由如下：（1）一切教学影响，只有通过学生自身的活动，才能为其"同化"（皮亚杰："同化作用是有机体把外界元素变成日益完善的结构的整合作用。"）、"顺应"（指主体受到外界刺激而引起的自身变化过程），并达到"同化"与"顺应"的"平衡"，教学的成效在很大程度上取决于学生的能动作用，即参与教学认识活动的积极性、主动性。（2）在教学活动中，自始至终需要学生对自己的认识活动做自我调节，而这种自我调节又是教师或其他人所无法代替的。（3）教是为了不教，苏霍姆林斯基主张把"教会儿童学习""教会儿童使用一个人终身都靠它来掌握知识的那种工具"

作为教学的首要任务。为此，要运用学生全部心理机制，手脑并用，来实现掌握知识、增强智能、促进智力因素与非智力因素的和谐发展。

2. 教学的性质取决于教学的结构

结构是事物存在的方式，它决定事物的性质。要适应新的教学要求，就必须变革课堂教学的结构，变革课堂教学的结构首先要注意教学内容的结构。各门学科知识都有其自身的结构，知识的作用，不在量的作用，而在于知识的有效结构的作用，因此要密切联系，扩大知识功能单元，突出结构化的理论知识在教学内容中的主导地位。与此相应地还要改革课堂教学的组织形式，冲破单一班级授课制的局限，形成突出学生的主体地位，扩大其智力活动的时空范围的教学形式，不断调整、充实学生的认知结构，并促进其情感、意志、操作能力的协调发展。

赞可夫提出理解学习过程的原则，认为如何学习（即过程）要比学习什么（即产物）更重要。教学过程的优化是由选择和实施教学的所有基本成分，即任务、内容、方法、手段和形式的最优方案综合而成的。教学是精神生产，优化教学过程，更为重要的是要在改革课堂教学结构中创设课堂教学的良好状态，贯彻相应的教学原则。

3. 发展思维是数学教学的核心

数学教学就是数学活动的教学，可以将其人格化为：问题是数学的心脏，知识是数学的躯体，方法是数学的行为，思想是数学的灵魂。数学思想就是数学研究活动中解决问题的根本想法，是对数学规律的理性认识；也是在对数学知识和方法做更进一步认识和概括的基础上形成的一般性观点。数学思想具有本质性、概括性和指示性。因此，数学教学要特别注意在概念的形成上下功夫。思维训练是培养数学自学能力的核心，教师要善于引导学生结合知识、技能的掌握，亲自参与思维的操作。

二、具体做法

"自学·议论·引导"教学法的核心是培养自学能力，关于如何培养学生的自学能力，我们设计了"自学·议论·引导"教学法的体系框架。其要点是改革课堂教学的结构（包括在内容上组织单元教学，在形式上采用个人、小组、班级三结合的方式）、优化教学过程（含创设课堂教学的良好状态及相应的教学原则）。这一教学法体系的贯彻及其要点的落实，就成为我们教学控制的重要环节。在教学过程中，教学思想和操作工艺上往往遇到下列几个问题，我们要注意从理论和实践的结合上加以解决。

（一）认识并坚持学生是在教师引导下靠自己学会知识的

过去，我们总认为学生学习知识主要是靠教师教，一味地迷信教师讲的功效。在平时教学过程中，我们要突破这个局限，认识"教"必须立足于学生的"学"，要在研究学生的学法上下功夫，有效地引导学生自学。所谓"自学"，是指在教学中，增强学生的主体意识，使其能独立开展认知活动。因此，在课堂中我们需要采取多种手段调动学生各种认知感官参与学习。"看"，看教科书、参考书等；"听"，听老师的讲解、同学的发言等；"问"，提出问题，主动求教于老师、同学或书报杂志等；"作"，制作教具或模型，演示操作，通过动手测量、观摩等手段发现问题或为解决问题提供线索，以及画图、演算等；"记"，记忆教学内容的纲目要点；"议"，积极主动地与同学、老师交流学习信息，学习用规范化的数学语言（包括书面语言）表达所获取的知识、技能及其发展，表达自己学习和思考的方法。让学生亲自参与思维的创造过程，品尝智力活动的成果，使教学过程成为学生在教师引导下的自学过程，让学生的自学活动在教学中的个体阅读钻研、群体议论、个群结合练议的三个环节中进行，并贯穿于课堂教学的全过程。

（二）坚持个人、小组、班级三结合的教学形式

单一的班级教学往往忽视学生的差异，把学生当作"标准件"，用一把尺子、一个要求，整齐划一地进行教学，影响并抑制了学生独立学习能力和个性的充分发展。在教学过程中，我们要充分认识到社会需要各种人才，而每个学生也都有各自的个性特征。传统的班级授课形式不能有效地贯彻"因材施教"的原则。因此，我们采取单元教学形式，力求扩大教与学的时空范围，让学生既有按各自的情况个人独立阅读、思考、实验、操作的时间；又有小组议论交流思维方法、学习方法，对问题的认识、对知识的理解和应用，咨询、释疑、深究的时间；还有全班学生在教师有见解、有深度的引导下，对教材的重点、难点、疑点，学生的思维方式、学习方法等方面的深入研讨。师生畅所欲言，相互补充、纠正、评价。

在这一过程中，"议论"是促进个体排疑、互补、吸收、同化的重要环节。所谓"议论"，是指学生在群体中，多方面地直接对话，使个体的有关信息、情感、思维方法得到辐射交流，相互激励、启发，促进自学意向和自学活动，提高分析问题和解决问题的能力。这样的"议论"深度并非一下子就能达到，我们要分层次逐步将议论引向纵深。第一层次是"问答式"，主要是问问答答；第二层次是"讨论式"，能交叉问答；第三层次是"议论式"，即围绕一个较大的中心，让学生依照自己的思路自由地发表见解，相互启发、促进，甚至激烈

争辩，引起连锁的辐射反应，使思维在交叉启发中向纵深发展。

（三）创设课堂教学的良好状态

如何创设课堂教学的良好状态？这跟价值取向有很大的关系。为了保证新教法体系的贯彻，我们着重认识和处理以下三个关系。

1. 动和静

自学时要保持安静，不受外界"动"的干扰，但这时的"静"并不意味着"松松垮垮""没精打采"，而是静中有动。此时由于渴求知识，学生脑海里翻腾着智慧的浪花。讨论的气氛应该是热烈的，这是一种"动"的状态。但是，"动"并不意味着"凑凑热闹""瞎说一气"，而是动中有静。任何一种见解都应该是经过深思熟虑的，课堂教学中的一切活动都应该热烈而有秩序地进行。

2. 放和收

要使交流讨论既能取得好的效果，又不浪费时间、影响进度，就要处理好放和收的关系，做到"放中有收""收中有放"。所谓"放中有收"，就是说"放"是在知识领域的一定范围内、在教学过程的一定阶段上的"放"，允许学生在这种尺度内敞开思路，畅所欲言。所谓"收中有放"，就是说教师控制的尺度也不是一成不变的，有时要根据教学的进展情况作灵活的调整，即允许冲破"禁区"，向更广泛、更深入的领域进行探讨。

3. 利和弊

如何衡量教学中的利和弊，这是很重要的。教学以习题为中心，只注重套用公式，以习题代概念，这是得弊失利。这种一味追求机械模仿接替的"诀窍"是"弊"；而分析问题和解决问题能力的培养、灵活掌握系统的基础知识才是"利"。如果教师过于迷信自己讲的功效，实行"满堂灌"，不开动学生的大脑和双手，灌下去的是死知识，就有得而复失的危险。重视自学能力的培养，虽然教师在初期可能要多花一些时间，但随着学生自学能力的增强，学习进度会逐步加快，收效倍增，这是"以一本而获万利"之事。

通过对上述有关新教法体系的指导思想及具体操作要点的明确和落实，确保教学不受传统教学思想和方法的干扰、混同。

三、取得的成果

经过对"自学、议论、引导"教学法进行尝试，取得了明显的教学效果，具体表现为：

（1）学生的自学能力有了明显提高。

（2）学生对基本知识、基本技能的掌握较为扎实。

（3）学生的数学综合运用能力和辩证思维能力得到较快提高和发展。

（4）学生的情感、性格等非智力因素得到良好发展。

参考文献：

［1］王道俊，王汉澜．教育学［M］．北京：人民教育出版社，1999.

［2］叶奕乾，祝蓓里．心理学［M］．上海：华东师范大学出版社，2010.

［3］李汉松．西方心理学史［M］．北京：北京师范大学出版社，1988.

初中数学"议论"学习策略的高效实施

田洪霞

议论是新课改背景下，初中数学教学中重要的教学方法，在教学过程中被普遍应用。伴随着小组合作教学方式的推广，课堂小组探究过程中"议论"这个环节是必不可少的。任何教学方法的运用和教学手段的实施，根本目的都在于构建高效课堂，实现学生高效发展。如何使得这种课堂议论不再流于形式，实现高效议论、有效议论，让学生获得知识发展能力，是一线教师应该关注的问题。本文拟就初中数学议论学习策略的高效实施展开讨论。

《新课程标准》中指出："数学教学是数学活动的教学，是师生之间、学生之间交往互动与共同发展的过程；动手实践、自主探索、合作交流是学生学习数学的重要方式；合作交流的学习形式是培养学生积极参与、自主学习的有效途径。"近年来小组合作教学模式也不断以各种形式呈现于我们的课堂。李庚南"自学·议论·引导"教学法中的"议论"便是合作学习的延伸，更进一步诠释和完善了这一合作学习的方法，引领着初中数学向更高、更强的方向迈进。教学法指出课堂教学过程中的"议论"环节，就是学生在教师的引导下按照师生之间、学生之间共同的学习要求，围绕对知识的理解和掌握，相互激励、同化、吸收，促进学习意向，培养分析问题和解决问题的能力。而怎样开展有效的"议论"对我们今后的教学有了更高的要求，我们有必要通过不断实践、总结，对它进一步研究和完善，以便更有效地将好的教学法运用到我们的教学生活中，为学生合作意识、创新意识、精神品格、思维能力等的培养提供有力保障。

初中数学课堂中的"议论"环节在"自学·议论·引导"教学法中具有十分重要的地位，决定着整堂课的课堂效率，对促进学生积极进取、自由探索，培养学生的创新意识和实践能力发挥了积极作用。"议论"强调自主学习基础上的交流讨论，并突出合作学习、探究学习，以及在互动探究过程中自觉体验、感悟的学习方式。我们要积极践行好的教学方法，取长补短，并不断创造真正属于自己的教学模式，做到学以致用。实践研究发现，实现有效"议论"的途径主要有以下几个方面。

一、传授学生切实有效的议论方法

切实有效的议论方法让课堂议论不再流于形式，让学生独立思考，扩展思维的广度和深度，在碰撞出思维的火花中，让数学课堂绽放出迷人的精彩。教师应该发挥自己的引导者作用，传授给学生切实可用的议论方法，引领学生们认识到课堂议论和合作交流的重要价值和必要性。这种议论应该集全部学习成员的智慧，旨在促进素养和能力共同发展，既让每位成员明白议论的重要意义，又能够让每位成员在讨论中明确自己的责任，从而让学生在学习义务和学习重要性的推动下，参与到知识议论学习中去，扩展思维，不断探究，提升综合能力。教师可以在日常授课或是议论学习展开中不断给学生渗透议论的方法，如当其中一位成员发表个人看法时，其他的成员要在仔细聆听的基础上积极思考。倘若有不同的意见或是有疑问，应该先等别人说完之后再提出或提问。每位成员的发言都应该清晰明了，言简意赅，抓住问题的关键之处，做到一语中的，倘若只是围绕一些细枝末节的内容议论，那么整个议论不仅流于形式，还浪费时间，不利于每个人的成长和进步。

二、设计有价值的议论问题

教师认真研究教材，设计好"议论"的问题，正确引导。高效的课堂离不开好的教学设计，而好的教学设计更离不开教师对教材的研究和掌握。课堂中要做到有效"议论"，需要教师在课前做大量的准备工作，包括对学生认知水平、学习特点、教学目标、教学环境和资源作深入细致地分析。在确定议论内容前一定要反复研读教材，明确重点和难点，把握好内容的操作性和难易程度，设计行之有效的问题，悉心引导学生而不是牵着学生走。在小组"议论"展开时教师不可以袖手旁观，相反，教师应当深入到学生中去，实时倾听小组讨论，适时参与其中，对学生进行有效指导。变大课堂为小课堂，才能做到师生相悦，学习效率倍增。为了将议论引向深处，促进学生思维向更深、更广的方向发展，教师必须充分发挥自己的引导作用，围绕学习内容设计一些有价值的议论题目，以问题为驱动，激活学生思维的火花，调动学生议论的积极性和学习的主动性。

通过设计符合学生知识水平、能力水平的数学题目，既能让每个学生都没有心理压力，又能够增强他们学习的积极性。设计的问题还要面向全体学生，要具有层次性、思考性、启发性。例如：在"等腰三角形的性质"这节课的学习中，教学重难点就是等腰三角形的性质定理。为了实现有效的议论，以议论提高课堂效率，教师应该立足于这一重难点，促进学生积极议论。在课堂上引导学生，先在自己的作业本上画出一个等腰三角形，然后找到这个等腰三角形的顶角，并画出该角平分线；然后，从自己的作业本上将这个等腰三角形抠下来，沿着角平分线进行对折；最后，观察两个腰是否能够完全重合。让学生在思考的基础上进行议论，可以从这一现象中得出哪些结论？这是建立在学生的动手操作和独立思考的基础上，引导他们进行小组探究，不仅有助于学生高效地了解等腰三角形的性质，还能促进学生加深对等腰三角形性质的了解。再如，在解一元二次方程的教学中，用公式解一元二次方程。一元二次方程的意义与其一般形式有着哪些区别和联系，这是学生们在这一模块学习中易混淆的地方。所以为了让学生厘清思路，加深知识印象，教师可以在这些易混淆的地方设置议论问题。一元二次方程的一般形式中 a 不等于 0 的原因是什么？在课堂上让学生们开始议论，发表自己的意见和看法，这样做既有助于加深学生对一元二次方程概念的理解，又有助于为后续的学习奠定基础。

议论是在生生、师生或小组、全班的交流议论中解决问题的一种方式，这是合作学习的基本形式，更是探究学习的一种方式。在新课改背景下，教师是课堂的组织者，是学生学习的引导者，而学生才是课堂真正的主人。总之，在合作学习中教师要做好"引导"，才能让学生参与问题的研究和"议论"，才能真正让学生受益于这种教学模式。

三、巧妙选择议论时机

让课堂议论不再流于形式，以课堂议论促使每位学生获得发展，打造高效课堂，教师应该重视议论时机的选择。首先，可以在学生理解问题产生障碍时，让学生展开谈论，这样不仅能够发挥小组成员的作用，让他们集思广益，调整思路，实现继续思考，还能够真正找到问题的重点和解决问题的方法。例如：在教授学生反证法时，很多学生根本就不能理解这一抽象的概念，此时就可以让学生们通过小组合作共同探讨，让每位学生发挥自己的主观能动性，并举出一些具体的例子。在不断思考和议论中，让学生真正地领悟知识要点，从而弄清楚数学抽象概念的含义。其次，教师应该将每一次的课堂议论放在结论的推理过程中，比如，在绝对值的教学过程中，该节课的教学重点就是让学生掌握用绝对值比较两个负数的大小。推导过程是学生学习知识的过程，更是学生加深印象的过程，也是学习发散思维的过程，教师将解决这一问题的主动权交给学生们，让他们与小组成员交流、议论和争辩，从而挖掘每位学生的智慧潜能，帮助他们获得数学新知识。

四、尊重学生主体地位

新课改强调学生是课堂的主人，小组议论教学方法的运用是突出学生主体地位的一种表现。为了更加高效地实现课堂议论，教师应该转变自己的教学思想和教学理念，将课堂真正交给学生，让学生真正成为知识的探索者、问题的解决者，教师应该主动扮演课堂引导者的角色，把握好课堂的整体节奏，把握课堂的教学方向，让学生在自主学习的过程中获得乐趣。以"探索直线的位置关系"教学为例，教师发挥自己的引导作用，给学生提出问题，以问题为任务驱动学生们展开小组交流和议论。教师从本节课的教学目标出发，对学生提出以下问题：两直线相交、平行、重合的条件是什么？是否能够举出直线相交、平行和重合在生活中的实例。根据直线方程，如何判断两条直线的位置关系？以这三个问题驱动学生们融入小组合作中展开讨论，既尊重了学生课堂主体地位、讨论主体地位、学习主体地位、思考主体地位，又真正发挥了教师的引导作用，在师生互动和生生互动中，实现学生自主学习，让数学课堂充满生命的活力，从而构建高效课堂。另外，为了真正让议论不流于形式，每次学生讨论完之后，教师要让每个小组派代表走上讲台，将自己小组的议论结果进行阐述，最后由教师评选出"最佳合作小组"，激活学生们议论的积极性，提高学生议论的效率，从而真正实现学生们学习知识，发展能力的目标。

五、着力调动学生思维参与

初中数学科目有其特殊性，问题是数学的心脏，思维更是学生学习数学新知识、解决数学问题的桥梁和核心。为了真正提升"议论"教学的有效性，教师不但要强调学生的课堂参与，而且要真正扩展学生议论参与的深度和广度。通过"议论"教学，真正让学生们从数学问题中引出心理上的认知冲突，实现他们的思维参与，并且以这个思维活动为基础，让学生有充分表达自己思维的机会。这样不仅让他们真正积极、主动、兴奋地参与到数学知识的学习中，而且能够实现每位学生个性化发展。以"探索勾股定理"教学为例，教师首先可以设计有趣的教学情境，将一根长长的木棒放在教室门口，并且指着这根木棒给学生提出问题：同学们，如果我们不把这根木棍放倒，可以将它拿进教室吗？

应该如何将木棍顺利地拿进教室？然后以此为契机，让学生们展开议论，并且让他们在小组讨论中，分析出在不把木棍放倒的情况下，能拿多长的木棍进入班级。以趣味性的生活小故事创设情境，引发学生思考，使之积极展开议论，既能让他们从生活中感受到勾股定理的存在和价值，又能够真正让他们在观察、操作、猜想、议论中，了解勾股定理的形成过程。并且归纳勾股定理的判定过程，从不同角度提升了学生们的思维能力；让学生在议论中积极主动研究知识，在分析问题和解决问题中，对勾股定理的掌握更加深刻、更加全面，有助于学生更好地迁移和运用，实现个体发展。

六、合理划分课堂议论小组

在初中数学课堂上实施"议论"学习策略，主要是为了实现学生在自主学习和合作讨论中提高数学综合能力，为他们数学核心素养的培养奠定基础。因此，议论小组的划分既是基础，更是最为关键的一步。科学分组是初中学生合作学习的保障，目的是要让人人参与学习过程，人人体验成功，探索与发现学习的乐趣。按照全班人数确定小组数，一般4到6人一组最佳，必须遵循"组内合作，组间竞争"的方式，遵循"组间同质，组内异制"的原则，对每个组员进行合理分工和角色的调配。分组宗旨是组员做到各司其职，各尽所能，达到团结协作共同进步的目的。把全班按照数学单科成绩排名，分出优等生、中等生和差等生三类，原则上每组安排两名优等生、两名中等生，两名差等生，选出一名学习能力较强的成员做小组长以便在组员有问题时进行讲解。还要在课前对小组进行有意识的培训，让小组合作在数学课堂中更加专业化。另外安排一名同学记录每个组的得分和各小组组员的得分情况，教师定期做综合统计和分析，再根据结果做合理的调配，从而优化合作小组，使得课堂议论达到高效。

新课程理念要求学生们学会合作，学会自主学习，让初中数学课堂充满活力。而有效的"议论"对于这种教学模式的使用起到了画龙点睛的作用，集思广益、平等议论不仅作为课堂教学的核心环节，而且是教学的重要目标，由此提升课堂教学的思维品质。我们应该强调学生积极地交流和议论，遵循学生的认知规律，围绕教学目标研究日常教学内容，悉心设计教学议论问题，让学生在具有启发性、探讨性的问题中，活跃思维，展开议论，不再让课堂的议论流于形式，促进学生全面发展。

参考文献：

[1] 张建设. 浅谈初中数学"自学、议论、引导"教学法中小组合作学习

的有效性 [J]．学周刊，2020（35）：27-28.

[2] 张雷．自学议论引导教学法下初中数学单元教学探究 [J]．智力，2021（12）：135-136.

[3] 李学雄．运用"讨论法"，构建初中数学教学互动课堂——以《函数》教学为例 [J]．中学课程辅导（教师通讯），2018（7）：87.

[4] 张以成．论"讨论法"在初中数学教学中的应用 [J]．中华少年，2017（6）：197-198.

[5] 王惠云．如何借助课堂讨论提高初中数学教学效率 [J]．中学课程辅导（教师通讯），2019（21）：88.

[6] 葛卫国．实施课堂讨论，提高课堂教学质量 [J]．新课程，2020（14）：158.

学材再建构——初中数学实施单元教学的最佳途径

乔国栋

新课程改革至今，数学学科不仅是学习学科知识，更是通过学科知识的学习，发展学生数学学科核心素养，从而实现数学学科的育人目标。这对全体基础教育数学教师提出了新的要求，那就是如何发展学生的数学学科核心素养，实现学科育人目标。李庾南老师提出的"自学·议论·引导"教学法给出了明确的答案，"自学·议论·引导"教学法的核心理念是充分发挥学生的主体地位，在师生、生生合作中学会学习，发展学生的学习力。其在新时代的表达为"学材再建构""学法三结合""学程重生成"，而"学材再建构"则提倡对"学材"进行重构，实施单元教学。在结构中教与学，帮助学生形成完整的数学知识体系，发展学生的学科核心素养，实现学科育人目标。

在"学材再建构""学法三结合""学程重生成"三个理念中，"学材再建构"是对教学内容进行重构，是开展教学活动的源泉。通过长期教学实践得出，"学材再建构"的主要形式有对一节课的调整、对一个小单元知识的重组、对一个大单元知识的整合。其目的是深入发掘知识的内涵，避免知识的碎片化学习，注重知识的关联性和完整性，从而直达知识的本质。

《义务教育课程标准（2011 年版）》中提到："教师教学应该以学生的认知水平和已有的经验为基础，面向全体学生，注重启发和因材施教。"同时，还对整体教学提出要求："数学知识的教学，要注重知识的'生长点'与'延伸点',把每堂课要教的知识置于整体知识的体系中,注重知识的结构和体系,处理好局部知识与整体知识的关系,引导学生感受数学的整体性。"而"学材再建构"的原则就是以课标为准绳,以教材为参照,从学生的已有知识经验出发习得新知,同时,注重知识未来的应用和发展,这一理念和课标中的要求完全一致。结合自身长期的教学实践和反思,笔者从"学材再建构",实施单元教学的三种基本形式阐述"学材再建构"是初中数学实施单元教学的最佳途径。

一、一节课的调整

"学材再建构"的本质是从学生的已有知识经验出发,对知识进行重构,实施单元教学,在系统中教与学;让学生习得结构性知识,并得到更好地发展。但是,并不是一定要几节课重构才算单元教学,有时候,一节独立的课也需要进行深入地挖掘和调整,在已有知识的基础上,习得数学的本质,达到深度学习。

在初中起始阶段,很多知识都是相对独立的知识点,这时候,一节课就是一个单元,就需要对这一节课进行调整。如在绝对值这节课的学习中,作为一节概念课,应该以概念课的学习特点出发进行调整和重构。概念的学习要注重原型,一定要以学生熟悉的生活实例为切入点,在具体的情境中获得数学体验,从而更利于学生抽象出绝对值这一概念。同时,执教者要让学习者通过感性认识一步步上升到认识理性规律,逐步得到绝对值的概念、性质、法则和两个负数比较大小的法则等一系列知识。对于绝对值概念的认识,不仅从代数意义得出,还要引导学生从几何意义的角度进行归纳总结,从而逐渐渗透数形结合的数学思想,达到深度学习,为学生今后思维的发展播下种子。在绝对值这节课的学习中,通过执教者的挖掘和调整,充分创设新情境,引导学生在实践中思考,在思考中归纳,不断深入学习,发展了学生的思维。由于创设的情境贴近学生生活实际,极大地调动了学生的积极性,学习过程从被动接受变为主动探索,从要我学变为我要学,使得整个课堂充满了活力。这样的课堂才能让学生在知识与技能、过程与方法、情感与态度等方面和谐发展,达到学科育人的目标。

二、小单元知识的重组

对于单元整体知识,为了保证数学知识的完整性,要进行"学材再建构",实施单元教学,帮助学生生成单元知识体系,养成整体思考的习惯。

七年级学生通过一段时间的学习,已经适应了初中的学习和节奏,具备了一定的学习能力，在进行有理数的乘除法时，就可以对"学材"进行"再建构"。因为乘法与除法互为逆运算，是一个整体，所以可以进行建构。第一课时师生共同习得有理数的乘除法法则并进行简单应用练习；第二课时回顾有理数的乘除法法则，引导学生熟练应用有理数的乘除法法则解题。学生在已有知识的基础上习得有理数乘除法知识结构，避免了知识碎片化和容易遗忘的情况，更主要是为今后的学习和思考奠定了基础。如图 6 - 48 所示，是本节课的板书和设计思路。

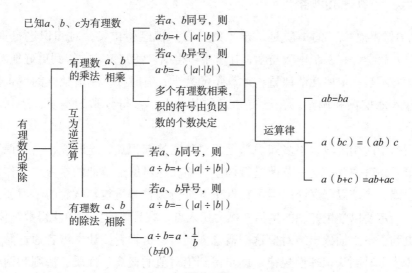

图 6 - 48

在八年级上册《实数》一章中，有算术平方根和平方根这两课时的内容，我们知道，算术平方根是一个正数的两个平方根中正的那个数，两课时内容本就是一个小单元，如果分课时授课，则把整体知识割裂开来，不利于学生思维的发展。因此，需要进行"学材再建构"，实施单元教学，分为两课时授课，第一课时学习平方根的相关知识；第二课时在复习平方根的过程中，自然而然地习得算术平方根的知识。而且，平方根的学习，尤为清晰地体现了"已知—新知—未知"这一学习过程。本节课从学生已经学过的乘方的知识出发，应用到学生逆向思考，从乘方的已知底数和指数求幂，到已知指数和幂求底数，引导学生在熟悉的氛围中进行思考，理解了这一过程，教师顺势给出这一过程的定义叫开方，其结果称为平方根。在进一步探究新知的过程中，教师再次提出这样的问题，如果已知底数和被开方数，能求出根指数吗？然后告诉学生这个知识会在高中学习，整个学习过程流畅而自然，让思维舒服地成长。

三、大单元知识的整合

从教学实践中得出，在进行"学材再建构"的过程中，对一节课的挖掘和调整以及两个课时的小单元整合相对容易完成，但如果对超过两个课时的单元知识进行"再建构"时，不管是从教师业务能力还是从学生接受能力的角度考虑，均有一定难度。这就需要根据教师对教材的熟练程度和学生对知识的接受程度两个方面综合考虑，条件允许方可实施教学。

在学习整式的乘除时，在学生熟知乘法运算律和正整数指数幂的乘法公式的基础上，展开对整式的乘法的学习。本单元共有三个课时，分别为单项式乘以单项式，单项式乘以多项式和多项式乘以多项式，这三个课时的学习方法和知识源完全相同，是一个整体知识，可以进行"再建构"。第一课时在已有知识的基础上习得整式乘法的三个法则并简单应用；第二课时复习法则，初步应用；第三课时复习法则，熟练应用。三课时环环相扣，逐步深入，在习得知识体系的同时，学生思维得到发展，起到了润物细无声的育人效果。如图 6－49 所示，是这个单元的板书设计。

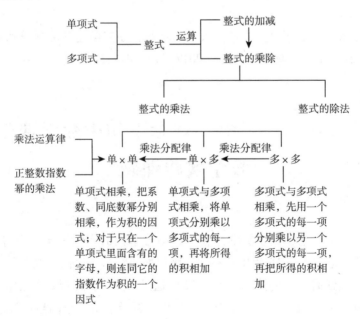

图 6－49

在学习实数这一章时，教材中二次根式共三个课时。本节课的知识点多，但知识点之间联系紧密，整体性强，从数学知识的整体性考虑，进行"再建构"利大于弊，因此，进行"学材再建构"，实施单元教学。第一课时学习二次根式的定义、性质和运算，由于知识点较多，没时间进行应用练习；第二课时复习二次根式的相关内容，巩固练习；第三课时复习二次根式的相关内容，熟练应用。

基于三个课时的"学材再建构"内容多，难度大，因此称为大单元知识的整合。事实上，在各种条件允许的时候，还会有跨章节的"学材再建构"，这对教师和学生的要求都很高，有待于进一步实践探索。

总之，"学材再建构"基于数学知识的整体性，是实施单元教学的最佳途径。这种学习理念更加契合大脑的认知规律，有利于教师的专业成长和学生思维能力的发展，长期坚持下去，课堂教学会有翻天覆地的变化，师生将会有意想不到的收获。

参考文献：

［1］中华人民共和国教育部．义务教育数学课程标准（2011 版）［S］．北京：北京师范大学出版社，2012.

［2］李庾南．自学·议论·引导教学论［M］．北京：人民教育出版社，2013.

［3］李庾南，祁国斌．自学·议论·引导：涵育学生核心素养的重要范式［J］．课程·教材·教法，2017（9）：4−11.

第三节　"三学"理念下初中数学课堂教学实践课题

在"三学"理念不断实践的过程中，结合本校的实际情况，为将"三学"理念本土化，笔者于 2018 年申请立项市级规划课题《李庾南"自学·议论·引导"教学法实践研究》，并于 2020 年 12 月通过兰州市课题规划办公室鉴定。

2018 年 6 月，我们向兰州市教育科学规划领导小组申报的教研课题"李庾南'自学·议论·引导'教学法实践研究"，经评审被立项为 2018 年度兰州市"十三五"教育科学规划课题（课题立项号 LZ［2018］GH521）。两年来，我们严格遵守《兰州市教育教学研究课题管理办法》的有关程序和要求，认真组织课题组撰写开题报告，落实课题研究实施方案，撰写阶段性研究成果报告。

目前,课题组已完成了预定的研究任务,在理论和实践两个方面都取得了显著的成果。现将相关研究情况汇报如下。

一、课题研究的背景

2016 年 12 月,为进一步深化课堂教学改革,提高教学质量。兰州市教育局积极引进了全国著名中学数学特级教师李庾南"自学·议论·引导"教学法教育品牌项目。以兰州市第四十九中学为牵头校,全市遴选 25 所初中学校为基地校,围绕数学课堂教学改革、学生核心素养培育等开展"自学·议论·引导"教学法试点。到 2019 年,全兰州市初中学校数学课堂教学已全部开始采用此教学法,旨在构建具有兰州本土特色的"自学·议论·引导"课堂教学新模式。"自学·议论·引导"教学法在兰州的价值体现在它不仅仅是一个学科教学的改革,也不仅仅是教学方法的变革,而是教学领域较为全面的、具有根本意义的一种创新。因为它是对教学过程本质的研究,是知识体系的建立过程研究。李庾南在数学教学中,把学生在教师指导下的学习,归结和提炼为"自学·议论·引导"。其中,主体是学生的自学和议论,而教师的引导则贯穿在自学与议论之中。这样"以学生为主体"就落实在具体教学过程中。其中"学材再建构"就是教师们为了得到更优的教学效果而采取的措施。

传统的数学课堂教学以教师为中心,从教师的教出发,教师只要有教材和教参,就能依样操作。教学中的教学目标、教学重点、难点、教学方法等,都是从教师教的角度来设计的,在课堂教学实践中,教师往往忽视对学生的学习方法、学习态度、学习习惯、学习能力等知识以外素质的培养。在这种教学中,学生接受过程是被动的,这无疑影响了学生实践和创新能力的培养。

"自学·议论·引导"教学法追求把数学课堂变成师生共同提出、解决问题的主阵地,让学生积极参与课堂教学活动并主动学习,从而提高学生学习数学的自主性,更符合新课程中数学课堂教学改革的目标:构建以学生的学为中心的课堂教学模式。

从学生学的角度考虑,为学生的学习设计一种方案是必需的。在初中数学课堂中引入"自学·议论·引导"教学法符合建构主义学习理论,体现了初中数学课堂教学中教师为主导、学生为主体的教学原则。教师课堂教有教案,学生学有学案。在课堂上,用"自学·议论·引导"教学法的理念建立起教与学的桥梁,有效地改进教学过程中的师生互动模式,还学生数学课堂的"主体地位"。引导学生正确地确立学习目标和适合自己的学习策略,增强学生学习的主动性和积极性,培养学生的主动探索精神和自主学习能力,真正让数学课堂动起来并能最终提高学习效率和教学效果。

我们课题组提出对《李庾南"自学·议论·引导"教学法实践研究》这一课题进行研究,以期进一步改进课堂教学,提高教学质量,让学生快乐学习,高效学习。用"自学·议论·引导"教学法的"三学"原则,即"学材再建构""学程重生成""学法三结合"作为课堂教学的指导原则,让学生直接参与并主动求知。站在学生的角度着眼于如何调动学生学习的主动性,如何引导学生获取知识培养学习能力,提高解决问题的能力。引导学生有效学习,这种引导体现在课前预习、上课、练习、复习、兴趣与能力培养、课后应用等各个具体的教学环节中。课堂上主要是"个人学习、小组学习、全班学习"三结合的形式。"自学·议论·引导"教学法是在深入研究教材的基础上,针对每节课数学学习内容进行"学材再建构"编制出教案、学案,利用学案作为导航,使学生在课前对新课内容预先进行自主学习,然后带着未能解决的问题进入课堂,课上有群体学习,教师对学生的问题相机引导,以学生的自主学习为主体,师生共同合作完成教学任务的教学模式。

二、课题核心概念的界定

1. "自学·议论·引导"教学法简介

"自学·议论·引导"教学法是江苏省首批名师、享受国务院颁发的政府特殊津贴专家李庾南老师通过不断进行课堂教学实践、观察、调查、试验、总结、提炼出来的,中心内容是更深地挖掘学生的潜能、更大地提高学生学习的积极性、更充分地发挥学生的主体性。教学法包括学生独立"自学",生生间、师生间群体"议论",教师相机"引导"三个基本环节。其中,"独立自学"是基础,"相机引导"是关键,"群体议论"是枢纽。

2. "学材再建构"的内涵

广义的"学材"指与学生当前的数学学习有关的一些材料。狭义的"学材"指学生当前的数学学习所用到的一些直接相关的材料资源,比如教科书、辅导资料等。"学材再建构"是师生根据学习任务,以课标为基准,教科书为参照,学情为依据,对各种主客观性学材、数学教材的内容进行有机整合和重构的过程。

三、课题研究的目标、内容及特色

1. 课题研究的目标

通过本课题的研究:

(1)让教师更好地整体把握教材、熟悉教材、解读教材,使师生的教学活动更具统一性和生动性。促进教师进一步转变教育观念，确立新的教育理念。实现教师教学现状的转变，让教学真正以学生学法为出发点，培养学生的自主学习能力、注重运用知识的基本技能并重视学习能力、应变能力和创新能力的培养。

（2）借助"学程重生成"实现学生学习形式的转变。打破单个知识点之间的壁垒，让学生真正明白每个知识点的来龙去脉。不但让学生掌握单个的知识点，更让学生厘清知识点之间的关系，形成更加完整的知识体系、坚固的知识结构。促进学生综合学力的发展，实现学习效益的最大化。

（3）使"自学·议论·引导"教学法不断完善，探索出一条科学、实效且符合我校、我市学情的教学法，真正体现学生的主体地位，做到教师乐教，学生乐学。提升学生的数学核心素养，促进数学教育教学改革，提升数学教育教学质量。

（4）促进学校教师素质的提高，造就一支高水平的科研队伍。

（5）经过数学课堂教学实践，初步形成"学材再建构"创新案例。

2. 研究内容

（1）"自学·议论·引导"教学法实施的过程中，数学课堂教学存在的问题。

（2）"学材再建构"创新案例设计的一般方法与策略。

（3）研究总结适合本校数学课堂教学的校本化、本土化的课堂教学模式。

3. 课题研究特色

通过课题的研究，我们能够确定此教学法对我校乃至兰州初中数学学科教育会起到指引作用，能够有效地提高学生的数学学习成绩，特别是对于学生学力的发展、思维的训练起到积极作用。学习的途径和方法是多种多样的，结合我校数学课堂教学的现状，真正有意义的"自学"、从学生思维能力实际出发的"议论"、教师的有效"引导"，这些都将为一线教师生成自己的教育思想、实践能力提供参考，有利于教师自身水平的提升。

在李庾南教学法的引导下，依据课标，"学材重建构"会打破知识点间的壁垒。结合校情，由一线老师对现在使用的北师大版教材重新建构，做出更加符合学生实际情况的单元教学设计。

课堂教学中采用三种学法结合，以活动为中心来组织教学，力争让学生采用个人学习、小组学习、全班学习三结合的方式，利用学生个体优势充分挖掘学生学习潜能，推动整体教学效果提升。

在学习的过程中，注重新知的生成过程。通过不断讨论、思考提出自己的学习问题，再自己解决自己提出的问题，自己生成自己的新知识，要力争明白新知的来龙去脉，知道新知是什么，为什么，从哪里来，又到哪里去，从而提高学生自己的思维水平。

四、课题研究的意义

2016 年 12 月，兰州市引进了教育教学品牌"自学·议论·引导"教学法，并在初中数学课堂上进行教学改革。那么如何能让这个有名的教学品牌真正在兰州教育的土地上生根发芽，开花结果并促进兰州教育发展，将是我们每一位研究者该做的。通过本课题的研究，试图达到以下目标。

（1）让教师更好地整体把握教材、熟悉教材、解读教材，使师生的教学活动更具统一性和生动性。促进教师进一步转变教育观念，确立新的教育理念。实现教师教学现状的转变，让教学真正以学生学法为出发点，培养学生的自主学习能力、注重运用知识的基本技能并重视学习能力、应变能力和创新能力的培养。

（2）借助"学程重生成"实现学生学习形式的转变。打破单个知识点之间的壁垒，让学生真正明白每个知识点的来龙去脉。不但让学生掌握单个的知识点，更让学生厘清知识点之间的关系，形成更加完整的知识体系、坚固的知识结构。促进学生综合学力的发展，实现学习效益的最大化。

（3）使"自学·议论·引导"教学法不断完善，探索出一条科学实效且符合我校、我市学情的教学法，真正体现学生的主体地位，做到教师乐教，学生乐学。提升学生的数学核心素养，促进数学教育教学改革，提升数学教育教学质量。

（4）促进学校教师素质的提高，造就一支高水平的科研队伍。

（5）经过数学课堂教学实践，初步形成"学材再建构"创新案例。

五、课题的研究思路、研究方法、实施步骤

1. 研究思路

（1）如何就北师版数学学科教材进行知识创新整合，学材再建构。

（2）在实践探索的基础上，根据学情就"自学·议论·引导"教学法这一外地比较成功的教学方法进行本土化实验。

（3）接受并学习，对"学材再建构"的课堂实践案例进行分析，实验成果及时加以总结与推广。

（4）教学法在与本地教学很好地结合以后，如何找到一种完善的运用和推

广方法，将课题的研究与实验结合起来并轨运行、有效推广。

2. 研究的方法

（1）文献研究法：搜集、整理国内外与课题研究相关的资料，学习教学法的精髓，总结出要点。

（2）实验研究法：实验法是本研究的主要方法，选择七、八年级进行实验，反思改进。

（3）案例分析法：通过班级和年级的教学案例，深入探索、分析、思考，推广典型案例。

（4）行动研究法：采取边教学、边研究、边反思总结的方式，在教学实践中开展课题研究。

（5）根据本课题研究的实际需要，灵活采用其他研究方法。

3. 课题的实施步骤

第一阶段：2017 年 10 月—2018 年 5 月，进行调查，商讨制订申报方案。

第二阶段：2018 年 6 月—2018 年 12 月，完成北师大版初中数学"学材再建构"，并将成果及时加以总结，进行配套练习的编写。

第三阶段：2019 年 1 月—2019 年 12 月，将该课题研究和本地教学相结合，修订本地原有的教学设计、教学方法、教学资料等，进行单元教学设计的课堂实施并总结经验。

第四阶段：2020 年 1 月—2020 年 8 月，整理素材，撰写课题研究结题报告，出版实验成果。

六、课题研究的原则

1. 以学生为主体

教师根据自身的理论认识水平来指导自己的教学行为，课堂上相机引导，尊重学生的发展，面向全体学生，依据学生身心发展水平和认识特征，设计以学生为主体的学案。

2. 理论联系实际

注重知识生成的重要性，课堂上鼓励学生主动生成问题，并讨论解决问题。

3. 学法三结合

以活动为中心来组织教学，以个人学习、小组学习、全班学习三结合为原则，利用学生个体优势充分挖掘学生学习潜能，推动整体教学效果提升。

4. 学材再建构

组织本校和工作室课题组教师开展适合学生的"学材再建构"探索研究，

编制相应的"学材再建构"课本供大家参考学习。

七、课题实施过程中开展的课题研究情况汇报

2018 年 5 月，在上级部门的帮助下，在学校领导的支持下，我们申报了《"自学·议论·引导"教学法实践研究》这个课题。2018 年 6 月，课题申报成功。两年多来，课题组的各位成员密切配合，使得课题能按计划，扎扎实实地开展。首先，课题组针对课题研究中的问题，拟订了课题实施方案与计划，保证课题有序进行。其次，课题组成员共参加校内课题研究活动 20 余次，李庾南实验总校教研活动 3 次，兰州市教研活动 5 次。两年多来，我们认真做了以下几个方面的工作：

（一）学习理论，转变观念，明确课题研究的方向

课题的实施需要明确的指导思想和可操作的方法，这些都需要我们课题组成员广泛借鉴已有的经验和理论。因此，我们针对本课题，对李庾南老师的《"自学·议论·引导"教学论》《中学数学新课程教学设计 30 例》《初中数学课程标准》《深化教育改革全面推进素质教育的决定》等书籍进行了学习，并通过组织课题组教师外出观摩学习，观看李庾南老师授课视频，听讲座等活动，把课题组教师的理性和感性认识集中到以学生为主体的教学理念上。通过学习，课题组每位教师都真正地确立了素质教育的观念、全面发展的观念、以学生为主体的观念，从而进一步深化了课题思想，丰富了课题内涵，充实了研究方法。

（二）课题研究现状

1. 培养学生学习习惯

通过学生自学，小组群体议论，教师相机引导的过程，让学生学会自己学习，这是"自学·议论·引导"教学法理念的渗透。

2. 提高课堂学习效率

从传统的教师讲授转变为学生自己探究，激发了学生的学习积极性。小组合作讨论过程也让课堂气氛比较轻松，学生开始尝试着自己提出问题、解决问题、探讨问题，大大地提高了学习数学的积极性。教师适时地引导也能让学生增加自信。

3. 减轻课外学生负担

"学材再建构"把课本内容进行了整合，让学生在课堂上完成了课本例题和习题，这样增加了学生课堂上的练习量。知识整合提高了学生课堂上的思维能力，学生从传统的听课变成自己探究生成新知，变被动为主动，解题能力提高了，学生的课外作业也就变得简单了，做作业的速度变快了，花费的时间变

少了。

4. 教学相长

学生在独立自学完小组讨论时可能会提出一些问题，也可能会有一些新想法，甚至有时会提出老师都没有考虑到的问题，这些活动使课堂更加有探究味，也有利于促进教学相长。

（三）课题研究的价值

"自学·议论·引导"教学法的价值体现在它不仅仅是一个学科的教学改革，也不仅仅是教学方法的变革，而是教学领域较为全面的、带有根本意义的一种创新。因为，它是对教学过程本质的研究，是教学体系的建立。李庾南在数学教学中，把学生在教师指导下的学习，归结和提炼为"自学·议论·引导"。其中，主体是学生的自学和议论，而教师的引导则贯穿在自学与议论之中。这样，"以学生为主体"就落实在具体教学过程中。

2018年9月课题立项后，本课题组成员按照研究主题，围绕研究思路精心组织，明确分工，协作开展。经过不断地探索和实践，使"自学·议论·引导"教学法在我校有声有色地开展起来，有时候还受邀去周边县区开展教学法指导，这有助于教学法的进一步推广。通过课题组成员对"自学·议论·引导"教学法的学习研讨打造了团队协作精神，增强了团结意识，培养了合作能力。

（四）课题研究的现实意义

课题组8位成员因研究工作需要，从思想认识到行动上都自觉保持一致，组成了一支很有凝聚力的课题研究团队。工作上分工协作，遇到问题时一起进行交流探讨，共同解决，这在以前是很难有这样能合作、能战斗的团队的。课题研究提高了大家的业务钻研能力，进一步营造了我们兰州市四十九中集体备课的氛围。关于"自学·议论·引导"教学法，有很多新的陌生的东西需要面对，这就迫使每位教师都要去主动地学习，理念的更新加上原有的备学案工作，很大程度上务实了我们的集体备课，也充实了我们数学组的教研活动内容。

（五）家长与学生的反响

"自学·议论·引导"教学法的初步实践，得到了学生家长的理解和支持，改变了他们刚开始认为的把自己孩子当实验品的想法，家长们不同程度地品尝到了"自学·议论·引导"教学法给孩子带来的好处。规范了学生的学习行为和习惯，提高了学生学习数学的兴趣。课堂上学生处于自主地位，有很大的思维空间和活动空间，学生的身、心、手、嘴等都得以解放，真正成为学习的主人，这让学生对这样的数学课堂有了浓厚的兴趣，学习自信心有了明显的增强。

（六）在"自学·议论·引导"教学法实施的过程中，数学课堂教学也存在以下若干问题和困惑

（1）在"学材再建构"上，教师虽然学了很多理论，但还是不能在实践中灵活应用。于是，建构就做成了知识的罗列，成了压缩饼干，这样的课程学生是不能消化的，看似学了很多，其实都没有吃透。

（2）"学法三结合"要求个人学习、小组学习、全班学习三者要结合起来。学生拿上学案在进行个人学习时，部分学生只顾自己做自己的，不参与交流讨论；在进行小组学习时，个别组员仅从形式上参与，没有真正触及探究问题的实质并予以讨论，只是等待答案。个别小组探究出结论后，在汇报发言时，存在不善于表述，语言表述能力较弱，发言不积极的现象。当小组讨论出现不同探究结论时，组员的质疑意识不强，一味认同的现象较普遍。种种表现都让小组学习流于形式。如何有效地进行小组学习还需要再做进一步的学习研究。

（3）在小结的环节中，学生都习惯于从知识的层面上去总结，很少从学习方法、数学思想、思维训练等方面去反思总结。课后作业多在形式上完成了，而实质上在数学的思考、探究上还是存在很大的问题。需要在后期教学中好好培养学生的数学思维和数学素养。

（4）课后主动复习方面，通过调查，我们发现学生在课后自己主动复习方面存在问题。

① 能主动认真复习的学生很少，大多数学生没有主动复习的习惯。

② 不少学生缺少必要的指导。

（5）课题组成员参与"自学·议论·引导"的课堂实践的积极性虽高，但在"研"字上所下功夫不够，提炼出的东西很少，上升为理论层面的东西还做得相当不够，对数据的收集、整理和分析还缺乏一些理论指导。

（七）课题研究在课堂实施中的方案调整

针对以上查找出的问题，全体课题组成员有针对性地开展了补救工作。

1. 对"学材再建构"的加强

李老师讲的建构原则是根据自己学生的情况，可以是一个例题或者一个练习题的建构、情境引入的建构、知识点的建构等。如教授"直线、射线、线段"时，可以把第二课时的线段公理建构进第一课时与直线公理一起学习。在建构知识点时，要有大的单元教学思想，把一个大的单元做整体规划，重新分配安排课时，在设计中注意这节课要学什么？为什么要学这些知识？学完有什么用？如果每一课时都能清楚地解决这些问题，这样再建构的学材就是符合学生发展的。

2. 进一步加强小组合作能力的培养

对每个小组成员进行明确的分工,明确组长的职责是给每个人都安排任务,在交流时哪位同学负责记录,哪位同学负责发言,指定哪些同学在组里发表自己的见解,要根据每个同学的实际,想办法把他们都调动起来。教师在上课时要能够关注到每一个小组,并且利用课堂或课余时间多形式地对学生进行语言表述训练,并针对学生质疑意识不强的问题,开展人人参与的小组得奖励活动,调动学生的积极性,培养学生敢想、敢说的意识和会想、会说的能力。

3. 引导学生养成小结习惯

每节课都要小结这节课学了哪些知识点?在这节课的学习中用到了什么数学方法?直接把这两个问题放到学案上,每次总结完都让学生写出来。习惯成自然,经过长期训练学生就一定能够培养起小结的好习惯。教师在课堂引导时要把重点放在学习方法、思维训练等方面,逐步提高学生在这些方面的能力。

4. 引导学生课后主动复习

针对学生在课后主动复习方面存在的问题,我们进行了以下尝试:

(1)在学案设计编写时,要创造条件,如:复习课中,知识网络体系的构建,知识巩固中习题的设计,都应让学生自己去完成,慢慢引导学生养成自觉复习的习惯。

(2)要在教学中让学生学会复习的方法。如:要强化学生先复习再做练习的习惯,这样才能收到用作业巩固知识的效果;再如:课题组总结出"六抓"复习方法,即抓概念,抓记忆,抓系统,抓错题,抓做题,抓整理。

(3)教师在运用学案导学时,注重经常让学生进行反思总结,养成自觉复习的习惯。

(4)复习学案提前下发,给学生足够的主动复习的时间,这对学生主动复习习惯的养成有很大帮助。

5. 加强理论学习

课题组成员平时都承担了较重的工作任务,确实存在对课题研究程度不够深入的现象,有些时候也感觉缺乏理论指导。对此,我们加强了这方面的理论学习,只要有关于"自学·议论·引导"教学法的培训,就一定会派教师去参加,参加培训的教师回来后再给没去的教师做培训,并写出自己的培训心得与收获,再上一节学习之后的公开课让大家学习。我们也积极向课题研究方面有经验的教师请教,充分利用一切可利用资源来提高我们课题组的整体研究水平。

(八)课题组教师在培养学生过程中的具体做法

"学材再建构"是在教学的过程中对教学内容实施整合,将学习方法相近、学习内容存在关联的知识或属于同一知识体系的教学内容有机地组合在一起进行单元教学，这样的教学更加注重知识之间的逻辑结构和生成的过程，能起到发展学生核心素养的作用。"单元教学"是"学材再建构"在数学学科教学中的主要表现形式。众所周知，数学是按章节来进行的，但并不是一章就是一个单元，也并不是一节就是一个单元。因此，教师教学前要进行"学材再建构"案例设计。

"学材再建构"创新案例设计时一般有三种途径，一是教师单独建构；二是学生单独建构；三是师生共同建构。我们以课标为基础，确定单元教学总目标；以教材为主要参照，确定建构知识结构内容；以学情为根据，确定建构内容，教学方式方法。具体操作上首先做单元划分，先建立单元的知识结构，再深入研究具体的知识点，如："特殊的平行四边形"第一课时单元教学，宗旨是要解决"是什么、为什么、从哪里来、到哪里去"的问题。

（1）平行四边形邻边有特殊关系吗？

（2）如果给其邻边特殊化，从哪些角度分析？

（3）如果其邻边具备特殊性质，这个平行四边形是什么四边形？

通过对以上问题的探究，引入课题"特殊的平行四边形"。

在进行知识小结时：

（1）要进行四边形、平行四边形、矩形、菱形、正方形之间的关系梳理。

（2）要总结思想方法，研究几何图形的常见思路有"数学化归思想，数学类比思想，数形结合思想"，"观察——猜测——验证——证明"。

每一单元，每一节课都用这个思路来做研究。进行"学材再建构"能促进教师自身专业化发展；有助于教师整体把握教学目标；有助于教师整体把握课程内容。"学材再建构"还有利于学生综合学力的发展，帮助学生建立从整体到局部，从策略到方法的思维习惯和方式，长期坚持可以提高学生的学习主动性。

针对以上思考我们进行了以下尝试：

（1）根据学案导学在培养学生主体地位方面的优势，在学案导学的问题设计中，从学材再建构思想出发，设计成一系列的问题串，让学生能够拾级而上，增强探索的欲望。

（2）对教学内容进行深入地挖掘，从而使学生的学习素材开放，与学生的学习生活联系，激发学生主动参与的积极性。

（3）课堂中，利用学法三结合通过学案导学，创设自主合作的学习情境，在合作的环境下，培养学生独立思考、自主学习、小组学习、全班学习的能力。

（4）尊重学生，建立和谐的师生关系，架起师生之间的亲密桥梁，拉近师生之间的距离，使合作在宽松的环境下产生。

（5）在学案设计时，不同环节都从学生主动参与的角度出发，进行设计，如：范例尝试中尽可能让所选例题新颖，而又能让学生从书中看到影子，调动学生学习的欲望。再如：在题组训练的环节中，根据学生水平不同，设计出不同难度的试题，满足不同层次学生的学习需要。

（6）对于学案中能反思的环节，大胆放手让学生去反思，为学生充分展示的空间，给学生主动学习、主动合作提供机会。

（7）在作业设计中，能够考虑不同层次学生的需要，分层设计，让学有余力的学生有活干，学习基础较差的学生有能力、有兴趣学。

总之，使学生爱学，乐学，主动地去学是我们在运用"自学·议论·引导"教学法实践时始终的追求。课题组在"'自学·议论·引导'教学法实践研究"课题的研究中，通过学生问卷、问题归类、梳理引导、教学渗透等教育形式，解决了学生在自主学习数学中存在的主要问题，激发了学生的学习兴趣和探索欲望，学生主动学习的习惯得到了良好的培养，学习数学的兴趣和信心得到明显增强。

（九）课题后期总结阶段（2019年9月—2020年7月）

这一阶段我们的主要任务是进行反思，汇报各种研究资料，进行分析比较，撰写结题报告，召开结题自查会，申请课题验收。

我们课题组成员自2018年9月承担该课题研究至今，历时近两年。在全体成员的共同努力下，课题得以一步一步朝着预定目标有成效地开展，可以说是充满着酸甜苦辣，其中包含着师生们的努力和汗水，但带给我们的更多的是课题研究带来的沉甸甸的收获，这些将成为指导我们现在和将来数学教学的宝贵财富。

1. 课题研究的突破性进展

（1）课题组8位教师因研究工作需要，从思想认识到行动上都自觉保持一致，组成了一支很有凝聚力的课题研究团队。工作上分工协作，遇到问题时一起进行交流探讨，共同解决，这在以前是很难有这样能合作、能战斗的团队的。

（2）提高了教师业务钻研能力和研究能力。关于"自学·议论·引导"教学法，有很多新的陌生的东西需要面对，这就迫使每位教师都要去主动地学习，积极参加课题组的培训。在课题开展的初期，课题组多次举行了由课题负责人主讲的专题培训，同时课题组多次参与了市教育局组织的课题培训会，也派出了部分成员到外学习，返校后进行二级培训，这一系列活动的开展有力地推动了课题研究人员理论知识的提升和研究能力的提高。通过课题研究与开展，推进了学校教科研工作，提高了教师的教科研素养，促进了教师由经验型到专家型的转变。

（3）为了改进教师备课，专门组织由李兴萍老师和杨晓华老师负责的集体备课，尝试让非实验班教师使用集体备课学材，以此来推动"自学·议论·引导"教学法集体备学材的研究工作。这一工作的开展有力地改进和提高了知识整合的质量，这就在很大程度上夯实了集体备课，充实了学校的教研活动内容。同时，工作室的工作也提高了兄弟学校的教研和教学质量。

（4）通过大量地向家长、学生做问卷调查，收集到了很多有关于"自学·议论·引导"教学法实践的意见和想法，课题组及时作出调整，使得课题研究不断地明确方向，少走了许多弯路。"自学·议论·引导"教学法的实践逐步得到了学生家长的理解和支持，改变了当初所认为的把自己孩子当实验品的想法，家长们不同程度地品尝到了"自学·议论·引导"教学法的实践给孩子带来的好处。学生自主学习习惯得到有效培养，从而在学校形成了良好的学习氛围，对我校教学质量的提高发挥了重要的作用，通过数学组课题研究与开展，目前学校的其他学科也在尝试开展"自学·议论·引导"教学法。学生的学习积极性和主动性有了明显提高，课题研究中，不少学生家长都向教师反映孩子主动学习的意识增强了。

（5）规范了学生的学习行为和习惯，提高了学生学习数学的兴趣。课堂上学生处于自主地位，有很大的思维空间和活动空间，学生的身、心、手、嘴等都得以解放，真正成为学习的主人，这让学生对这样的数学课堂有了浓厚的兴趣，学习自信心有了明显增强。

（6）课题组成员积极参与课题专题研究，共集中参加了近30次研究活动。在活动中，通过听讲座、听课、讨论交流等方式，对教学法有了更进一步地认识。同时也推动了"自学·议论·引导"教学法向周边的辐射。如：去永登县进行教学法实施指导3次，榆中县2次，兰州65中、83中、31中等兄弟学校多次。

（7）通过对实验班和对比班学习成绩的比较分析，得到了很多宝贵的参考数据（见表6-13），为"自学·议论·引导"教学法的实践课题研究从细节上找准了落脚点，保证了实验班学生整体成绩的大幅提高。

表 6 - 13

	实验 1 班	实验 2 班	实验 3 班	普通 1 班	普通 2 班
中考平均分	100.76	98.46	101.36	93.61	93.74
优秀率	36.17%	32.65%	53.19%	25.49%	27.66%
及格率	71.34%	70.43%	72.34%	66.31%	67.09%
过差率	8.5%	10.20%	10.64%	15.69%	15.38%

在 2020 年中考中，本校数学取得了很好的成绩，校均分 98.12，在全市排名比较靠前。较往年有很大的进步，成绩的取得得益于我们的实验。

2. "自学·议论·引导"教学法的实践给我们的学生带来的效益

（1）培养兴趣，让学生爱上数学课。科学设计和科学内容相匹配，给出具有趣味性的问题，以问题引导学生学习，揭示数学的内在美。调动了学生学习数学的内驱动力，保证了初中数学教学中"自学·议论·引导"教学法的发挥。

（2）耐心引导，培养学生的自主学习能力。"自学·议论·引导"教学法的应用，更加强了学生对数学学科的自学意识与能力。教学中教师耐心引导，指导学生正确的自学方法，帮助学生总结知识形成过程，引导学生建构完整的数学知识体系。组织学生在学习中相互交流，以小组为单位开展议论，积极发表自己的看法，使学生在议论中巩固所学的数学知识，实现了教与学的统一。

（3）增强了学生的数学思维。"自学·议论·引导"教学法重视培养学生的数学思维，鼓励学生创造性地学习数学知识，能提升初中数学教学的实效性。"自学·议论·引导"教学法引导学生深入思考数学知识，引导学生知道知识是什么，为什么要学习，这些知识从哪里来，学习这些知识能干什么，即弄清楚了知识的来龙去脉，让学生明白学到的知识能解决什么问题。这样可以培养学生的钻研精神，养成总结数学知识体系的习惯。

3. "自学·议论·引导"教学法的实践给我们的学校带来的效益

（1）以前我们总是按照课本编排好的章节，按部就班地一节一节往下授课，很少去关注教材知识点的先后顺序，也很少去帮助学生把时间间隔比较久的知识点串联类比起来。现在我们根据教学法的指导，对整章内容重新编排，实行单元教学，建构知识网络，给同学们织一张"网"，使其深刻领会每个知识间的关联属性。

（2）弱化了教师在课堂上的主体作用，发挥其引导作用。停止了"满堂灌"的教学方式，改变"学生是靠教师讲会的，教师多讲，学生多得；教师少讲，学生少得；教师不讲，学生不能学"的传统教学理念。明确只有授学生以"渔"，才能使学生终身得"鱼"的教学目标。教学法要求教师运用点拨、解惑、提示、释疑等方法相机引导，同时创设合适的情境，激发研究兴趣，明确研究内容和研究方法。并能根据学生学习中出现的问题，进行启发性的描述，使学生得到仿效和借鉴，帮助学生打开眼界，拓宽思路。确保学生学习的主体地位，让学生自己会学、学会，懂想、想懂问题，最终使课堂学习达到预期目标。

（3）提高了教师课前准备的要求。首先，教师对学生以往知识储备的多少要有基本的判断，准确把握好三个基本环节的穿插和使用，尤其当学生的学习愿望还不够强烈，热情不够高，需要相互激励时的预设等；其次，教师要有创造一个平等、热烈、严肃认真、互助合作地交流思想、探求真理的和谐活跃的良好课堂气氛的能力；最后，在课堂上如果学生提出多种思路、想法时，教师要有迅速甄别的能力，能灵活机敏地引导学生去判断知识点的机智和方法。

（4）提高了教师的科研能力，促进了教师专业化发展，使教师的综合素质得到全面提高。从前，课题组教师觉得"科研"充满了神秘感，遥不可及。可亲密接触之后，才发现科研就在我们身边，科研是为了解决存在的实际问题，为了让我们初步了解课题研究的步骤和方法。两年多来，为了更好地研究，课题组教师利用课余时间走出课堂，走向社会去拓宽、加深自己的知识领域，去获取与课题相关的种种信息。课题组多位成员撰写了"自学·议论·引导"教学法实践体会与反思论文，也做了学材再建构教学设计及论文，我们的课题组教师正逐步由"教书匠"向"研究型学者"转变。

八、课题研究期间取得的成果

从成立课题组、确定研究内容并申报开始，我们就进行探索与积累，在实践—反思—实践—总结的过程中前行。两年多来，通过多形式、多渠道地开展课题研究实践，我们多次上、听、评"自学·议论·引导"教学法公开课，课后真诚坦率地探讨现实中出现的教学问题。通过上资深教师的展示课，整体上大大提高了教师的业务水平，也加深了对教材和学生的研究，取得了许多可喜的成绩。其中部分研究成果汇报如下：

（一）个人层面

（1）课题组成员参与编写李庾南"自学·议论·引导"教学法兰州实验区《课堂教学课例集》。

（2）课题组成员参与编写出了"自学·议论·引导"教学法兰州实验区成果《学材再建构》，共六册。

（3）做了家长、学生对"自学·议论·引导"教学法的调查研究问卷及分析。

（4）撰写了"李庾南'自学·议论·引导'教学法实践"结题报告。

（5）汇编了课题研究过程中的案例集。

（6）课题组教师杨晓华 2018 年在第一届李庾南"自学·议论·引导"教学法优质课大赛中获兰州市三等奖，苗建军获二等奖。

（7）课题组教师杨晓华、苗建军 2019 年在第二届李庾南"自学·议论·引导"教学法优质课大赛中均获兰州市二等奖。

（8）课题组教师杨晓华 2019 年在第二届李庾南"自学·议论·引导"教学法教学设计大赛中获兰州市二等奖。

（9）课题组教师李兴萍、苗建军在 2018 年"自学·议论·引导"教学法论文评比中均获得二等奖，包守玲获得三等奖。

（10）李兴萍主持市级规划课题"'自学·议论·引导'教学法与本校教学法融合问题研究"于 2019 年 12 月通过鉴定。

（11）李兴萍论文《谈初中数学"学材再建构"》发表于《考试周刊》2019 年第 7 期。

（12）李兴萍论文《"自学·议论·引导"教学法在初中数学教学实践中引发的思考》发表于《学周刊》2018 年第 26 期。

（13）杨晓华论文《初中数学教学中"自学·议论·引导"教学法的探究》于 2018 年 8 月在《新课程》发表。

（14）2019 年 9 月，在兰州市教育教学交流研讨活动中做题为"构建创新的'三学'课堂"的专题讲座。

（15）2019 年 11 月，在永登县"自学·议论·引导"教学法同课异构观摩教学活动中担任专题讲座，并点评观摩课。

（16）2018 年 9 月 18 日，在兰州市教学开放周活动中做题为"对'学材再建构'的几点认识"的专题讲座。

（17）2018 年 11 月，在榆中县"自学·议论·引导"教学法观摩活动中做题为"'自学·议论·引导'教学法之前提——'学材再建构'"的专题讲座。

（18）2018 年 12 月，在 83 中优质课评比活动中担任点评专家，并做题为"'自学·议论·引导'教学法——学材再建构"的专题讲座。

（二）学校层面

探索总结出了比较适合本土数学课堂教学的"自学·议论·引导"教学法："学案"辅助教学。如果知识难度较大时，将整合后的设计分多课时进行，讲慢一点，借助《学案》多练习一点；如果难度不是太大，就让学生自己多思、多说，教师多纠正，更多地培养学生的思维。同时，作业的布置采用分层，问题的设置采用递进式。这种做法在我校 2016 级 10 个班中全部使用，成果喜人。

九、成果的社会影响

从 2018 年秋季开始，在为期两年的课题研究周期内，我们一直使用的"自学·议论·引导"教学法在原有基础上取得了更好的效果。全年级学生在数学学习的各个方面都取得了进步，学习兴趣、学习的习惯、学习的能力、个性的成长、学习成绩等方面有显著提高，在 2020 年中考中，数学成绩比以往有了较大的突破，也得到了学生家长的一致认可。负责人李兴萍老师多次在兄弟学校和永登、榆中县教育教学活动中做与研究课题相关的讲座，受到好评。课题组杨晓华、苗建军老师在李庚南"自学·议论·引导"教学法优质课比赛中多次获奖。负责人李兴萍老师在《考试周刊》《学周刊》上发表和研究课题相关的论文 2 篇。课题组老师在《新课程》《学周刊》上发表和研究课题有关的论文 5 篇。课题组老师都是"李兴萍名师工作室"成员，通过搞专门的教研进行"自学·议论·引导"教学法实践的学习提升。

十、研究中存在的问题

两年来，在整个课题研究过程中，我们取得了一些成绩，但也存在着一些问题，如：

（1）在研究过程中，我们觉得好多经验性的问题能看出来，甚至也能说出来，但是如何上升到理论还是比较困难的。可见老师们对"自学·议论·引导"教学论的理论学习还不够，理解得不好，对学材再建构的理解和使用不够灵活。

（2）在研究过程中，通过课堂实践，发现教师很多时候在不该引导时不断地引导，给学生独立思考的时间太少。

（3）课堂上重视"学程重生成"，但是很多情况下学生很难生成高效的问题，导致课堂时间安排上会存在前松后紧，不能合理地利用课堂时间。

（4）学生在进行个人学习、小组学习、全班学习三结合的过程中的有效性还需要教师多做引导。

（5）由于课题组成员平常工作任务繁重，每次集中时间最多两节课，从而导致课题研究资料整理不及时，部分课例分析不到位，研讨意见的汇总没有得到更深入地梳理。

十一、课题结题后的后续思考

（1）进一步将"自学·议论·引导"教学法实践进行全面研究运用，并做好研究阶段的深层工作。

（2）在过去已经形成的教学思维的基础上，根据班级学生实际，用"自学·议论·引导"的思想进一步提高教学效果。

（3）组建更大的教科研团队，更大程度上实现学法、教法的整体提升。用本小组的研究带动本校数学组和工作室的数学教学研究，进而发展到其他学科的研究。

（4）进一步总结思考课题研究的经验和理论水平，提高教学能力和研究能力。

回首课题研究历程，我们愈加深刻地感受到，科研是完善教育、完善人的重要载体与途径，是学校得以持续发展的强大驱动力，是显示现代教育魅力之所在。综观我们在课题研究中的得与失，我们的课题研究工作虽然取得了诸多收获，但还有很多地方需要在实践中不断完善，不断求索。我们有信心把它按照下一步的设想积极稳妥地推进。我们一定能克服一切困难，在巩固现阶段成果的基础上，将产生的成果继续扩大，并力争扩大本课题研究的深度和广度，争取再在课题研究中能有所突破。把更多的实践经验和理论水平提升到新的高度，让它指导越来越多的教师和学生轻松愉快地进行数学教学和学习。

"不积跬步无以至千里，不积小流无以成江海"。我们相信这个实验团队定会构建出适合我们自己的"有理念的自由课堂"，"自学·议论·引导"教学法的实践定会让我们在教学之路上收获更加丰硕的果实。

参考文献：

［1］吕世虎，肖鸿民．基础教育课程与教学研究［M］．北京：中国人事出版社，2002：7.

［2］李庾南．数学自学·议论·引导教学法［M］．北京：人民教育出版社，2004：9.

［3］施良方，崔允漷．教学理论——课堂教学原理、策略与研究［M］．

上海：华东师范大学出版社，2009.

［4］中华人民共和国教育部．义务教育数学课程标准（2011 年版）［S］．
北京：北京师范大学出版社，2012.

［5］王坦．合作学习的理念与实施［M］．北京：中国人事出版社，2002.

［6］李庾南．"自学·议论·引导"教学论［M］．北京：人民教育出版
社，2013.

［7］京城教育圈．中国学生发展六大核心素养敲定［EB/OL］．新浪·教
育专栏，2016 - 9 - 18. https：// edu. sina. com. cn/zl/edu/2016 - 09 -
18/11143922. shtml.

［8］吕慧艺．中学生学习力现状分析及提升策略［J］．中小学心理健康教
育，2016（22）．

［9］杜·舒尔茨．现代心理学史［M］．北京：人民教育出版社，1981.